中国古代陆路交通

徐潜／主编

吉林文史出版社

图书在版编目（CIP）数据

中国古代陆路交通 / 徐潜主编 .—长春：吉林文史出版社，2013. 3（2023. 7 重印）

ISBN 978-7-5472-1508-1

Ⅰ. ①中…　Ⅱ. ①徐…　Ⅲ. ①陆路运输-交通运输史-中国-古代-通俗读物　Ⅳ. ①F512. 9-49

中国版本图书馆 CIP 数据核字（2013）第 062851 号

中国古代陆路交通

ZHONGGUO GUDAI LULU JIAOTONG

主　　编　徐　潜
副 主 编　张　克　崔博华
责任编辑　张雅婷
装帧设计　映象视觉
出版发行　吉林文史出版社有限责任公司
地　　址　长春市福祉大路 5788 号
印　　刷　三河市燕春印务有限公司
版　　次　2013 年 3 月第 1 版
印　　次　2023 年 7 月第 4 次印刷
开　　本　720mm×1000mm　1/16
印　　张　13
字　　数　250 千
书　　号　ISBN 978-7-5472-1508-1
定　　价　45. 00 元

序　言

民族的复兴离不开文化的繁荣,文化的繁荣离不开对既有文化传统的继承和普及。该书就是基于对中国文化传统的继承和普及而策划的。我们想通过这套图书把具有悠久历史和灿烂辉煌的中国文化展示出来，让具有初中以上文化水平的读者能够全面深入地了解中国的历史和文化，为我们今天振兴民族文化，创新当代文明树立自信心和责任感。

其实，中国文化与世界其他各民族的文化一样，都是一个庞大而复杂的“综合体”，是一种长期积淀的文明结晶。就像手心和手背一样，我们今天想要的和不想要的都交融在一起。我们想通过这套书，把那些文化中的闪光点凸现出来，为今天的社会主义精神文明建设提供有价值的营养。做好对传统文化的扬弃是每一个发展中的民族首先要正视的一个课题，我们希望这套文库能在这方面有所作为。

在这套以知识点为话题的图书中，我们力争做到图文并茂，介绍全面，语言通俗，雅俗共赏。让它可读、可赏、可藏、可赠。吉林文史出版社做书的准则是“使人崇高，使人聪明”，这也是我们做这套书所遵循的。做得不足之处，也请读者批评指正。

编　者

2014年2月

目　录

丝绸之路

一代又一代的华夏后裔以他们的智慧和双手创造了让今人惊叹的辉煌文明，在先民众多的智慧结晶中，古代车马作为人们早期代步、载物的工具，曾经在历史上发挥着极其重要的作用。从古代车马制造的精湛技艺，到古代交通的飞速发展，从先秦时期等级森严的车马制度，到秦朝实施“车同轨”的历史意义，让我们一路跟随着古代文明的遗迹，聆听来自遥远时代那最真实的回响。

一、丝绸之路简介

（一）丝绸之路开通前的状况

处于丝绸之路中央位置的帕米尔高原西侧，出产的宝石在很久以前就被运往地中海沿岸，因此这里是远近闻名的蓝宝石产地。此外，在塔里木盆地西南的和田，以出产玉石而扬名世界，中国自古以来都以此地所产的玉石为上乘之品而对其极为关注。因此，在丝绸之路开通之前，以帕米尔高原为中心至西亚诸国的“蓝宝石之路”和通往中国内地的“玉石之路”就已经开通了。

除此之外，公元前 5 世纪，史学家希罗多德在他的《历史》一书中写到：早在公元前 7 世纪，黑海北岸兴起的游牧民族斯泰基族高度的金属文明就已经传到了位于天山脚下的塞族。到了公元前 3 世纪，继承了斯泰基文化的塞族——匈奴逐渐发展并壮大起来。最初，游牧于蒙古高原一带的匈奴在吸收了周围部落的同时又将其势力范围向东扩张，最后出现在中国本土上，秦始皇为了防止匈奴的入侵而在公元前 214 年修筑了万里长城。在秦朝加大力气修筑长城的时候，匈奴打败了游牧于甘肃河西一带的大月氏，并将其赶至中亚阿姆河一带，控制了以蒙古高原为中心，东至辽东半岛，西至塔里木盆地的广大地区。

（二）丝绸之路的开辟

“丝绸之路”是连接东亚、西亚和地中海的一条世界贸易古道，通过“丝绸之路”，东西方文明进行了第一次的交融碰撞，并在以后的交流中互相激发、互相从对方的体系中汲取本民族文化发展需要的养分，使得人类文明在征服与被征服中不断地向前发展。在我国古代，人们开辟的“丝绸之路”从广义上说一共有三条：

第一条即最主要的一条是指西汉张骞受汉武

帝之命开辟的东起长安，西达大秦（罗马帝国），横贯亚洲的陆上通道。这条“丝绸之路”是汉武帝为了联合中亚地区的大月氏人共同抵抗匈奴而派张骞开拓的。此后，汉朝大规模经营西域，进而在塔克拉玛干沙漠的南北两边开辟了正规的驿道，并向西延伸到帕米尔高原以外，与中亚、西亚、南亚原有的道路衔接起来。随着历史的发展，方便丝绸向西方传输的“丝绸之路”形成了，它是连接亚、欧、非三个大陆的大动脉和东西方经济、文化交流的桥梁。被人们称为世界文明的摇篮的四个文明古国——中国、埃及、巴比伦和印度，以及欧洲文明的发祥地——希腊和罗马，都是“丝绸之路”所连接的地区。

这条陆上“丝绸之路”不仅是一条直线，而且在这条直线上形成了许多条向四周发散的射线，其中的一条射线可以到达君士坦丁堡（今伊斯坦布尔），而另一条可达伊拉克，进而跨越叙利亚沙漠，到达地中海东岸的帕米拉、安都奥克等地，并可以从这里取海路到达罗马。在穆斯林初期的前倭马亚朝时代，“丝绸之路”还从开罗通过北非沿岸西进到西班牙和葡萄牙所在的伊比利亚半岛。我国的造纸术从巴格达传至开罗后，一方面由意大利传入德国，一方面又由摩洛哥传入法国和英国，这正是因为“丝绸之路”远达伊比利亚半岛的缘故。

第二条是“海上丝绸之路”，它和陆上“丝绸之路”齐名，也是用来传播中国丝绸和交流其他商品以及文化的通道。在古代，我国航海技术处于世界领先地位。在通过陆路与世界各国交往贸易的同时，我国还通过海路与亚非各国建立了贸易关系。这条被称为“海上丝绸之路”的通道有东海和南海两条起航线。东海起航线起于山东的登州，跨过黄海、抵达朝鲜，再东渡日本。南海起航线东起中国的泉州、扬州、广州等港口，连接东南亚，经过马六甲海峡，到达天竺（今印度半岛各国），越印度洋、阿拉伯海，最后到达大食（今阿拉伯国家）。这条航线把中国和南亚地区、东南亚地区、西亚地区和阿拉伯地区，通过海上丝绸贸易连接起来，这些地区都是当时中国丝绸贸易的集散地，也是世界政治、经济、文化、宗教的中心。这条航路，在从中国向海外运输丝绸的同时，对促进各国之间的物质文化和精神文化的相互传播和影响起了重要的媒介作用。

第三条是“西南丝绸之路”，它虽然没有上面两条出名，但在促进东西方文

化交流方面也起到了不可忽视的作用。早在上古时期，西南各族的人民为了与外界相互沟通以交换产品，就开辟了一条从成都地区出发，经过云南、缅甸、印度、巴基斯坦到达中亚的商道。这条古道比公元前 2 世纪张骞通西域时开辟的陆上“丝绸之路”及东南的“海上丝绸之路”还要早，而且是我国古代西南地区与西欧、非洲距离最短的陆路交通线。“西南丝绸之路”使用骡子作为运输工具，将已经闻名于世界的蜀地和云南的丝绸运到印度以后，又经此地转运到欧洲。古老的“西南丝绸之路”与今天的川滇、滇缅、缅印公路的方向大致上是相同的，并且有一些段落重合在一起，它所经过的地区历史上分布着六个少数民族，因此，可以说这条古道在当时是一条各民族往来的走廊。

通过上面的介绍，我们可以看出，“丝绸之路”并不只是一条简单的线路，而是一条以主干道为依托而形成的具有辐射性的四通八达的商道。“丝绸之路”被认同并投入使用的最初原因是人们需要利用它进行物质交换，然而信息的传播也随着物质的交换在相同的时空中产生了。在这一过程中，我们还可以看到信息遵循了一种从高级文明部落向次高级文明部落流动的秩序。

（三）丝绸之路的衰退

关于丝绸之路的衰退，大致有以下几个方面的原因：第一是公元 1498 年，达·迦马发现了印度洋航线，贸易通道逐渐进行转移；第二是奥斯曼帝国占领了东罗马帝国的首都——君士坦丁堡，欧洲与中国的通商变得越来越困难，因此，在这种情况下，欧洲人不得不寻求新的通商道路，这样海路慢慢取代了陆路。随着造船技术和航海技术的发展，海上运输在安全和成本上相比较陆路运输来说都有较大的优势，丝绸之路因此就成为了地方贸易的通道。15 世纪以后，丝绸之路对人们来说，已经成为历史的记忆，往日的辉煌已经荡然无存。

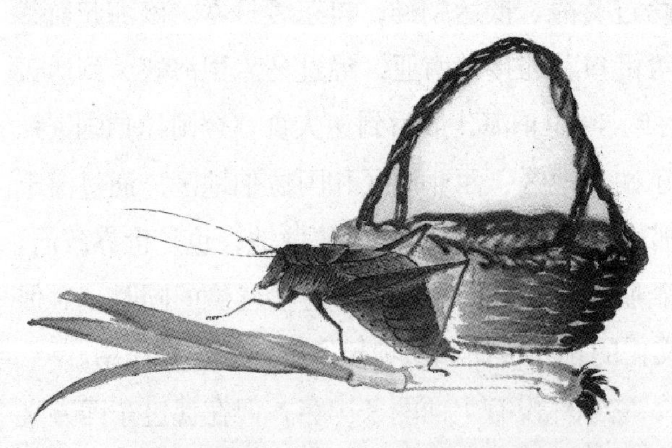

二、丝绸之路之东西方文化交流

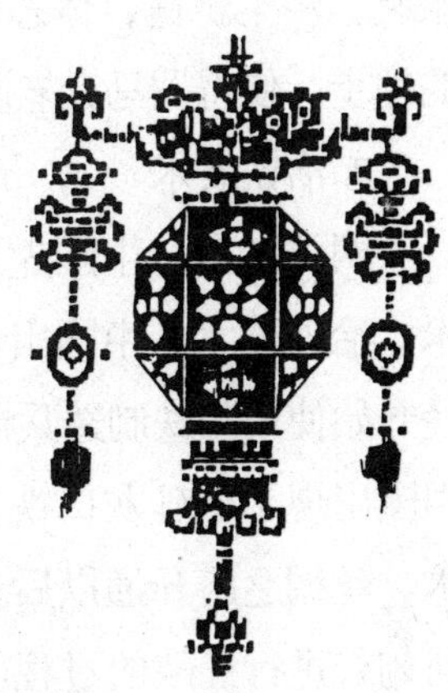

古代丝绸之路的开通，对中西方物质文化和精神文化的交流做出了重要的贡献。此外，我国古代劳动人民用自己的双手和智慧创造了高度的文明，使得中华文明在近代以前长期居于世界领先地位，因此，有人说古代的中西文化交流，主要是从东向西传播的，它是一个单向的流动过程，这句话确实存在着一定的道理。我国古代许多重要的物质，例如丝绸、茶叶、瓷器以及许多重大工艺与发明，例如造纸术、印刷术、罗盘与火药等，都是从丝绸之路传播到西方的。但在这条路上，西方的一些先进文化与技术也源源不断地传到了中国。

（一）东方文化的西传

1. 丝绸

在中国向外运输与销售的商品中，丝绸算得上是最为出名的了。在神话传说中，养蚕与缫丝这项技术是黄帝的妻子嫘祖发明的，之后慢慢传播开来。早在春秋战国时期中亚的贵族葬墓里，人们就已经发现了中国的丝织品。据说公元前 53 年，古罗马执政官、“三头政治”之一的克拉苏追击安息人的军队到了两河流域。正在难分难解之时，安息人突然展开鲜艳夺目、令人眼花缭乱的军旗，使罗马人军心大扰，结果遭到了惨败。这就是著名的卡尔莱战役，战争中那些鲜艳的彩旗就是用丝绸制成的。此外，中国的丝绸在罗马也很快地就流行起来。据史书记载，凯撒大帝和被称为埃及艳后克里奥帕特拉都喜欢穿中国的丝绸。有一次凯撒大帝穿着用中国丝绸做成的袍子出现在剧院里，异常光彩照人，引起全场民众的惊羡。开始的时候，丝绸的价格很贵，每磅要黄金十二磅，因此只能是贵族及富足人家的奢侈品。后来销售量逐渐增加，价格下降，以至普通民众也纷纷穿起了丝绸。著名地理博物学家普林尼就曾经抱怨说，罗马每

年在与印度、中国和阿拉伯半岛的丝绸与珠宝生意中至少要丧失一亿罗马金币。我们今天在雅典卫城巴特农神庙的女神像身上，在意大利那不勒斯博物馆收藏的酒神巴克科斯的女祭司像上，都可以看到希腊罗马时代的人们所穿着的丝绸服装，轻柔飘逸，体态动人。对丝绸服装的追求已经到了奢侈浪费和伤风败俗的地步，使得罗马元老院多次下令，禁止穿用丝织服装，但并没有起多大作用。

2. 冶铁技术

两汉时期，中国先进的文化逐渐向西方扩展，除了丝绸之外，还有冶铁技术。冶铁技术在中国出现的时间很早，据史书及历史遗迹表明，在商代我国已经开始使用陨铁制造兵器，春秋时代开始人工冶铁。到了汉代，冶铁技术提高，中国出现了低硅灰口铁、快炼铁渗碳钢、铸铁脱碳及生铁炼钢等新工艺、新技术。丝绸之路开通以后，中国的铁制品就沿着丝绸之路传入西方，在华夏民族与匈奴进行征战的过程中，逃亡到西域地区的士兵将铸铁技术传给大宛和安息的工匠。大约在公元前 2 世纪，乌兹别克斯坦境内的费尔干纳人跟中国人学会了铸铁新技术，然后再将其传入俄国。在丝绸之路的中西方的贸易交流中，钢铁成为了极受西域人民青睐的商品，例如安息人就曾大量获取中国的钢铁兵器，使之逐渐传入罗马帝国。

3. 造纸术

中国的造纸术在西汉时期发明，到了东汉，蔡伦改进了造纸方法。中国纸张的西传也是很早的，在敦煌及甘肃西部考古人员都曾经发现过汉代的原始纸张。可以确切地说，在公元 7 世纪的时候，中国的纸张就已经在撒马尔罕等地广泛使用，在印度则不晚于 8 世纪。造纸术通常被认为是在唐玄宗天宝年间（约 751 年前后）传入中亚地区的。唐朝时期派出的造纸工匠最先在撒马尔罕造纸，从此，这里就成为中国境外的造纸中心，在整个中世纪都闻名于欧洲。公元 794 年，大食国的首都巴格达也建立了造纸厂，并且聘用中国的技术人员进

行专业指导。而后，造纸厂陆陆续续地出现在大马士革、也门等阿拉伯地区。9 世纪末，中国的造纸术传入埃及，不久当地的纸草便惨遭淘汰。12 世纪时，造纸术从北非传到西班牙与法国，德国的纽伦堡也于 1391 年建造了国内第一家造纸厂。纸张的发明与西传对促进欧洲社会文明的发展具有极大的作用。

4. 印刷术

印刷术大约在 7 世纪后期至 8 世纪上半叶的唐代出现。现在我们所能见到的世界上最早的雕版印书是在敦煌发现的现藏于大英博物馆的《金刚般若婆罗密经》，从上面的标示可以看出，它的印刷年代是在咸通九年（868 年）四月十五日。雕版印刷术在发明以后不久就传到了韩国与日本，现在人们还能见到公元 8 世纪韩国与日本的佛教印刷品。但是，雕版印刷术西传的时间要晚得多。1880 年人们在埃及发掘出的阿拉伯文印刷品，其年代被推断在唐末至元末间。根据史书推测，中国的雕版印刷术大概是在宋元之际，通过蒙古人的西征或其他途径传到了中亚、西亚，进而传到北非与欧洲。14 世纪初，伊儿汗国宰相、史学家拉施德丁在《史集》中记录了中国的雕版印刷术。活字印刷是宋代毕昇在 1041—1049 年间发明的。毕昇用胶泥刻字制版印书，王桢在 1313 年创制了木活字，他还提到在元朝初年就已经有人造锡活字了。由于宋元时期中西方交往的频繁，很可能在 14 世纪末活字印刷术已经传到欧洲。活字印刷特别是金属活字印刷在欧洲传播并发扬光大后又于 15 世纪传回中国。

5. 导航罗盘

欧洲人用作导航的罗盘也是从中国传过去的。中国人在很早的时候就对磁石的指南性有了初步的认识，这在战国时期的《韩非子》、东汉时期王充的《论衡》中都有记载，但是它被用于在海中导航，大约是在 11 世纪末。北宋末年朱彧的《萍洲可谈》是世界上最早记载这一事件的书，书中谈到那些往来于广州的船师们懂得许多地理知识，他们在海上航行时，“夜则观星，昼则观日，阴晦观指南针”。英国科学史家李约瑟甚至推测在 9、10 世纪的中国可能就已经在航海中应用指南针了。为了便于在航海中确定方位，人们将磁石置于圆盘内，圆盘上划分刻度，于是就发明了罗盘。至于它是怎样传到欧洲的，目前还是一个谜。从阿拉伯文献提供的材料可以知道，在13世纪初，阿拉伯的航海人员已经开始使用罗盘，1230年成书的波斯佚文集《故事大全》中就记载了一个用指南鱼探寻航道的故事。这个故事中的指南鱼与沈括《梦溪笔谈》中的水浮针法有着许多相似之处。1281年，阿拉伯人的《商人宝鉴》问世，书中说从埃及亚历山大城到印度洋的水手都懂得将磁针安放在浮在水面的木片上，用来辨别方向，又提到用磁铁制成鱼的形状扔进海里，用指南鱼的头和尾指示南北。很显然，这些方面都显示出他们曾受到中国文化的影响。

（二）西方文化的东进

文化的交流总是双向的，中国奉献给西方世界各种实用精美的东西，欧亚各国人民也同样回报了中国各种的需求品。

我们今天经常见到的一些植物，并不都是中国本地所产，古代文献中记载的一批带有“胡”字的植物，如胡桃、胡瓜、胡葱、胡桐泪、胡荽、胡萝卜、胡椒等等，大多都是从西方传过来的。人们一般把这些植物移植为中国的功劳，归到张骞的身上。但实际上，现在可以确定的是张骞带回来的物品，只有葡萄和苜蓿，前者的原产地在位于伊朗高原西北部的米底亚，后者则是西亚和埃及最早被用来人工栽培的一种植物。

自汉朝初年以来，从西方传过来的东西不只有植物，还有西域的乐舞、杂技以及罗马的玻璃器皿。到了东汉末年，史书记载：“灵帝好胡服、胡帐、胡床、胡坐、胡饭、胡箜篌、胡笛、胡舞，京都贵戚皆竟为之。”

自魏晋到隋唐时期，粟特人（属于伊朗文化系统）大批迁入中国，这样西亚、中亚的音乐、服饰、舞蹈、饮食等等，也随之大量传入中国。

粟特人，中国古代史籍中称其为“昭武九姓”“九姓胡”，或简称“胡”，他们的故乡在中亚阿姆河和锡尔河之间的粟特地区，以撒马尔罕（在今乌兹别克斯坦）为中心，有九个绿洲王国，即康、安、曹、石、史、米等国。这些粟特人组

成商团，成群结队地来东部地区进行贸易活动，以经商作为谋生的手段，而且有许多人就在经商之地留居下来，成为当地的常住居民。所以，从南北朝到唐朝时期，丝绸之路沿线的于阗、龟兹（库车）、楼兰、敦煌、高昌（吐鲁番）、酒泉、张掖、武威和长安、洛阳等许多城镇，都有粟特人的足迹。受内地文化的影响，他们的后裔逐渐被汉化，但不少人的外表还是深目高鼻。

粟特人很早就曾接受伊朗文化的影响，他们的到来，也给唐朝的一些都市带来一种开放而大气的胡风。岑参酒泉太守席上醉后作诗：“琵琶长笛齐相和，羌儿胡雏齐唱歌。浑炙犁牛烹野驼，交河美酒金叵罗。”说的是在酒泉地方官举行的宴席上，胡人进行演唱的情形。李白《前有樽酒行》：“胡姬貌如花，当垆笑春风。”描绘的就是长安酒家的胡女招待宾客的情景。白居易《胡旋女》诗：“天宝季年时欲变，臣妾人人学环转。中有太真外禄山，二人最道能胡旋。”太真就是唐玄宗最宠爱的妃子——杨贵妃，她非常擅长跳胡旋舞，说明了这种舞蹈在唐代的流行。历史书中记载安禄山极其臃肿肥胖，“腹缓及膝”，这多少有些夸张的意味。他作为粟特人后裔，跳胡旋舞是很平常的事情，史书说他“作胡旋舞帝（唐玄宗）前，乃疾如风”，可以与杨贵妃媲美。

在物质文化交流的同时，精神文化交流也在通过丝绸之路不断地进行。

早在西汉末年，作为世界三大宗教之一的佛教，就传到了中国。魏晋南北朝时期，天下大乱，但却为佛教的发展提供了良好的条件。到了隋唐时期，佛教已经深入民心，这个时期中国的高僧也创立了中国化的宗派，而且在全国各地修筑了很多佛寺山窟，特别是在丝绸之路沿线所修筑的佛教石窟，如著名的龟兹的克孜尔、敦煌莫高窟、吐鲁番柏孜克里克、武威天梯山、安西榆林窟、永靖炳灵寺、大同云冈石窟、天水麦积山、洛阳龙门石窟等，这些石窟是丝绸之路上中西文化交流的见证，而且基本上都融会了东西方的艺术风格，成为丝绸之路上的重要文化遗产。除此之外，今天，我们头脑中的因果报应思想，语言中经常使用的一些词汇，如“刹那”“水乳交融”、“影响”等，以及小说、弹词等文学艺术形式，都是在佛教直接或间接影响下的产物。

总之，相对地说，在宋元时期以前，中国思想文化的西传远没有她所接受的那么多，但是物产和技术的西传却是无法计算的，造纸、印刷、瓷器、漆器、指南针、火药等的西传，为世界文明的发展做出了重大的贡献。直到明末清初耶稣会士的到来，中国思想文化才被大规模地传播到西方，西方近代文明进入中国的时代从此开始。

丝绸之路漫长而久远，它被今天的人们看做是联结东西方文明的纽带。近年来，联合国教科文组织发起的“丝绸之路研究计划”，把丝绸之路称作“对话之路”，以促进东西方文化的对话与交流。对于我们中国人来讲，今天的丝绸之路，是奋进之路、开放之路，是曾经辉煌一时让我们华夏儿女引以为豪的路。

三、丝绸之路未解之“谜”

古代丝绸之路依靠其畅通的路程为东西方文化的传播与扩散提供了良好的条件，使人们感受到先进文化的滋养，但是，在这条路上也留下了许许多多的谜，需要我们后人去一一解开。

（一）神秘史书——新疆罗布泊

几千年来，罗布泊在人们的心目中一直是一个猜不透的谜。它的名称像它的位置一样多变。两千多年前问世的《山海经》称罗布泊为“泑泽”，意思是“黑色的水”。《史记·大宛列传》里称之为“盐泽”。《汉书·地理志》中把罗布泊叫“蒲昌海”。《大唐西域记》里称它为“纳缚波”。在《马可·波罗游记》中则叫“罗不”，直到近代，人们才称它为“罗布泊”或“罗布淖尔”。“罗布淖尔”是蒙语，意思是“多水汇聚的湖泊”。

罗布泊最初的时候是一个迁移湖，1921 年由于塔里木河改道，所以给罗布泊注入了充足的湖水。但是后来在塔里木河和孔雀河上游修筑堤坝，这样就拦截了所有流经这里的河水，如今我国这个最大的迁移湖已成了“旱湖”。当人们站在干涸的湖底向四周望时，能看到一座座灰白色的高大土丘矗立着，有的像城堡，巍然耸立；有的像巨龙，腾挪跌宕。

罗布泊地区东起河西走廊西端，西至塔里木河下游，南至阿尔金山，北接吐鲁番盆地，区域面积比较广大。气候干旱少雨，年平均降水只有 20 毫米，年平均气温 10℃。夏季地表温度可以达到 70℃以上，春季风沙强烈。今天的甘肃敦煌以西到罗布泊附近的沙漠或盐层地带在唐代以前被人们称为“沙河”，历史上是丝绸之路必经之地。中国晋代的高僧法显、唐代的玄奘、意大利的马可·波罗，都曾经从这里走过，写下了许多令人望而生畏的文字，诸如“沿途尽是沙山沙谷”“禽兽绝迹”“沙河中多有恶鬼热风，遇则皆死”等。

罗布泊浩浩荡荡绵延五千平方公里，滋养了罗布人，更滋养了发生在塔里木河流域的西域文明，但不幸的是，它又在人类的不断掠夺与控制下干涸了。1972 年，美国科学家通过卫星图片向人们展示，罗布泊消失了，大头鱼消失了，新疆虎消失了，塔里木马鹿也消失了……罗布人呢？随着罗布泊这块重要湿地的消失，人恐怕有一天也一样会名存实亡。但实际上，罗布泊并不是一个死气沉沉的世界。

罗布人祖祖辈辈傍湖而居，他们的聚集之地是一个叫阿不旦的村寨。这是一支以渔猎为生、与世隔绝而且不属于任何民族、不信仰任何一种宗教的人群，他们用来捕鱼的独木舟叫卡盆，穿的是用罗布麻织的对襟长袍叫袷袢，居住的芦苇小屋叫萨托玛。

这里可以称得上是野生动植物的天地，因为自古以来一直有生物在此繁衍生息。主要植被有盐爪爪、骆驼刺、盐节木、铃铛刺、甘草、木麻黄、沙拐枣、土霸王等。部分地区分布有大叶白麻、芦苇、罗布麻、红柳等盐生植物。

生命顽强，能在沙漠中生存的乔木就是胡杨了，这种嫩叶如柳、老叶如杨的胡杨树，粗的要几个人合抱。几千年来，它们坚韧不拔地守护在塔里木河畔，无论是挺立或是倒下，都时时刻刻地以顽强的风骨、出众的品格向人们倾诉着曾经辉煌的往事和沧海桑田般的世事变化。来到这里的人们没有一个不怀着崇敬的心情瞻仰着这些胡杨树，默默地赞许着胡杨精神：生一千年不死，死一千年不倒，倒一千年不朽！内地中药店卖的甘草，粗的也不过如大拇指一般，便可以算得上是“稀世之珍”了，但人们在罗布泊看到的甘草，大多数都有拳头般粗细。最粗的，看起来俨然是棵大树。此外，在河畔、洼地还广泛地分布着特有植被罗布麻，它们除了药用外，还可用作轻纺的原料，这里是我国重要的罗布麻产区。

正因为罗布泊地区生长着不少荒漠植物，所以这里的野生动物也有很多，大多为耐旱的荒漠物种，如毛腿沙鸡、百灵、黑顶麻雀、地鸦等。湿地鸟类如灰雁、白骨顶、翘鼻麻鸭、赤麻鸭、白眼潜鸭等在迁徙季节飞过此境时，人们常常可以在干湖床盐壳上拾到死去的水禽干尸。以前这

里还有过大天鹅等珍惜动物，现在已经极为罕见。其中，比较珍贵的动物有野骆驼、大头羊、马鹿以及黄羊、野猪等。但最珍贵的还是要数野骆驼，据推测，罗布泊地区的野骆驼数量不会超过一千峰。这里的野骆驼与非洲北部沙漠中的野骆驼不同，它们是双峰而不是单峰。一般来说，一头骆驼的体重大约有五六百公斤至上千公斤，别看它外表蠢笨，但如果在茫茫大漠里跑起来，就会像离弦之箭，时速可以达到三十公里。骆驼是非常疼爱自己的幼子的，如果母骆驼生了小骆驼，它就会整天把小骆驼驮在身上，即使小骆驼已经死去，也还会依依不舍地驮上一程，一直到尸体臭气熏天，才不得已将其抛弃于大漠之中。整个罗布泊地区包括孔雀河下游三角洲和阿奇克谷地等都属于野生双峰驼自然保护区的范围，由新疆环境保护局管理。此外还有大头羊，大头羊每长大一岁，羊角就会弯一圈，因此它又名盘羊。它们善于攀登悬崖峭壁，因此，可以生长在高耸的山上，生命力极其顽强，只要有巴掌大的地方，就能很容易地立足。

通过以上的介绍，我们可以看出，在这个“古来少人烟，四季常干旱，到处戈壁滩”的荒漠世界里，生存着无数的珍贵动植物。此外，这里由于历史悠久，也保存着数不清的文物，成了中国以及世界考古学家不断向往的“文物宝库”。

远在四千年至一万年的新石器时期，罗布泊地区就有了人类活动的痕迹，后来这里又陆续建立了楼兰国、鄯善国。西汉元凤四年（前 77 年），楼兰国开始实行屯田，成了新疆农业发展较早的地区之一。由于河流改道，气候干燥和环境闭塞，使罗布泊地区成了一处人迹罕至的神秘之地。尽管在近代史上，由于各方面的原因，罗布泊地区的文物曾遭到外国人的掠夺、破坏，但这个宝库中究竟有多少宝贝，迄今仍然是个未知数。

人们旅行于罗布泊地区时，处处都可以见到古屋、古城遗址，烽火台和古墓。在孔雀河畔古营盘附近，有一座古城，城中房屋虽然荡然无存，但令人奇怪的是，一座大约三四米高的厚城墙，岿然屹立，远远就映入人们的眼帘。在闻明遐迩的楼兰古城遗址上，屋梁、檩条、椽子，满地狼藉，城中的房屋残迹

历历在目。在古代丝绸之路的旁边，高高的烽火台，每隔几公里就有一座，成直线排列，在经过了两千多年的风吹日晒后，依旧昂然挺立，当置身于其中时，好像依稀可以看到当年报警的滚滚狼烟。除此之外，在罗布泊西部的一片高地上，在孔雀河三角洲的“龙城”里，还发现了已经残破的汉代铜镜和锦缎。

罗布泊到现在仍然被人们认为是一个“魔鬼三角区”“沙漠百慕大”。古往今来，有数不清的人在这里失踪，神秘地消失在这令人惊恐的死亡之地。

1980 年 6 月，中国著名科学家彭加木在罗布泊考察时神秘失踪。他在 6 月 17 日为了外出找水而独自离开了他所率领的科学考察队的宿营地。临行前留下了“我去东方找水”的便条，但一去就再也没有踪影。当天晚上，科考队的全体人员和三辆汽车分头出发寻找，点燃篝火，开亮车灯，但还是没能见到彭加木的影子。为了寻找他，新疆采取了规模空前的搜寻行动。当时派出飞机十多架次，在库姆塔克山沙漠一带进行超低空侦察。同时还派出一支装备精良的地面部队，从罗布泊西北直插库姆塔克山沙漠，并向东沿疏勒河古道到达甘肃玉门关，然后又按原路返回，加大搜寻密度，进行了梳篦式的搜查。此外，还派出警犬分队和国内知名痕迹专家参加的地面部队进行接应。虽然进行了全方位的仔细搜寻，却未发现彭加木的任何踪影。就寻找一位失踪者来说，这应该算是中国历史上一次罕见的大行动了。至今，彭加木失踪之谜仍未解开。

1996 年夏天，探险家余纯顺在罗布泊孤身一人探险时失踪。6 月 6 日他与摄制组一行十人从库尔勒出发，经营盘、沿孔雀河到达罗布泊北岸的“龙城”。先后穿过以往原子弹试爆区，古代罗布泊的水陆码头土垠和罗布泊湖心区，然后进入楼兰古城进行考察、拍摄。6 月 10 日离开楼兰返回土垠，余纯顺于第二日与摄制组一行分手，开始孤身徒步穿越罗布泊，约好三天以后在大本营前进桥会合。但是令人没有预料到的是，12 日罗布泊刮起了大的沙暴，地表温度高达 70℃。到 13 日人们在前进桥等待余纯顺时，他没有回来。在四天以后，人们发现他已经死在了自己所搭起的帐篷中，水和食物摆放在那里，看起来供给是十分充足的，而且偏离沙漠车辙只有三十米，从这一切迹象来看，他并没有迷失方向。余纯顺的死仍是个谜。

我们从上面看出彭加木在罗布泊失踪的日子和余纯顺遗体被发现的日子都是6月17日，这两位有志之士的宝贵生命都被罗布泊黑色的6月所吞噬，这在历史上不能不说是一个惊人的巧合。

罗布泊这一地区虽然让人望而生畏，但又令人怀有无限的向往之情。据探查，这里的天然气储量占世界的三分之二，大气油田区包括整个塔里木盆地石油储量在内，占世界大油田的26%，开发前景广阔。此外，还有三十六种具有顽强生命的植物，一百二十七种动物。在历史上罗布泊的人们曾经创造过辉煌的文化，到如今也依旧是祖国一座无比珍贵的宝库。相信将来总会有一天，人们会开采它的宝藏，揭开它的神秘面纱。

（二）楼兰美女——罗布泊楼兰

古楼兰位于今新疆巴音郭楞蒙古自治州若羌县罗布泊西岸，是新疆最荒凉的地区之一。据《史记·大宛列传》和《汉书·西域传》记载，早在2世纪以前，楼兰就是西域一个著名的“城廓之国”。它东通敦煌，西北到焉耆、尉犁，西南到若羌、且末。古代丝绸之路的南、北两道从楼兰分道。因此楼兰成了丝绸之路上的一个枢纽，中西方贸易的一个重要中心。这里悠久的历史、天方夜谭似的传说故事是多么令人神往；它神秘地在地球上消失，又神奇地出现，引起多少人的兴趣——许多中外游人和探险家都不辞辛劳地沿着丝绸之路向西进发，去目睹这座历史文化名城——古楼兰。1900年3月，著名瑞典探险家斯文·赫定就带领一支探险队到新疆探险，他们在沙漠中艰难行进。我国维吾尔族人爱克迪在返回原路寻找丢失的铁斧，遇到了沙漠狂风，意外地发现沙子下面有一座古代的城堡。他把这发现告诉了斯文·赫定。第二年斯文·赫定到达这座神秘城堡时，发掘出了不少文物，经仔细研究后断定，这座古城就是消失多年的古楼兰城。

楼兰国是西汉元凤四年（前77年）灭亡的。据专家研究，公元3世纪左右，是楼兰古城的全盛时期。最近，学者经实地考察并对大量历史资料分析研

究后提出，楼兰古城不是楼兰国的国都，而是一个以屯田和军事为主的城市，它诞生于楼兰古国被灭亡之后，这就推翻了许多外国学者长期以来一直以为楼兰古城就是楼兰国都的错误观点。就是便如此，楼兰古城也早已被风沙淹没在荒漠深处，但这个残存的建筑和出土文物却令人神往。

古城呈四方形。边长约330米，用泥土、芦苇、树枝修筑的城墙，至今仍依稀可辨。一条大约呈西北、东南走向的古河道贯穿城中。城内现残存的主要建筑分布在古河道的两侧。城中心偏北处，有一座高大的建筑拔地而起，顶部几根向外伸展的粗大树枝十分引人注目。这是一座烽火台的遗址，它与古城西北方向约五公里处的另一处烽火台遥遥相望，结构也大致相同。烽火台附近发现有古代粮仓。城中心紧挨古河道的北侧，有一座木结构建筑，疑是当年古城统治者的宫殿。与其对应的古河道南侧，有三间唯一用土坯建造的房屋，它们排成一排，学者们称为“三间房”，国外探险家在那里发挖掘出大量木简和文书。房顶早已被风吹塌了，大量的木头堆积在残垣周围，唯独那些厚达一米多的土坯墙还依然挺立在那里。几间简陋的房子坐落在“三间房”的两侧，由苇束和泥巴糊成的墙壁完整无缺。城内高低不平的地面，到处是当年建筑房子所用的木料，木质坚硬不腐，上面许多美丽的花纹至今清晰可辨。

它们的位置相近，几乎出现于罗布泊东北部的同一地区。斯文·赫定在游历了雅丹地貌以后，紧接着就发现了两具保存完好的楼兰美女的遗体。

这具棺木看起来像一个独木舟，打开上面的两块盖板，揭开一条用来包裹尸体的毡子，映入人们眼帘的竟然是个年轻的女人，她在这孤寂的小山上沉睡了大约有两千年。她的皮肤虽然已经变得像纸一样干枯，但面容却没有太大的改变。斯文·赫定一行人将其抬出墓穴，为她拍摄了一幅“沙漠公主”的相片。当时，四周习习的风吹过她的脸颊，她的长发也随风舞动。她身上的一些装饰性的物品被斯文·赫定取走，然后被重新放进墓穴，这位沉睡多年的年轻女子再次进入了她的梦乡。

之后，斯文·赫定又开掘出了另一座坟墓，同样，这里面也有一个女人。她有一头灰发，从中间分开，而且看起来很长，头上戴一顶羊毛

帽子，上面斜插着一撮羽毛，还挂着一条红色的鼠皮带子。她长着一个又高又大的鼻子，脸保养得很好，上面仿佛还带着会心的微笑，一幅高贵庄严的样子。斯文·赫定根据出土的物品测定，这极有可能是古代楼兰地区土著民族的一位贵族夫人。

但在 1979 年，由穆舜英研究员率领的考察队发现的一具女尸，足可以说得上是真正震惊世界的“楼兰美女”。当考古队员掘开墓穴时，墓穴中盖在牛皮下的一只皮靴，和靴子开裂处的一只脚的大拇指最先显露出来。揭去外面的包裹物品和面罩，就赫然展现了一具保存完整的女性干尸。这一女尸的皮肤、指甲和毛发看起来都很清晰，毫无损伤，而且容貌清秀，柳叶似的弯眉，修长的睫毛，高高挺起的鼻梁，红红微闭的嘴唇，一头金黄色的长发很自然地披在肩上，显得非常漂亮。根据考古学家和人类学家的推测，这位女子大约死于三千八百年前，当时年龄在 40 岁左右，面部特征酷似古代雅利安人，属于原始欧洲人种的古欧洲人种类。这位“楼兰美女”刚刚被发掘就立即引起了世界各国研究者和普通民众的高度关注。

之后，在罗布泊地区的茫茫大漠中，又陆陆续续出土了许多具保存完整的古尸和大量古墓头骨。十几年过去后，罗布泊地区又有难以想像的事情出现，考古工作者在这里发现了一位非常奇怪的贵族男尸，被称为“营盘美男”。这一发现轰动整个考古界，在专家论证会上被称为 1997 年“中国考古十大发现”之一。

这次发掘，其实是在一次耸人听闻的盗墓事件发生之后，由新疆的考古工作者进行的一次抢救性发掘。当时在罗布泊西部塔里木河下游大三角洲的营盘遗址，原本面积广大的墓葬群变得一片狼藉，两具女尸被抛于野外，显得格外引人注目。打开棺木时，考古工作者发现墓穴主人长着一张粉白的脸，似睡非睡，似笑非笑，前面的额头上贴着金片，嘴唇上涂着口红，眉毛乌黑，两眼闭合，鼻梁隆起，八字胡微微翘起，看上去就像一个睡在那里的活人。但是经过细心观察，人们才发现这位墓主人其实是戴着一个面具的。这种面具，恰好就是当时欧洲地区广泛流行的“死亡之神”的面具。揭开面具后，人们可以看到他的真实面貌，又浓又密的棕色头发，古铜色的脸颊，长长的眉毛，整齐的胡

子，可以很清晰地分辨出来。他身上的那套衣服，更是显得高贵典雅，颜色鲜艳跟新的一样，里面是一件黄色的冥衣，外面是一件红色底子的绢质褛袍，上面画着六组果实丰硕的石榴树，一组牛和一组羊的动物花纹。最让人感到奇怪的是，相对的四组人物，全部是裸体。在这么多的人物中，人们还惊奇地发现罗马神话中爱神丘比特的裸体形象。从墓主人的随葬品以及他身上的华贵衣服来看，可以推断出它包含有中亚、罗马、波斯以及中原地区等文化的成分。

但是这位墓主人的身份是什么？为什么不到30岁就英年早逝？这又是一个人们没有办法解开的谜团，有待我们进一步地去考察发现。

（三）苍茫大漠何处寻——甘肃敦煌玉门关

汉明帝永平十六年（73年）为恢复丝绸之路的畅通，班超奉命出使西域，并在西域驻守达三十一年之久。晚年的时候，班超在《求代还疏》中写道："臣不敢望到酒泉郡，但愿生入玉门关。"

玉门关是古代丝绸之路上的一个重要关口，由于时代发生变化，班超所说的玉门关，与唐诗中所写的玉门关，并不是一个地方。游走于古代丝绸之路上，去探寻玉门关的遗迹，富有极大的情趣。

从敦煌县城开车向西行走，穿过绿洲，踏过戈壁，到芦草井子后拐弯向西北方向行驶，映入眼帘的是断断续续的汉长城的遗址。循着这些长城的遗址继续向前行走大约三十分钟后，就可以看见前面砂石冈上，矗立着一座不大不小的黄土城堡，被称为小方盘城，这就是汉代玉门关的遗址。据说和阗玉就经此处被输入中原，因此而得名。

相传在小方盘城的西面有一个驿站，是从边陲于阗运送玉石到中原的必经之地。然而，令人郁闷的是，运送玉石的商队每次来到这里，即使是"识途的老马"也会迷失方向，所以，这里被称为"马迷土"。有一次，一个运玉石的商队在"马迷土"迷了路，大家正在万分焦急的时候，一只大雁在空中飞旋不断地叫着："咕噜咕噜，商队迷路，咕噜咕噜，方盘镶玉。"大雁一边叫一边

飞，指引着商队走出了这片地方。后来，这个商队又一次经过这里时迷了路，依旧还是那只大雁在空中咕噜咕噜地叫了起来：“商队迷路，方盘镶玉。不舍墨玉，决不引路。”叫完以后立即就向高处飞去。于是这个商队的总管从玉石中挑出一块品质最上乘的墨绿夜光玉，镶在小方盘城的关楼顶上。每当夜晚来临的时候，这块夜光玉就会散发出晶莹耀眼的光芒，方圆百里之外，都可以看得清清楚楚。从此以后，过往的商队再也没有迷过路。因此，小方盘城就改名为“玉门关”。

现在我们所能看到的小方盘城，城体较完整，呈四方形，墙全部用黄胶夯土版筑。城堡面积不大，东西长 24 米，南北宽 26.4 米，总面积为 630 多平方米，西、北面有两扇门。残留的墙身高 9.7 米，上面宽 3.7 米，下面宽 4 米至 4.9 米。城的北坡下面有东西大车道，历史上中原和西域各国往来过乘和邮驿就从此路经过。向北望长城，好似一条巨龙游走于瀚海之中；俯仰关外景象，大地苍茫，人迹罕至。

据历史记载，1906 到 1908 年，英国人斯坦因曾经来这里考察，从地下挖出了几枚竹简，其中一枚上面刻有“玉门督尉”字样。1934 年 10 月，我国史学家夏鼐、闫文儒也在此地挖到了数十枚汉简，其中一枚有“酒泉玉门督尉”字样。从此以后，史学家就据此断定这座矗立在茫茫大漠中的小方盘城就是汉代的玉门关。然而，有的专家持有不同的意见，根据上述两枚竹简所示，只能说明小方盘城是“玉门督尉”的办公之地，而不能断定此地就是玉门关。

汉玉门关究竟在何处？在人们心中仍是一个谜。

1979 年 6 月到 8 月，甘肃省考古队和敦煌县文化馆去小方盘城西 11 公里处一个叫马圈湾的地方进行考古挖掘，在离马圈湾大约二百米的一座汉长城烽燧中，发现了一块木牌，它虽然比较短但是很宽，上面写有“玉门千秋燧”的文字。根据史学家们的考证，这是当年守卫这座烽燧的士兵挂在腰间的“证件”，这座烽燧的名字就叫“玉门千秋燧”。由这些发掘物可以得知，汉代的玉门关应该在“玉门千秋燧”以西的什么地方，目前人们尚无法得知。但可以明确地说，此关临近“玉门千秋燧”。

那么，唐代的玉门关是今天的什么地方呢？

根据历史学家的考证，唐代的时候此关已经从原来敦煌汉玉门关的故址转而移设到晋昌城（今甘肃安西境内），现在已经旧址湮没，关址难考。有人根据唐代边塞诗人王昌龄“青海长云暗雪山，孤城遥望玉门关”的这一诗句推断说安西县城境东南约四十多公里处的锁阳城，有可能就是唐代的玉门关。也有人根据唐代僧人玄奘西行取经的路线和当时丝绸之路的情况，认为唐代玉门关址已经湮没在如今安西东面的双塔堡水库之中了。至于唐代玉门关究竟在哪里？至今学术界是仁者见仁，智者见智，没有形成一个统一的看法，留在人们心中的仍是一个谜。

四、丝绸之路之历史故事

（一）华夏始祖——炎帝

大家都知道，我们华夏儿女的共同祖先是炎帝和黄帝。炎帝被认为是上古三皇之一，在九州大地上人们曾经建造过许多处炎帝祠庙，供人拜谒瞻仰。

晋代皇甫谧的《帝王世纪》中记载：姜为炎帝的姓，他的母亲在华阳游玩时，受到一神牛之头的感应，就怀上了炎帝。炎帝出生于瓦峪，成长于姜水之滨，从小就拥有圣人的德性，以火德王，故被称为炎帝，根据晋代王嘉的《拾遗记》记载，“炎帝时有丹雀先衔九穗禾，其坠地者，帝乃拾之，以植于田，食者老而不死。”

民间流传着这样一种说法：炎帝为远古时期部落首领，与黄帝同为中华民族始祖。《国语·晋语》载：“昔少典氏娶于有虫乔氏，生黄帝、炎帝。黄帝以姬水成，炎帝以姜水成。”宋代《路史·国名》载：“炎帝后，姜姓国，今宝鸡有姜氏城，南有姜水。”姜氏族为西戎族（或东夷族）一支，原为游牧民族（或农耕部落），很早便由西方进入中原。而当时在今陕西与河南交界处，居住着以蚩尤为首的九黎族（有说独苗族），双方因部落发展而发生冲突，九黎族的首领叫蚩尤，兽身人面，铜头铁脖子，头上有角，耳上生毛硬如剑戟，能吃砂石，可能是以某种猛兽为图腾的氏族。他有兄弟八十一人，即八十一个氏族，是勇悍善战的强大氏族部落。蚩尤把炎帝驱逐到涿鹿（今河北西北桑干河流域，或者今山东泰山周围）。炎帝向黄帝求援，双方在涿鹿大战一场。蚩尤请风伯雨师兴风作雨，造了大雾使黄帝的士兵迷失方向，黄帝请旱神女魃，使天气放晴，造了“指南车”辨别方向。这场激烈战争的结果是蚩尤失败，被杀死。黄帝取得了胜利，被推举为“天子”。

除了以上的传说外，民间还有这样一种说法，炎帝曾经发明制造农具，教给人们按照节令时气进行播种，从事农业生产，解决了民众的温饱问题，因此

被称为神农或神农氏。此外，炎帝还发明了医药。据说炎帝拥有一个晶莹剔透的身体，人们可以很清楚地看到他的五脏六腑，这样，即使炎帝在尝百草时中了毒也能够被及时解毒。《淮南子·修务训》中记载，炎帝“尝百草之滋味，一日而遇七十毒”，他通过遍尝百草，积累了丰富的医药知识，因此人们又尊其为医药之祖。炎帝为求药治病做了不可估量的贡献，但与此同时他也付出了极为沉重的代价。《帝王世纪》中记载：炎帝在湖南采药时，有的时候竟然一天尝过多达七十种的毒药，但他早已经把生死置之度外，仍然如往常一样地坚持下去，到最后因为误食断肠草而失去了自己宝贵的生命。

百姓拥有了可以温饱的粮食，就会想起炎帝；百姓拥有了可以治病的药材，也会感谢炎帝。所以，人们为了表达他们的崇敬之情就对炎帝进行祭祀。在离今陕西宝鸡大约十里远的渭河南岸的峪泉村，就有一座历史久远的神农祠。据民间传说，神农氏在出生后，就被母亲抱到九龙泉沐浴，在这里长大成人，后人为了纪念他而建造祠堂进行祭祀。这里依秦岭、临渭水，山清水秀。祠堂的建筑风格简单而且朴素，中间的正殿内有神农氏雕像，两边有龙王殿、钟亭及魁星亭等建筑。置身于幽静淡雅的神农祠，就仿佛返回了远古时代，看到神农氏不畏艰难、风餐露宿的身影。

炎帝陵又被称为“天子坟”，在今湖南炎陵城西三十里的塘田乡鹿原坡，根据宋罗泌《路史》的记载：炎帝“崩，葬长沙茶乡之尾，是曰茶陵”。早在西汉时期人们就已经在这里修筑了炎帝陵。唐朝时期开始祭祀。到宋朝，炎帝陵受到了更多的重视与关注，吴道南在明万历八年（1580 年）所撰的碑文中说：宋太祖登基后，就四处寻访炎帝古陵，但寻找了很久都没有找到。后来他做了一个梦，在梦中他受到了一神人的指点就在茶乡寻到了炎帝陵，所以他就于乾德五年（967 年）建殿堂立宗庙，并且在里面供奉了炎帝的肖像，进行祭祀。从此以后，炎帝陵就被历朝历代的帝王列为神圣之地，明朝增建圣容殿，清雍正年间又对其进行了重修，每年都有无数的游人前往拜仰。

（二）芳魂一缕——香妃

香妃名伊帕尔罕，生于雍正十二年（1734

年）九月十五日，维吾尔族人，从小就生活在叶尔羌河畔。清朝在平定了大小和卓叛乱后，清政府让额色尹叔侄及其他平叛有功人员，于乾隆二十五年（1760 年）陆续来到北京，给予表彰。他们的家属，也随同到达京城。次年六月，福建巡抚进献鲜荔枝，伊帕尔罕以和贵人的身份首次出现在宫中，时年 27 岁，乾隆 50 岁。

根据民间传说，身份高贵的香妃在出生时身上就有一股奇特的香气，她又整天沐浴在沙枣花的香波芬露之中，浑身上下透散着香味，成为天下第一位“香姑娘”。香妃之名便由此而来。

关于乾隆与香妃见面的情景，历史上有这样的记载，乾隆皇帝在听了和珅的一番介绍后，情不自禁，急忙命令宫监带香妃入宫。玉容未近，芳气先袭，既非花香，也非粉凝，别有一种奇芬异馥，沁人心脾。临近御台，乾隆见她柳眉微蹙，杏脸含晕，益发动人怜爱。宫中太监让她行礼，她却毫不理睬，只是泪眼盈盈。乾隆以为她从小生长在西域，不懂得朝廷礼节，不忍心苛求她，所以就下令让宫监将其带入西苑的一所寝宫，令她居住并派宫女好生伺候。香妃之香和她那别样风韵，让乾隆大帝心醉神迷，对她恩宠有加。

这些传说大都是野史中的记载，不能当真。史书载，乾隆二十五年（1760 年）初，香妃便选入官中，被封为“和贵人”，时年 27 岁。三年后升为嫔，35 岁又升为妃。

香妃在清宫中很得乾隆宠爱，乾隆还曾专门向她学习过维吾尔语，据说讲得还不坏，甚至到了能用维吾尔文书写的程度。喜爱出巡的乾隆不论南巡、东巡、热河木兰秋场，都有香妃在身侧相随。一次，有人把在围场打得的一只野猪、一只狍子进献给皇帝。皇帝分赏给颖妃、惇妃、顺妃、诚嫔、循嫔每位野猪肉一盘，而独赏给香妃狍肉一盘。在宫中，乾隆帝对香妃的生活也格外关照，给她珍贵的物品，哈密瓜、葡萄干、杏干等干鲜果品，常不断供。每逢赏赐哈密瓜时，乾隆皇帝总把最上品的花皮瓜赏给香妃，其他嫔妃只赏到列入二等的青皮瓜。就在香妃病逝前五天，乾隆于 1788 年四月十四日最后一次赏香妃春橘十个。香妃在宫内有专设的回族厨师叫努依玛特，常给她做谷伦杞（抓饭）和

滴非雅则（皮芽孜炒的菜）等。这年的正月十五在圆明园奉无殿的宴会上，她仍居西边头桌首位，可见香妃在宫中的地位一直很稳固。所以，乾隆对她的宗教信仰、风俗习惯都是十分尊重的。不能臆猜他们夫妻生活的具体情状，但可以断定他们是恩恩爱爱、相敬如宾的。

香妃在宫中度过了二十八个春秋，1788 年，她在北京病故，享年 55 岁。临死时，把毕生积存的全部衣物和首饰珠宝，分别赠送给朝夕相处的嫔妃、本宫子女和她娘家的叔叔、婶婶、嫂嫂、姐妹，对她们寄予无限的深情。当时年届 80 岁的乾隆老泪纵横，也曾生出将香妃的遗体送回喀什安葬的念头，但有悖于大清祖传皇规。按规定，满清的后妃只能葬于皇家的东陵后妃园寝中，绝不准移送原籍。所以就将她的尸体葬于今河北遵化县清东陵的裕妃园寝之中。但为了表明香妃的特殊身份和地位，又特意在她的棺木外，用金字书写了阿拉伯文的《古兰经》经文，以示对这位维吾尔族贵妃及其家族原有习俗的尊重。这些都已被考古发掘所证实。

（三）佛法使者——唐僧

大约一千多年前，唐朝僧人玄奘，穿荒漠、翻天山、走中亚，游走于今阿富汗、印度、巴基斯坦等国十九年，写成了《大唐西域记》，为后世留下了无数的宝贵财富，而他一路上遭遇的曲折与奇特与《西游记》也有几分相似。

当时印度小国林立，玄奘跋涉数千里，经历十余国，但主要是在那烂陀寺受戒和讲学。公元 643 年春，玄奘取道今巴基斯坦北上，经阿富汗，翻越帕米尔高原，沿塔里木盆地南线回到长安。

根据玄奘游走的路线，我们可以看出他也曾沿着丝绸之路而行。丝绸之路根据地理特征，可以划分为帕米尔高原以西的草原丝绸之路和帕米尔高原以东的沙漠丝绸之路。这条商业动脉不仅沟通了人类文化核心区的汉帝国、贵霜帝国、罗马帝国和安息帝国，也把罗马的景教、阿拉伯的伊斯兰教、印度的佛教、波斯的摩尼教和拜火教进行了一次彻底的文化联结。

当年立下志向西行的中国僧人很多，虽然玄奘一路行来经历了无数的艰辛，但是比起当年前往印度取经的其他僧侣，他还是很幸运的。因为除了法显、玄奘、义净等几人外，其他人都在中途冻死饿死抑或被盗贼所杀。

玄奘经过艰难跋涉，翻越凌山后，回望天山。天山南侧是帕米尔高原，是中国迈向中亚的门槛，中国古代称之为葱岭。《大唐西域记》中玄奘不仅勾画出了它的地理位置，还准确地描述说，这里“崖岭数百重，幽谷险峻，恒积冰雪，寒风劲烈。”玄奘路过这里时似乎行色匆匆，对屹立在这里的两座古城——布哈拉与撒马尔罕都着墨不多。不过在玄奘进入西域以前，中国与西域已经有了至少 8 个多世纪的交往。

巴米扬是曾经仅次于印度比哈尔邦的第二大佛教中心。玄奘从中亚进入阿富汗境内后，山崖上的大小石窟六千余座，其中巴米扬石窟群中的六尊巨大佛像给了他非常大的惊喜，大佛在他笔下是“金色晃曜，宝饰焕烂”的辉煌。

玄奘从阿富汗继续向前西行就进入了今天的巴基斯坦和印度。在这两地他曾经到过许多佛教中心，其中包括巴基斯坦的佛教圣地、佛教造像水平达到最高峰的塔克西拉和印度境内的鹿野苑与菩提伽耶，不过玄奘西行的目的地也是他取得真经的地方是印度的那烂陀寺。

当时，那烂陀寺是印度最大的寺院，也是世界佛教中心，“僧徒主客常有万人”。玄奘到达这座佛寺的时间是在公元 630 年。公元 5 世纪笈多国王在这里兴建了佛教学院，不仅教授大乘佛教和小乘佛教的经文，还教授婆罗门教和吠陀文献以及哲学、天文学等科目。玄奘来这里正值那烂陀寺藏书最丰富的时期，他在这里刻苦钻研，阅读、通晓了各类经论。但是这些仍旧满足不了他的愿望，所以就离开那烂陀寺在印度各国游走了六年，最后又回到寺里，在那里为全寺僧众宣讲《摄大乘论》《唯识抉择论》等佛教经典。

公元 642 年的曲女城佛教辩论会为玄奘带来了更大荣誉，但是他谢绝了各国的盛大邀请，毅然携带着六百七十五部佛经启程回国。

五、丝绸之路之美丽传说

举世闻名的丝绸之路，见证了我国古代历史文明的辉煌。在丝绸之路沿线地带，流传着许多优美动人的传说。这些传说中的人物所处的时代背景大多都是真实的，史书上都有记载。但是这些故事也都带有传奇性，特别是其中不少故事还带有神话色彩。这是经过后人辗转相传、艺术加工的结果，表达了人们对美好理想和愿望的向往之情。

（一）丝绸公主与养蚕技术的西传

在丝绸之路沿途各地，人们可以听到这样一则传说，它在现存的有关于佛教史的藏文文献中也有大同小异的记载。这个故事的主要情节是讲于阗王曾娶东国（一本作中国）公主为王后，暗中要求对方将蚕种带来。新娘下嫁时，偷偷把桑蚕种子藏起来，骗过了关防将士的搜查，这样就把养蚕制丝的方法传到了于阗。从此以后，于阗“桑树连荫”，可以自制丝绸了。于阗国王为此特别建立了麻射僧伽蓝，以此作为纪念。近代考古学者曾在和田东北沙漠深处的丹丹乌里克遗址，发现一块8世纪的木版画，上面描绘着一位中国公主带着一顶大帽子，一个侍女正用手指着她。研究者都认为，这里所画的正是那位传播养蚕制丝方法的丝绸公主。下面就让我们来倾听一下这个美丽的传说：

从上古时代起，我国中原地区的人们就源源不断地向西北各族输出各种丝织品。西域各族人民一开始也像远在地中海的罗马人那样，对蚕的来源以及蚕丝的生产过程产生过各种各样的疑惑。但是，他们距离中原毕竟不甚遥远，没有经过多长时间就打听清楚了蚕吃桑叶吐丝结茧，一直到如何生产出鲜艳的丝绸等一系列生产过程。当他们得知要生产出当时在人们眼中如黄金一般珍贵的丝绸只需栽桑、养蚕就可以时，他们就产生了一个想法，就是也要像罗马人

那样把种蚕和养蚕织丝的技术学到手。当时，中原皇帝为了保护本国的利益，制定了一则法令，那就是如果谁向外界泄露了养蚕织丝的秘密，就会被判极刑。于是，历朝历代都“严设关防”绝对禁止蚕种向外传播。西域地区的人深深明白这一点，想方设法偷运，一次都没有获得成功。后来，他们中的一个名叫瞿萨旦那国（新疆于阗）的国王根据手下大臣的建议想出了一个妙计。

这位国王派了几位使节到中原去求婚。当时中原王朝的统治者一心想扩大自己的势力范围，加强与西域的联系，经过几番考虑，认为在西域有这样一个姻亲作为可靠的盟国，对西北边境地区的安全也是一个保障，于是就答应了来使的请求。于阗国国王看到妙计的第一步已经实施成功，于是就考虑下一步如何秘密请求公主把蚕种和桑籽带出来的问题。国王从自己的国家中挑选出了几个聪明机警的使者和迎亲侍女，把这个任务交给了他们，并且一再命令他们无论如何也要想办法让公主在启程之前将这两样东西带出来。

从小在皇宫长大的公主也知道了自己将要离开父皇，嫁到遥远的西域番邦去，但是她不清楚那位国王的为人如何，那里的吃、穿、住的习惯是不是与中原一样，这种背井离乡的滋味自然不好受。但是君命不可违抗。正当公主一个人在自己的内室忧心如焚时，她的侍女前来禀奏说有一位于阗使者求见。公主心想她来得正是时候，正好趁这个机会询问她有关西域及国王的一些事情，于是马上就传谕进见。这位使臣诚惶诚恐地行完叩头礼之后，向公主呈上了一幅于阗国王的画像。公主打开画像，只见画面上的国王英姿勃发，不禁笑逐颜开。使臣趁机从这幅画像引开话头，夸赞说他们的国王如何年青能干，国家如何富有，还说敝国国王已下令为公主做好准备，等公主来到我于阗国之后要一切按照中原的生活方式，到时候公主也许就不会想念远在万里之外的家乡。听到使臣这些恭维之话，公主半信半疑地问：“你们说的都是真的吗？”使臣赶紧回答道：“小人不敢说谎，这都是真的。不过……”使臣抬起头，向左右望了一下，仿佛想要说些什么但还是打住了，公主明白她有什么话要单独和自己说，于是抬起手向左右一挥，两旁的侍卫赶紧退下。使臣见此情状，拉了拉中国皇帝钦

赐的锦袍衣角说：“臣在公主面前不敢说谎，敝国就是没有办法生产您身上所穿的丝绸。”公主听了之后，不以为然地说：“这不是什么困难的事情，本公主只要父皇多拨一些丝绸就是了。”“可是，这不能管一辈子啊！臣下冒死进言，如果王妃娘娘千秋之后，您的王子王孙哪里来的丝绸衣服穿呢？”“这个……”公主一时答不上来，因为她也很清楚自己以后就要去西域扎根立足，自己的子孙也会世世代代生活在那里。这位机灵的使臣一看机会来了，赶紧向公主献策说：“臣下有一个方法可以一劳永逸，就是请求公主在这次远嫁时是否能带一些蚕种和桑籽过去，这样不就取之不尽，用之不竭了吗？”公主一听这个办法还挺行得通的。但是她也知道这样做是犯了祖宗之法的大罪，要是被父皇知道了这件事情，不知会发生什么事情。忽然，公主灵机一动，计上心来。

终于，迎亲的日子到了，随同公主出嫁的队伍浩浩荡荡地来到了边关，驻守边关的将士奉皇上旨意行事，让公主下轿进行检查，他们搜遍了整个行囊，就是没有敢去检查公主戴的那顶皇上赏赐的凤冠。当公主到达瞿萨旦那国后，国王在麻射伽蓝故地，以隆重的仪式将公主迎接入宫。这下，公主终于见到了那位英俊潇洒的国王，她从头上摘下那顶凤冠，从中取出了从中原带来的蚕种和桑籽。原来，这位聪明的公主把蚕种和桑籽藏在了将士不敢检查的凤冠里。就这样，中国的蚕种和桑籽安全地到达了瞿萨旦那国。从此以后，这个国家以至于整个西域地区的养蚕丝织业就迅速地发展起来，人们也享受到了织丝的乐趣。

（二）火焰山的传说

火焰山是天山山脉之一，它自东向西，连绵贯穿于新疆吐鲁番盆地的中部。亿万年之前，地壳在横向运动时留下了无数条褶皱带，后又经过大自然的风吹日晒，就形成了火焰山起伏的山势和纵横的沟壑。在烈日的照射下，赤褐砂岩的光芒，使滚滚的热流上升到半空中，造成云烟缭绕，远远看去就好像大火烈焰在熊熊地燃烧，这就是“火焰山”名称的来

历。火焰山的山体长大约有 98 公里，宽大约有 9 公里。其主峰位于吐鲁番市区以东约 40 公里处，海拔高度为 831.7 米，火焰山上常年降水稀少，高温干旱，“飞鸟千里不敢来”。但是，其山体却又是一个天然的地下水库大坝。

火焰山就处于“丝绸之路”的北道上。在这里至今仍然保存着许多文化古迹和历史佳话。火焰山神奇的地貌、珍贵的物产、大量的文化古迹，以及《西游记》中孙悟空三借芭蕉扇扇灭火焰山等优美动人的传说，也曾脍炙人口。在这些传说当中有关火焰山来历的也有很多，下面就让我们来看一下其中的两个：

传说之一：话说当年美猴王齐天大圣孙悟空大闹天宫，在激烈地拼杀之时，不小心一脚踢倒了太上老君炼丹的八卦炉，炉中的几块火炭，从天上降落到了人间，恰好落在了吐鲁番，就形成了火焰山。本来一开始山上是一片烈火熊熊燃烧的景象，后来孙悟空用芭蕉扇，三下就把大火扇灭了，冷却之后就成了今天的这种状态。这只是一个传说，其实，火焰山是由侏罗纪、白垩纪及第三纪沙砾岩和红岩泥构成的，时间距今已经有两亿年了。

传说之二：维吾尔族民间传说天山深处有一只恶龙，专门吃童男童女。当地最高统治者沙托克布喀拉汗非常焦急，他为了除暴安民，就特地派哈拉和卓去降伏恶龙。经过了一番惊心动魄的激战以后，哈拉和卓终于在吐鲁番东北的七角井给了恶龙以致命的一击。恶龙带伤向西逃窜，鲜血染红了整座山。因此，维吾尔族人把这座山叫做红山，也就是我们现在所说的火焰山。

此外，火焰山的山顶上还有拴马椿和踏脚石。关于它们的来历民间传说是当年唐僧西天取经，路过此地，曾把白龙马拴在这里的石柱上，拴马椿由此而得名。在离拴马椿不远的地方，有一块巨石，相传是唐僧上马时用的脚踏石。维吾尔族人称拴马椿为“阿特巴格拉霍加木”。据说穆罕默德时代，有个圣人名叫艾力，来到火焰山，曾把马拴在石柱上，以后人们就把这根石柱叫“阿特巴格拉霍加木”（意为拴马椿）以示纪念。

六、丝绸之路之文化景观

（一）苍山云一朵，洱海浪千重——云南大理之苍山洱海

大理是南方丝绸之路上的重镇，它拥有灿烂悠久的历史。风光秀丽的大理坝子是洱海文化的发祥地，历史上的南诏和大理国曾称雄一方，辉煌一时。唐贞元十年（794年），南诏王异牟寻与唐节度巡官崔佐时在点苍山会盟，表示“全部落归附汉朝”“永无离二”，并将盟词一份藏在点苍山神祠之石函中。元宪宗二年（1252年），忽必烈率军远征云南，消灭大理国政权并建立云南行省。大理从古至今都是一个风景迷人的地方，这里的苍山、洱海更是出名。如明代著名文人杨升庵就曾这样描绘苍山“山则苍茏垒翠，海则半月拖蓝”“一望点苍，不觉神爽飞越”。

苍山，又名点苍山。金庸武侠小说中的点苍派应该就属于这里。这座山峰平均海拔3500米以上，山顶常年有积雪。苍山有19峰18溪，峰间溪水如瀑，倾泻注入洱海。“云、雪、峰、溪”为苍山四大奇观。经过一个夏天都不会融化的苍山之雪，是久负盛名的大理“风花雪月”四景之最。在风和日丽的阳春三月，点苍山的山顶显示出一片幽静，真可谓一个冰清玉洁的水晶世界。点苍山的云变幻多姿，时而淡如轻烟；时而浓似泼墨。在夏秋之交，不时出现玉带似的白云，云带舞动，上下起伏，长亘百里，竟日不消，妩媚动人。在苍山顶上，还有着不少高山冰碛湖泊，湖泊四周有遮天蔽日的原始森林，形成了点苍山的又一处美景。此外，在这里还流传着一个美丽的故事，传说在南诏时，美丽的阿凤公主与勇敢的青年猎人阿龙相爱，两人立下誓言说要用一生的时间来守护对方，但是却遭到了国王的反对与迫害，彼此的诺言无法实现，所以两个年轻人就选择了结束自己的生命来兑现誓言，所以阿龙死在了洱海，阿凤自缢于苍山，化作了一朵望夫云，永远地漂浮在苍山之巅。清代赵廷玉就曾经写下一首诗

《咏望夫云》来追述这一传说："一缕浮云几度秋，坚心常在海中沤。沧浪涛打蛟龙窟，绰约神明水月楼。卷地难平千古恨，回峰又转百重忧。可怜夫婿无消息，空抱情根护石头。"总之，云断苍山，大理无言，这里凝聚了许许多多美好多姿的景色与故事，更为山下的崇圣寺添了一份神奇。如今，只有天雨观音铜像守候着这片梵音净土，崇圣三塔傲然屹立在苍山洱海之间。

洱海是一个风光秀美的高原湖泊，古称叶榆泽，又名昆明池，白语称"耳稿"，意为下边的海子。因湖形似人耳，汉语遂称为洱海。为第四纪形成的断陷构造湖，属碳酸盐类湖泊，天然造就了一幅美丽的风貌。湖身北起洱源江尾村，南到下关团山，古城大理如一只巨型蝴蝶匍匐在海边至山脚的平坝上。

在洪水冲积堆积形成的江尾三角洲上，有帚状河沟伸入海中，历史上就有"享渔沟之饶，据淤田之利"的记载，三角洲东西两侧有水草丛生的浅湖湾，是人类繁衍生息的良好场所，历来水产丰富，当地称为"鱼土锅"。据《西洱海志》云：洱海"鱼族颇多，视他水所出较美，冬卿甲于诸郡"。魏武帝四时食制曰"滇池纫鱼，冬至极美"。洱海鱼类丰富，共有三十五种，其中土著鱼二十一种，以大理裂腹鱼（弓鱼）最为著名。弓鱼长约三五寸，身形瘦长，跃出水面，形状如弓，鳞细肉鲜，号称"鱼魁"，是云南三大名鱼之一。可惜，现在大多已变种且不多见了。

洱海西为沙泥质，与湖滨冲击地相连，坡地平缓，平畴绿野，村落密布，多沙洲港湾；东岸紧靠鸡足山，多为石质，由于海水长期侵蚀切割，形成崖壁、岛屿、礁石、岩洞、港湾。迂回曲折，富于变化，有三岛、四洲、五湖、九曲之称。湖的南端建有洱海公园，海滨设有鲜鱼一条街，海中行航舶、轮船，辟有环湖旅游线路。元郭松年在《大理行记》记载："内则四洲三岛九曲之奇，浩荡汪洋，烟波无际，于以见江山之美，有足称者"。洱海美，美在水。每当风和日丽时，波平如镜，举目远眺，苍山积雪倒映其中，银苍玉洱，相映生辉，再加上若隐若现的银色海鸥，闪银耀金，格外迷人。如果荡一叶轻舟，进入湖心，就会领略到"百二河山云水外，三千世界镜中天"的境界。正如元人李京

所赞："槛外千峰插海波，芙蓉双塔玉嵯峨。银山殿阁天中观，黑水帆墙镜里过。"

总之，苍山洱海的山水景物，向来为人们所推崇。历代的文人墨客盛赞苍山洱海的大量诗文，已成为大理文化的重要组成部分。唐代四川人间丘均在《题洱海临水亭》中"回合峰隐云，连绵渚萦岛"，写尽苍洱连绵之妙；唐大理人杨奇昆《游东洱海》有"风里浪花吹又白，雨中岚影洗还青"之句；元人高昌雅的《点苍山》"水绕青山山绕城，由来人杰地应灵"写出了苍洱钟灵毓秀、人才辈出的颂词；明代杨慎，遍游名山大川，见多识广，然而一见苍洱，却"一望点苍，不觉神爽飞越……山则苍龙垒翠，海则半月拖蓝，城郭奠山海间，楼阁出烟云之上，香风满道，香气袭人，余时如醉而醒，如梦而觉，如久卧而起作，然后知吾向者之未尝见山水，而见自今始。"（《点苍山游记》），为大理苍山洱海之美景所慑服。

（二）葡萄美酒夜光杯——甘肃酒泉

酒泉市位于河西走廊西段，自古以来就是神农和王地之一的颛顼辖地，是古代丝绸之路的重镇和要塞，素有"富酒泉"之美称。自汉武帝（公元前 121 年）建郡，至今已经有两千多年的历史。《汉书·地理志》载：酒泉"城下有金泉，其水若酒，故曰酒泉"。其实这个关于"酒泉"名字来历的故事在民间是这样流传的：汉武帝派骠骑将军霍去病，率领二十万大军西征匈奴，在河西走廊一带打了一个大胜仗，捷报飞马传到长安。汉武帝非常高兴，立即赏赐白银十万两，御酒十瓶，以表彰霍去病及其将士的战功。霍去病是个爱兵如子的将军，他不愿意独享御酒，要和众将士共饮。可是酒少人多，怎么办呢？有人向他建议：每一百人选一个代表，分酒一杯而饮，但细细一算，仍觉不够。霍去病愁得没有办法，月夜走出帐外散步，突然听到军营旁有泉水汩汩流淌，他灵机一动，计上心来。第二天，传令三军在泉水边聚齐，然后把御酒倒入水中，泉水即化为美酒，他便与众将士开怀共饮。

从此，这眼泉便命名“酒泉”。从此翻开了中国历史上精彩的一页，平定河西，边陲安宁，开通丝绸之路，遂有汉唐盛世。横扫欧亚的汉武神威，襟怀欧亚的中华气度，丝绸之路因此而成为人类史上举世无双的文明之路，“化干戈为玉帛”的社会理想，形成了人类历史上前所未有的繁荣局面。空前的经济贸易、广泛的文化交流、强大的政治体制、长期稳定的国家统一，揭开了世界历史上影响深远的一幕，这就是汉武帝设“酒泉郡”的历史意义。张骞凿空，苏武牧羊，班超从戎，玄奘取经，草圣张芝，文成公主，从霍去病到左宗棠，从马可·波罗到李希霍芬……谱写了多少壮丽的史诗，留下了多少不朽的英名。

两千年前的酒泉，是汉武帝对外开放的窗口，是东西方文化的交汇点，中国文化、印度文化、阿拉伯文化、波斯文化、希腊罗马文化……所有的文化和宗教都对这里产生了影响。两千年来，这里一直是各种文化传播、交流的中心，儒家、道家、佛家、伊斯兰教、基督教，这里真可谓宗教的大观园。此外，酒泉地处西北边隆要塞，是著名的河西四郡之一，军事交通重镇，河西保障之咽喉。在古代东至武威而中原，西至敦煌而西域，北至居延而蒙古，这一条路线，一直是古代军事进攻路线。明初弃敦煌，划嘉峪关为界。筑关城、修边墙（长城），重兵据守，为河西第一隘口。古城酒泉不仅在历史上军事作用尤为突出，至今在军事上仍有重要地位。酒泉不仅是古丝绸之路上的军事、交通重镇，同时也是历代地方首府所在地。

酒泉还产玉杯，历史悠久，久负盛名。酒泉夜光杯是一种用玉琢成的名贵饮酒器皿。相传周穆王时，西戎曾献五光常满杯，倾酒入杯，对月映照，雪白有光，香味倍增，名“夜光杯”。酒泉夜光杯的形成至少在唐代就已有之。制作夜光杯的玉料采自距酒泉城百余公里的祁连山中。俗称中式夜光杯，其历史悠久，名驰千秋。杯体浑圆深沉、古朴典雅，造型独特，象征着中华民族朴实、大方的性格，与祁连山的古松纹相配，更加传神。

（三）万山之祖——昆仑山

昆仑山是我国西部一条重要的山脉，在古代很早以前，就是中西交通的必

经之地。中国古老的地理著作《山海经》《禹贡》和《水经注》都不止一次提到它，其中大多记述都带有神奇的色彩。如说它是“天帝的下都”，方圆八百里，高七万尺。又说这里有西王母的瑶池，到处长着结有珍珠和美玉的仙树。有的书籍还说它是黄河的发源地，黄河是中国历史文化的摇篮，因此，昆仑山受到人们极大的崇敬，认为它是中华民族的祖先黄帝居住的“圣山”，是“地之中心”，尊它为“万山之祖”，甚至说它是“通天”之山。起初人们并不知道它的确切位置，后来通过与西域交往，在新疆于田一带发现了玉石。皇帝根据古代的图书，错误地认为黄河发源于美玉产地昆仑山北麓，于是便把河源所在的山叫做昆仑山。

古人因崇敬昆仑，故而编织出了许多美丽动人的神话传说。妇孺皆知的“姜太公学艺”“嫦娥奔月”《西游记》《白蛇传》等都与昆仑山有关，它是产生中华民族神话传说的摇篮。

昆仑山西起帕米尔高原，山脉全长 2500 公里，平均海拔 5500－6000 米，宽 130－200 公里，西窄东宽，总面积达 50 多万平方公里，最高峰在于青、新交界处，名为新青峰——布格达板峰，海拔 6860 米，是青海省最高点，是高原地貌的基本骨架，是青海省重要的自然区划界线。相传昆仑山的仙主是西王母，在众多古书中记载的“瑶池”，便是昆仑河源头的黑海，这里海拔 4300 米，湖水清澈，气象万千，鸟禽成群，野生动物出没。在昆仑河中穿过的野牛沟，有珍贵的野牛沟岩画。

距黑海不远处是传说中的姜太公修炼五行大道四十载之地。玉虚峰、玉珠峰经年银装素裹，山间云雾缭绕。位于昆仑河北岸的昆仑泉是昆仑山中最大的不冻泉，形成昆仑六月雪奇观，水量大而稳定，传说是西王母用来酿制琼浆玉液的泉水，发源于昆仑山的格尔木河中游，长期侵蚀千板岩，形成了峡谷绝壁相对，深几十米的一步天险奇观。

奇峰亭亭玉立，传说是玉帝两个妹妹的化身。昆仑山在中华民族文化史上有“万山之祖”的显赫地位。是明末道教混元派（昆仑派）道场所在地，是中国第一神山。玉珠峰、玉虚峰均为青海省对外开放的山峰，是朝圣和修炼的圣地，1990 年推

出昆仑山道教寻祖旅游线路。1992 年以后，来自世界各地登昆仑、寻根问祖、顶礼膜拜的炎黄子孙组成的寻根团多达上百个，有的台湾同胞常年在昆仑山修炼，每年达数月之久。后又带家人进山朝拜，并投资兴建祭坛，十分虔诚。

昆仑山峰峦起伏，林深古幽，景色秀丽，每逢春夏之交，满山碧树吐翠，鲜花争奇斗艳，使昆仑山更具风韵，成为著名的风景游览区之一。北魏史学家崔鸿在《十六国春秋》中，称之为“海上之诸山之祖”“天下名山僧占多”。

昆仑山自古以来就吸引佛界道家在这里建寺筑观，养性修身，传经布道。远在汉唐之际这里就寺院林立，香火不断。至金元，盛极一时的中国道教全真派开山祖师王重阳同他的七弟子，把这里选为创教立派的“洞天福地”，留下了诸多令人神往的道教遗迹。

在汉代，和田地区的农作物品种已经相当丰富，与内地相仿。魏晋时期，和田等地已经种植水稻。据《魏书》记载，和田的蚕种是由一位汉族公主从内地带来的。到唐代，和田已经成为新疆养蚕业的中心。由昆仑玉即和田玉雕琢成的手工艺品，已经有两三千年的历史。富有民族特色的和田制毯业，也有七八百年的历史。

提到丝绸之路，人们更是忘不了昆仑山，因为丝绸之路的南道就是经过昆仑山北麓的。昆仑山不仅没有给这条重要的国际交通线带来险阻，而且提供了许多方便。在那漫长的年代里，各国使者、学者、商人等，络绎不绝地来往于昆仑山下，他们喝着昆仑山流下的水，吃着当地人民种植的粮食、瓜果，并将昆仑玉带往世界各地。

（四）中华始祖降秦州——甘肃天水伏羲庙

伏羲是中华民族文明的创始人，其历史功绩世代口耳相传，史不乏载。伏羲始画八卦，以畋以渔；造书契，代结绳之政；制嫁娶，以俪皮为礼；立九部，设六佐，以龙纪官，好曰龙师；禅于伯牛，钻木取火，教民熟食；制历法，定节气消息祸福，以制凶吉；尝百药，制九针，以拯夭疾；制琴瑟，作乐曲，立占卜之法，伏羲的开天明道之功，奠定了几千年中华民族昌盛的根基，伏羲也

因此在历史上位列三皇之首，五帝之先，成为中华民族敬仰的“人文始祖”。而天水是由大量古文献资料和现代考古发掘成果确证的伏羲诞生地，1992 年 8 月江泽民总书记视察天水时亲笔题词“羲皇故里”，进一步确定了天水在研究开发伏羲文化方面的历史地位。

天水是古代丝绸之路上的重镇，在古代被称为秦州，相传它是秦朝祖先发迹之地。秦先祖大费善于畜牧、狩猎，其后裔非子长于养马，周孝王派他到千河、渭河之间的秦地（今甘肃张家川、清水、天水一带）专管养马。由于养马有功，周孝王将秦地封给非子，号称“秦嬴”。公元前 221 年，秦始皇嬴政统一中国，建立秦王朝，并在此地置州，谓之“秦州”。

汉武帝元鼎三年（公元前 114 年），秦州就有“天水”之称。隋唐以后，秦州、天水郡之名长期并存。1911 年以后，废“秦州”之名改称“天水”。“天水”之名，源于城西有一泓湖水，以“夏不增，冬不减，旱不涸，涝不溢”而远近闻名，古人传为“天河入池，神奇之水”，故名“天水”。

天水是中华民族的发祥地之一。传说上古时期的“人文始祖”伏羲、女娲都降生在天水。伏羲庙始建于元代大德三年（1299 年），距今已有七百多年的历史，是我国目前规模最大、保存最完整的纪念上古“三皇”之一伏羲氏的明代建筑群。天水因之成为海内外“龙的传人”寻根祭祖的圣地。其实祭祀伏羲的活动由来已久，从秦汉到明清时期未曾间断。大约在三千年以前，秦文公十年（前 756 年）设鄜畤，即为祭祀伏羲而设之祠，祭祀时用骝驹、黄牛、羝羊各一只，称为三牢。汉承秦制，西汉以后，伏羲成为三皇之首，历朝举祀成习。至唐玄宗开元年间（713—741 年）于长安兴建三皇庙，每年春秋专祀，进一步完善了三皇祭祀的礼制。元元贞元年（1295 年），元成宗铁木耳诏命全国各地通祀三皇，秦州三皇庙和卦台山伏羲庙主祭伏羲，每年三月三日和九月九日以太牢祭祀。明代祭祀，由官府主持制定祭祀礼乐制度，设置了祭祀程序、乐舞生员、祭祀人员服饰和祭器、祭品等，每年春秋两祀，采用太牢祭祀。清代各朝祭祀伏羲活动由盛及衰，由每年两祭变为正月十六日一祭，民国时期沿袭清代习俗，至今民间祭祀伏羲氏的时间仍是正月十六日。

天水曾是丝路重镇，悠久的历史孕育了伏羲文化、大地湾文化、先秦文化、三国文化和

石窟文化等独具特色的天水历史文化，造就了众多历史名人，有许多关于诗圣杜甫、名将李广、诸葛孔明的人文景观。

天水是历史上的军事重镇，其位置险要，地当要冲。唐代诗人杜甫在《秦州杂诗二十首》中有诗云：“莽莽万重山，孤城山谷间。”说的是古秦州城周围的地势。它坐落在陇东山地的渭河上游河谷之中，北面和东面是高峻绵延的六盘山和它的支脉陇山，南面和西面有峪家山和鸟鼠山，四周山岭重叠，群峰环绕，在这“莽莽万重山”的狭窄山谷间耸立着这座孤城。

地当要冲的天水历来是兵家必争之地。三国时期，诸葛亮与司马懿曾长期在这一带斗智周旋。《三国志》和《三国演义》中都有所记载，描写的诸葛亮派马谡守街亭以拒张郃和失街亭诸葛亮挥泪斩马谡的故事就发生在天水地区。这里至今仍流传着许多有关诸葛亮的传说。在天水东城外，有一个被称为“诸葛军垒”的地方，这是一个高丈余、底大顶小的圆形土墩，相传是当年蜀军用“乡土袋”里倒出来的土堆积而成，作为诸葛亮攻打天水的“点将”处。

在天水市南一公里南山麓石马坪，有“汉将军李广墓”，封土高约两米，据传是李广的衣冠冢，葬宝剑衣物。墓前有石兽石马，造型生动，故得石马坪之名。李广，陇西成纪（今甘肃秦安）人，生于天水，善骑射，为西汉名将，抗击匈奴，转战朔漠四十余年，历经七十余战，屡建奇功，匈奴称之为“飞将军”。武帝时蒙冤自杀。

玉泉观现在天水城北，俗称城北寺，又名崇宁寺，建于元至元十三年(1276 年)。相传道士梁志通云游至此，爱其风景秀美，便建观修炼。现存建筑为明清时重建，紧依城垣，顺山势升高。山顶有小庙，传为明魏忠贤生祠。旁有雷祖庙、三官殿、诸葛祠、托公祠、静观亭、玉泉井等。玉皇殿雄伟壮观，内有李杜祠，留下了李白、杜甫的许多故事。神仙洞传为元代陆、马二真人羽化处。据说观内的玉泉井，水质清纯，有健体、乌发、明目的功效，因而又有“明目泉”之称。又有神仙洞，洞顶有古树“辫柏”一株，为玉泉奇观。观内树木参天，翠绿成荫，亭台楼阁，曲径通幽，身临其境，绝不知已栖身塞上。历代文人雅士在此结社，舞文弄墨。

古代栈道

栈道曾在中国的历史长河中有过辉煌，作为一段历史时期里重要的交通方式，是当时经济、文化交流不可缺少的纽带，也在政治、军事事件中发挥过重要作用，无论是秦王扫六合，还是楚汉之争、三国鼎立的时期，都曾利用了栈道。栈道与长城不同，长城是不同地域人民交流的阻碍，用一道雄伟的工程将本来相通的地域区分开；栈道则是打通了交流的道路，让两地文化顺利交流。

一、什么是栈道

（一）栈道的名称有哪些解释

以中国早期历史上最著名的中心城市西安为起点，向西有著名的“丝绸之路”，往东有“东方大道”，北边是秦朝最早修建的长城，南边就是穿越秦岭、连接秦蜀的栈道。

有人认为栈道是打仗时的紧急道路，也有人认为栈道就是古代的木桥。简单地说，栈道是指在悬崖绝壁上凿孔支架木桩，铺上木板而形成的窄路。又称阁道、栈阁、桥阁、复道。此外，古代高楼间架空的通道也称之为栈道。栈，用木料和其他材料架设的通道。栈道在《辞源》里的解释是：在险绝处傍山架木而成的道路。《辞海》中对栈道有这样的解释：栈道……我国古代在今川、陕、甘、滇诸省境内峭岩陡壁上凿孔架桥连阁而成的一种道路，是当时西南地区的交通要道。中国最早的栈道出现在战国时期，古书中对栈道也有所记载。《战国策·齐策六》：“（田单）为栈道木阁而迎王与后于城阳山中。”《史记·高祖本纪》：“楚与诸侯之慕从者数万人，从杜南入蚀中。去辄烧绝栈道，以备诸侯盗兵袭之，亦示项羽无东意。”司马贞在《史记索隐》中引崔浩曰：“险绝之处，傍凿山岩，而施梁为阁。”唐赵氏《杂言寄杜羔》诗：“梁州秦岭西，栈道与云齐。”《淮南子·本经训》：“大构驾，兴宫室，延楼栈道，鸡栖井干。”高诱注：“栈道，飞阁复道相通。”

一般印象中的栈道是行军打仗时所用，架在高山峡谷之间。其实栈道依赖具体的地理环境和用途，其具体形式是丰富多彩的。昔日古栈道的辉煌已然不在，我们只能从遗迹之中略睹风采。

（二）栈道是怎样建造的

栈道的主要形式是在悬崖峭壁上凿孔，插入木梁，上铺木板或再覆土石而

成。也有在石崖上凿成台级，形成攀援上下的梯子崖。还有在陡岩上凿成的隧道或半隧道。由于栈道建造的地区环境各异、地形复杂，所以一条栈道常可因地制宜分段采取不同形式。

栈道究竟是怎样建造的？在技术不够成熟的时代，我们很难猜测古人建造栈道的原理和方式。在中国人保护文物的意识觉醒后，专家学者在有限的条件下仔细考察了秦朝残留的栈道遗迹。

专家考证，秦蜀的栈道最早建于春秋时期。秦国为了开拓疆土，使自己在七大诸侯国中占有一席之地，并最终实现统一六国的目的，在秦岭的悬崖峭壁上凿洞，插上木头作为梁，起支撑作用，最后在梁上铺木板，就这样修建成了最早的两条栈道——褒斜道和金牛道。秦国等蜀道开通后，就暗派大军长驱直入，蜀国没有防备，前线军队又寡不敌众，在葭萌一战大败，蜀国也就随之灭亡了。

褒斜道从秦汉至五代，都是沟通秦岭南北的重要通道，它盘桓于崇山峻岭之间，时隐时现，又被称作“连云栈”。金牛道又叫石牛道，得名源自“石牛粪金、五丁开道”的故事，因说石牛能粪金，故称为金牛。来敏《本蜀论》云：“秦惠王欲伐蜀，而不知道，作五石牛，以金置尾下，言能屎金。蜀王负力，令五丁引之成道。秦使张仪、司马错寻路灭蜀，因曰石牛道。”古金牛道的线路，与今之金牛道线路大体吻合。从地理角度而言，金牛道经过了褒水（今褒河）、嘉陵江诸多河川，在龙门山脉与秦岭山脉之中开凿出一条道路，连接起了汉中平原与成都平原，从历史角度而言，金牛道是古蜀历史上首次见于史书的道路，堪称第一条官道，连接起了成都平原的古蜀王国与历代中原王朝，“不与秦塞通人烟”的历史已成为过去。

在此之前，秦人蜀人其实已有交锋。当时蜀人咄咄逼人，没将秦人放在眼里。秦国实力逐渐强大的时候，不仅因为与蜀国的旧恩怨，再加上蜀地的物资充沛，一场决定秦蜀两国命运的决战，在葭萌关外的旷野河谷拉开序幕。这回秦国并没有示弱，向蜀国人步步紧逼。自葭萌到剑门关，历来是四川北部最为重要的军事屏障，金牛道修成后，自剑门关以下，再无险可守。秦国自此之后真正崛起，

并一举灭了其他六个大诸侯国。

虽然现在这些古栈道已经成为了羊肠小道，我们再无法领略古栈道的雄奇，但是回首历史，也不禁感叹人的力量之大。

秦朝开修建栈道的先河，秦汉之后，又陆陆续续修建起许多栈道，逐渐形成了“栈道千里”的格局。联想现代纵横交错的道路，纵然古代道路没有这样的密度，也着实壮观！这些栈道路面最宽达 6 米，最窄达 0.9 米，一般宽度为 2 米。栈道并不是单一的形式：为了行人车马的安全，栈道还有栏杆作为防护。有的地方为了防止泥石流伤人、方便避雨，还在栈道上加盖了阁。

在交通并不是很便利的古代社会，栈道在当时也算是一种“高速公路”了。

栈道必须根据地形地貌和地质结构的特点进行施工，因此，建构方式多姿多彩。中国古代栈道主要有四种类型：（1）在悬崖峭壁上凿孔，支架木排柱来支撑，成简支梁桥，上覆土石；（2）在陡壁上凿孔，插入木梁，梁的另一端以柱支撑或仅为悬壁梁，梁上铺木面或再覆土石；（3）在石崖上凿成台级，成攀援上下的梯子崖；（4）陡岩上凿成半隧道或隧道。这四种类型中，前两种为常见形式。有的栈道则由这四种类型中的某几种组合而成。

栈道在缺乏现代技术的条件下如何建成，至今还是一个谜。是建造栈道的技术失传、无从考证还是有其他的原因？中国早期的科技是基于生产生活经验而发展起来的，栈道的建造也不例外。专家考证后推测，当时的工匠可能是先用木柴烧烤岩石，当岩石表面温度达到一定程度之后，用冷水或醋泼洒，使岩石炸裂出缝隙，再用铁器揳入使岩面剥离。

栈道的建造也是我国古代工匠的一个伟大创造，凝聚着劳动人民的智慧和创造力。我们知道，那时中国的冶炼、火药技术并不发达，但是中国人民凭借自己的智慧和力量在悬崖绝壁之上修建出栈道，让悬崖绝壁之上也有路可走，实在令人叫绝。所以著名桥梁专家茅以升曾说，要把栈道与长城、大运河并称为中国三大建筑奇迹。这并非夸张之辞，现代的巨大工程可以借用机器工业和先进能源，在古代，这样艰巨的工程，完全是靠人自身的力量去完成，是现代人无法想象的。

中国人讲究和谐，天时地利人和才是真理。但是这并不代表我们只是屈服

于自然，因为山河的阻隔而放弃交流，而是在合理的范围内发挥自身的创造力和凝聚力，架设栈道，使天堑变通途，让自然能够为人的发展发挥作用。使人不再被禁锢在一个范围之内，而是更大范围地进行经济、文化的交流，在自然的怀抱里促进人类社会的发展，人与自然和谐相处才是最好的发展道路。

（三）栈道有什么作用

交通道路对一个国家来说，是维护其稳定和发展的大动脉。人类社会的发展和人们的日常活动，诸如生产活动、贸易往来、社会交往和信息传递等都离不开交通。人类无数次政治、军事活动都是沿着这些命脉延展开来的。发达的交通可以促进国家的统一富强，而历史的兴衰也牵动着道路的存亡。中国的古栈道蜿蜒于崇山峻岭之间，从地域分布来说，在今四川、陕西、甘肃、云南等省内的山岭地区修建的栈道较多。这些古栈道至今已存在了近三千年，成为中国历史的见证者，其历史地位不容忽视。栈道是打破封闭的产物，是汉中人跨出盆地的桥梁，是张骞走向世界的通途，是连接南北丝绸之路的纽带。栈道与今天的西汉高速公路一脉相承，连接着古代、现代与未来的梦想。

栈道起到了沟通的作用，这与同样深受秦国重视的建筑工程——长城有一定区别。长城阻隔了北边的少数民族，栈道则使得南北之间的沟通更为便利。

首先，栈道大大便利了交通，扩大了民众的交流。

在地形复杂、山区面积广大的地区，修建普通的道路是难上加难，建筑桥梁费时费工、满足不了畅通道路的需要。结合开辟巴蜀道的目的以及西汉初年关于军事战争中涉及栈道的记载来看，可以肯定早期栈道也是通行车马的。古时四川和陕西之间因为秦岭与大巴山高峻陡峭而相互隔绝，不通往来。在两省的民间传说故事中，多认为栈道是神人开出来的。实际上，是广大劳动人民发挥自身的智慧，发明了修建栈道的方法，使天堑变通途，大大增强了各地经济、文化的交流。对促进区域间（如秦岭南、北之间）的交流和民间来往都起了很大作用。中国地域辽阔，每一个地区都有自己独特的文化系统，比如

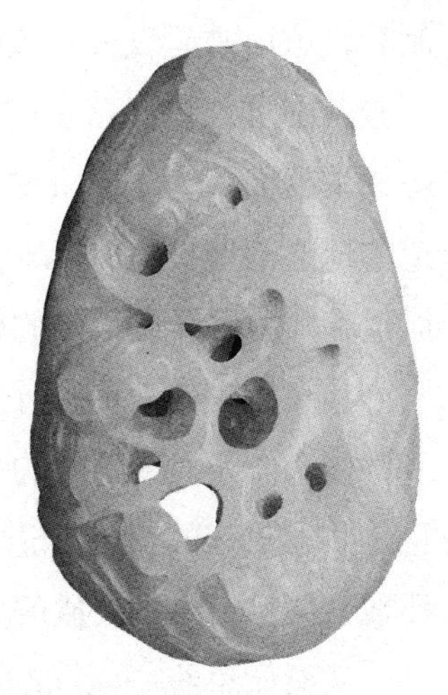

巴蜀文化和中原文化就是非常有特色的两种文化，秦岭山脉的打通使得不同文化之间得以取长补短，蜀国的丝织技术向外传播，中原的正统文化也因其强大的生命力影响着巴蜀居民。以栈道留存最多的汉中为例，汉中是南北文化交汇之地，“风气兼南北”“语言杂秦蜀”。汉中居间的地理区位，使这里有秦陇文化的遗风、巴蜀文化的浸润和荆楚文化的习俗，宗法礼教观念淡薄，开放风气领先。

从地域的角度来说，栈道的修建尤其在开发四川、甘肃、云南等在古代尚属于偏远的西南地区和西部地区方面更功效显著。

历代帝王只要是在国力允许的条件下，都非常重视栈道的修建。道路在古代国家中的历史作用是有目共睹的。

例如：汉武帝对褒斜道的大规模扩建，从褒斜道陆路运输，克服了“水湍石，不可漕”的困难。不仅使得水陆相结合，便利了交通，同时对西汉控制西南起到了重要作用，使得西南地区丰富的物产能够为西汉政府所用。褒斜道也就成为连结关中、汉中和巴蜀的要道。在当时的历史条件下，由于铁制农具的发达、牛耕的推广、水利事业的兴盛、施肥方法及耕种方法的进步，西汉的农业生产蓬勃地发展起来。虽然农业兴盛地区扩大了，但其中的山东、河北、河南一带，却屡遭黄河溃决之患，每每成灾；关中、汉中和巴蜀三地则是重要的产粮区，在一段时间里竟成为赖以减缓灾情的谷仓。在此情况下，扩建后的褒斜道就承担了向灾区运送粮食的繁重任务，这又一次表明了它存在的意义和价值。

东汉桓帝建和二年（148 年），石门的凿成，确为广大人民带来了一段时间的平静生活。所以，君子、庶人、商人、农民无不雀跃。之后，历代常有人在石门摩崖上镌刻题记，抒发对开凿石门的有关人士的感佩之情，或记叙其工程之艰苦状，其内容十分丰富，为我们了解古代的政治、社会、经济、军事、文化、地理等情况，保存了很有价值的史料。

公元前 221 年，秦始皇统一中国，建都咸阳。从那时到汉王朝结束的四百多年间，由于要运送粮食给京师，陆路运输受运输工具及崤函古道艰险难行的

制约，黄河漕运就成了当时唯一的运输渠道。黄河中游河道水流湍急，逆流航行极其困难，特别是三门峡天险的阻隔，给黄河漕运带来难以克服的障碍，运输成本巨大。为了保证漕运的正常运行，历朝历代都十分重视对黄河三门峡河道的疏通治理。当时，对三门峡天险大规模整治所采取的主要措施，就是疏凿航道和开凿供纤夫行走的栈道。

其次，栈道满足了行军作战的需要，而后成为军民共用的山区交通要道。

栈道作为我国古代的一种奇特建筑，它不仅仅是古代西部重要的交通枢纽，也是兵家攻守的交通要道，在军事、经济、交通等方面发挥了巨大的作用。修建栈道确实为中华民族的发展和开拓疆土起到了巨大的历史作用。

从秦始皇统一六国的战争、著名的楚汉之争、三国之争都可看出，栈道的军事作用是历史性的。

国力强盛之时，出于政治扩展、军事争霸、武力征服的需要，当政者会大力修筑道路，千里栈道在这些斗争中显得特别重要，就会进入兴盛发展时期。汉中、四川经济发达，地理位置重要，控制此地保障关中，其政治、军事意义十分突出。战国后期，秦国国力日益超出东方各国，其政治野心亦随之增加。为继续与各国争霸及为武力统一做准备，征服巴蜀成为当务之急。惠文王要伐蜀必先打通道路，军事斗争的需要使秦国正式整修了秦蜀道路。巴蜀归于秦后，对秦国力增强明显发挥了作用，秦王亦更重视秦岭蜀道的作用，在秦昭襄王统治期间，逐步将秦蜀山谷道路凿为栈道，由于故道多坡，褒斜道平缓，因而褒斜道成为穿越秦岭前往汉中巴蜀的主干要道。夺取巴蜀，富国强兵的目的达到了，这里也成为秦国争霸的后方基地，在军事战略上对楚国等形成直接威胁。

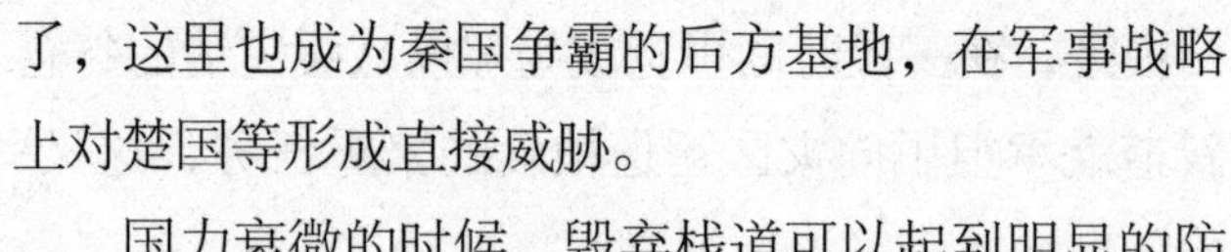

国力衰微的时候，毁弃栈道可以起到明显的防御作用，依靠自然地理环境形成易守难攻的优势。例如在“明修栈道，暗度陈仓”的历史典故之中，刘邦听从张良的建议烧毁栈道。烧毁栈道的目的是为了便于防御，这条路是关中至汉中的交通要道，毁弃则使得蜀地易守难攻；更重要的是为了迷惑项羽，使他以为刘邦真的不打算出来了，从而松懈对刘邦的戒备。

再次，是古代通邮的重要通道。

中国邮传制度在先秦时建立起来，周时邮传制度已相当普遍，诸侯国之间为了政治、军事活动的需要，在交通要道上设置驿站，负责传递政府文书、运转货物、接待过往官员等。秦朝统一之后，秦始皇采取了“书同文”、“车同轨”、开河渠、修驰道等一系列措施，促使邮传系统在全国范围内建立，并制定了相关律令，使邮传制度开始向法规化、制度化发展，短短几年就建成了以“驰道”为干线的全国交通网。由于信息的传播与接受总是存在着时间与空间的距离，跨越这个距离而传通必须依赖传播工具。传播工具的发达与否，直接影响传播的深、广、快、慢等效果。在山地或者地形复杂的地区，道路的建设是以栈道为主的，那么邮驿制度在这些地区也是主要靠栈道来完成的。

例如五百里褒斜栈道上亭阁相连，驿站就有十一处。褒斜道作为历史上的交通要道，不仅有雄伟的栈阁，而且有完备的用于邮驿的建筑设施。

驿站是古代供传递官府文书和军事情报的人或来往官员途中食宿、换马的场所。我国很早就将信息有组织的传递，在交通工具不是很发达的情况下，邮递多是驾马完成的，在道路艰险的地方，正是依靠栈道和驿站才得以顺利传递信息。西周时期，为了适应周王同诸侯之间联系的需要，在大道上每隔三十里设一个驿站，备良马舟车，专门负责传递官府文书，接待来往官吏和运送货物等。秦汉时期，形成了一整套驿传制度。邮驿分为陆驿、水驿、水陆兼并三种，各驿站设有驿舍，配有驿马、驿驴、驿船和驿田。

最后，栈道的建造是中国建筑史和交通史上的重要成就。

栈道在创意上和构思上别出心裁，有着非凡的想象力，深刻地凝结着古代中国劳动人民的无限智慧，是中国古代人民在世界上独一无二的创造发明，是中国交通史、建筑史乃至世界交通史、建筑史上的一个辉煌篇章。自栈道出现以后，栈道修筑工艺被应用于建造宫殿的阁道和高楼之间的架空通道，对后世的建筑技术、建筑风格影响很大，其巧妙的构思对近现代的盘山公路、隧道、高架桥、高架路都启迪良多。栈道为后世的道路建设也起了很大的启示作用，秦、汉以后的某些驿道和近现代的某些公路都是循着栈道的踪迹修建的。

总的来说，栈道是特定历史地理条件下的产物，它因军事而兴，也因军事而衰，但是它最重要的历史价值不是战争，而是促进了经济文化的交流，让信息和物资不再因为山脉河流的阻隔而中断，使以长安为中心的中原文化和以益州为中心的巴蜀文化互相取长补短，发挥各自的优势，丰富中华民族的文化与智慧，让中华民族的文化更加充实和富有生命力。

文化有自身的地域限制，但是文化在发展的过程中，会进行新的分化和组合，这就需要交流和道路的沟通。在现代社会，信息和运输的作用不可忽视，在古代社会的交流中也是如此。如果说现在是电子信息承接起了未来，那么古代社会就是依靠道路承接起未来。

二、栈道的历史变迁

（一）秦朝：栈道起源

早在春秋时期，秦国就是一个野心勃勃的国家，为了扩大自己的领土，增强自身的实力，不仅不断扩充军事力量，而且对其他国家的资源也虎视眈眈。

虽然秦国经历了商鞅变法，国力有所增强，但是其经济实力和军事实力远远无法与其余的六个诸侯国持平。秦惠王更元九年，就统一六国的战略问题，张仪和司马错曾在惠王面前展开了争论。惠王赞成司马错占蜀伐楚的想法，由于当时的政治形势对秦国非常不利，苏秦的合纵思想已深入人心，秦国如果采取张仪的建议，对六国产生威胁，就会促成六国的联合。

此时的巴蜀之地沃野千里，物产丰裕，素有“天府之国”的美誉，有良好的资源，物产丰富。秦国对这样的宝地自然是虎视眈眈。因为对于秦国来说，占领蜀地能够大大增强秦国的国力，巴、蜀成为秦统一战争中主要依赖的地区，对楚之国都和西部广袤地区构成了东西夹击之势。

可惜的是，关中与汉中、巴蜀之间，横隔着秦岭和巴山两大山脉，山势高峻陡峭，地形复杂，于是成为难以逾越的天然屏障，交通非常困难。早在秦未南下之前，楚威王就因“秦有举巴蜀并汉中之心”而“卧不安席，食不甘味”，因此，对于楚国来说，加强其西部防御势在必行。

对于秦国来说，吞并六国的战争，所需要的物资是巨大的，光靠关中供应远远不够，一旦打起仗来，即使秦国的军力强盛，也难以支持很长时间。完全战胜其他六个诸侯国，需要充足的准备，不仅是在军事上，而且是在经济力量和物资供应上都应充分准备。而巴蜀、汉中丰富的物产，很难运往关中。物资的缺乏，使秦国难以在东部战场向其他诸侯国采取大规模行动，这就大大遏制了秦国的东向发展。秦国自然不愿意自取灭亡，但是由于关中与巴蜀、汉中间的交通没有得到改善，极大地阻碍了秦国兵力的调动以及巴蜀物资的外运。于

是，因为政治、军事和经济的迫切需要，秦国开始考虑在这条必经之路上修栈道，以便统一六国，实现统一天下的雄心。

秦岭、巴山之中山脉众多，层层叠叠，并且多是陡壁悬崖，地形复杂，所以在这里修建栈道是一项艰巨的工程，必须具备一定的科技条件，否则要耗费大量的人力、物力、财力。秦国自身的钢铁资源和冶炼技术都很欠缺，只有获得大量的钢铁，才具备修栈道的条件。秦国自身缺乏的东西只能到其他国家去“取”了，之后，秦人占有了楚国的钢铁工业基地，这才基本解决了凿山的工具问题。为开凿栈道迈出了重要的一步。

秦昭襄王（公元前 266 年即位）的相国范雎修筑过栈道，时人蔡泽称：“栈道千里，通于蜀汉，使天下皆畏秦。”可见栈道的修建对于秦国的意义是何等重大!

我们知道的这几条秦朝修建的艰险的古栈道，是一个早于万里长城的巨大土木工程，也是中国古代的国家级“高速公路”。

这条栈道修成后，关中与巴蜀、汉中之间的交通得到了很大改善，巴山、秦岭天险变成了通途，栈道犹如一条连结南北的大动脉，把巴蜀、汉中丰富的物产，源源不断地运往关中和山东前线，满足了军需供应的需要。同时也保证了秦军在关中与巴蜀间的快速调动和集结，加强了这些地区间的政治、经济、军事和文化联系。由于具备这些条件，秦昭王二十六年，采用了司马错的决策，使其顺利实施。于是，昭王二十七年，秦国终于开始对楚国进行了大规模的夹击。在短短的四年之中，楚国西部辽阔的肥沃国土基本落入秦人之手，楚国百万大军也被歼灭得只剩下“十余万人”。

自此之后，秦朝的大一统也在交通线路上实现了统一，秦的控制能力不再受限制于山脉河流的阻碍。将疆域的控制力作为前提，秦朝又逐步实现了统一文字、统一度量衡等其他实现统一的措施，开创了中国延续几千年的封建制度。

秦朝建立之后，秦始皇（公元前 259—公元前 210 年）为了加强中原和西南地区的联系，开辟了一条由今四川宜宾市经今云南盐津、昭通市至今曲靖市的一条栈道，全长超过 1000 公里，因道路险峻，

路面仅宽五尺左右，故名“五尺道”。汉武帝时唐蒙对秦五尺道加以修治，改称西南夷道。至隋、唐时，又对秦五尺道和汉西南夷道加以修治。因该道经过四川高县境内的石门山，故在隋、唐时又称此道为“石门道”。隋、唐后的石门道可由曲靖市再通往昆明、大理等处。唐与南昭之间的交通多经由此道。五尺道、西南夷道、石门道都是古代四川和云南之间的交通要道。

秦王朝虽然存在的时间短暂，只有15年的历史，秦朝的苛政和对人民的残酷统治也是罕见的，但是它对中国历史的贡献不可忽视，是中国真正实现统一的开始。在后来几千年的历史中，中国历朝历代有过兴衰荣辱，但是统一的基本格局没有根本改变。

（二）唐宋之后：栈道的衰落

汉唐和北宋是栈道的兴盛时代。在各地兴建了许多栈道，以完善各个地区的交通网络。

在古时的技术条件下，秦在自然环境、地缘政治等方面有着天然的潜在优势。迟至汉代，长江以南的大部分地区依然是“江南卑湿，丈夫早夭”的不毛之地，所以长期以来北方的发展都远远超过南方，汉唐繁盛的重心也一直都是北方。

汉唐时期的星宿栈道，和当时的历史背景是分不开的。汉唐盛世是中国历史上国力的鼎盛时期，有足够实力完善基础设施的建设，使民众的生活水平大大提高。汉朝的文景之治，唐代的贞观之治、开元盛世，都将中国的历史地位和文化、科技实力推向了巅峰。治世时期，天下太平，利于发展，国家也有足够的实力支持各项发展，于是栈道的修建和维护在这个时期也是兴盛时期。

如汉代杨母在大相岭造阁，隋唐治石门关三十里阁路，修斜谷道两千八百余间，宋修白水路栈阁2309间。

西汉元始五年（公元5年）王莽（公元前45—23年）开辟“子午道”，起

自杜陵（今陕西西安市东南），跨越南山（即终南山，为秦岭一部分），至今陕西宁陕县，然后西沿子午河及汉水河谷，到达今汉中市。这条栈道的开辟大大缩短了由关中入川的路程，成了从关中到汉中的南北通道。古人以“子”为“北”，以“午”为“南”，故名“子午道”。子午道在三国时期为魏、蜀交兵的要道。

宋元开始，栈道数目骤减。如从唐到明草凉席楼一百多里栈道已经毁坏。四川大部分栈道也毁于明末。

木栈道毁坏之后，改为石栈道，多数则是改为碥道。所谓碥道，就是在有坡度的崖壁上削坡铲石筑成土石路，用铲凿下来的石块在路下坡上砌石墙，里面填上土石让道更宽。

汉唐时期，气候比现在温暖湿润，森林面积要比现在大很多，这为建造栈道提供了充足便利的原料。而南宋以后，气候逐渐寒冷干燥，人为砍伐使得森林资源骤减，建造栈道需要的原材料越来越匮乏。后来为了修建道路，只好在道路两旁种植树木以满足对木材的需要。有时木材短缺，就用石材来弥补。

由于森林面积的减少，水土流失严重，堵塞河床。水流湍急的时候，就冲毁了许多木制的栈道。大部分时间水流干涸，可以直接取道河床，栈道的使用逐渐减少。

东晋以后，特别是南北朝时，政治中心一度东移。中国都城出现了东移倾向，两朝都大力营建东都。栈道的使用率大大降低，由于维护不力，有的年久失修，自然就废弃了。东晋时期，司马氏偏安江南，大批北方的文人、工匠南迁，给南方的发展带来了机遇，并且北方战乱频繁，人口大量南徙，使得南方的发展得到更多的机遇。加之长期的对峙与战乱，使古道屡遭兵毁火焚。昔日古道逐渐失去了往日的光辉，直到后来，曾为南北交通主干线的褒斜道也梗塞为羊肠一线，“仅供猿狐出没”。

唐代以后，畜力等使用增多，人们渐渐觉得栈道的作用不大，修建起来费时费力，同时，栈道的承载力也是有限的，所以慢慢改变了交通方式。唐代后期从安史之乱开始，逐渐国力衰微，文化经济都陷入萧条，也是栈道的修建维护大大减少的原因之一。

唐宋时期经济重心南移，北方的发展逐渐落后于南方，于是栈道等交通设施也渐渐受到冷落。经济重心的转移与当时气候的变化和南北农业的盛衰之间存在着必然的联系。但因农业还受其他自然、社会因素的制约，情况便颇为复杂。

我们现在看到栈道的遗迹，不免慨叹沧海桑田，世事变迁，只能够从栈道的历史中来探寻昔日辉煌。

（三）现代：栈道的保护和改造

在秦朝著名的古栈道中如今尚有迹可寻的主要有子午道、骆谷道、褒斜道、陈仓道、蓝武道等，均系古代自长安翻越秦岭、前往南方诸省的驿道。事实上，目前穿越秦岭的多条公路及铁路与秦岭古道均存在一定程度的承袭关系。例如，今宝成铁路的宝鸡至凤县段和川陕公路的凤县至汉中段大致沿陈仓道修筑；今西万公路（西安至四川万源公路）大致沿子午道修筑；西（安）界（牌）公路大致沿蓝武道修筑；周（至）城（固）公路大致沿骆谷道修筑。

现存的栈道多为石柱式，应该是明清时木栈毁弃后在原有栈孔上设造的石栈遗迹。最远是唐宋遗迹，最近大概是红军长征时期遗留。

栈道在中国的许多地方都有分布，典型的木栈主要分布在四川、陕西、云南、贵州、西藏、甘肃等地区，而其中以四川、陕西两省分布最广，规模最大。

陕西境内的栈道主要分布在秦岭一线的故道、连云栈、古褒斜道、傥骆道、文川道、子午道、武关道上，分布集中，规模庞大。至今在褒斜道、子午道、武关道上，仍有许多栈孔、栈柱遗迹。其中，西安作为一个中心城市，旅游产业的发展有赖于周围区域旅游业的总体发展。因此，西安只有与陕南的汉中、安康、商洛三市携手开发秦岭古栈道旅游，通过秦岭古栈道把关中和陕南各地众多的旅游景点连起来，形成一个融自然景观与人文景观于一体的旅游网络，就能实现“多赢”，使陕南三市和西安的旅游业共同发展，形成良性循环。近年来，西安市的长安区和陕南的宁陕县对古栈道的开发从未停止，让古栈道放射出新光彩。

陇南一带也有栈道之设，“凭崖凿石，处隐定柱，临深长渊，三百余文，接木相连，号为万柱”。在白水江当时有“栈阁绝败”之称。直到宋代，今白水江还存有阁道。贵州有偏桥卫、偏桥驿，可知以前有栈道存在。安徽有城阳山栈道，山西有浑远悬空寺栈道，河南有三门峡栈道，滇西有龙小甸山栈道。

今四川有许多旅游栈道，如大宁河旅游栈道、峨眉山清音阁栈道、乐山凌云寺栈道、青城山龙隐峡栈道和明月峡栈道。我国现存最大的栈道遗迹在今四川大宁河。20 世纪 80 年代修复大宁河旅游栈道是大宁河盐运栈道在明末清初毁破后的第一次修复。

据猜测大宁河栈道修建的时间可能上溯至战国晚期，其根据源于“战国鲁班修栈道”的传说。传说不能完全令人信服，据考证大宁河悬棺为战国晚期至西汉所葬，是根据其中的陪葬品断定的。战国时期国力已经有了明显的发展，制造工具的技术也更加先进，早期大宁河也算是栈道最早出现的地区之一。在龙门峡西的悬崖壁上留下了许多整齐的方形孔，这都是古栈道的遗迹。大宁河古栈道遗址，按其主要功能，可以以宁厂古镇后溪河口作为分界，划为北上段和南下段。经实地考察并结合有关历史考古资料分析可知，北上段古栈道主要是运盐通道，而南下段则是供架设枧竹管道输送宝源山麓天然盐泉至巫山大昌坝及巫山城郊等处煮盐的输卤栈道。北上段两河栈道与各条山路实际上连成了网络，形成了四通八达的山地交通格局。目前大宁河成为著名旅游景区，古栈道遗迹也成为大宁河有代表性的景点。

现在有的公路也是在对栈道的改造基础上建设的：1936 年，南京国民政府沿褒斜古栈道，修建成宝（鸡）汉（中）公路，行至褒城，又折西南经沔（勉）县、宁强、广元、绵阳而达成都，成为“川陕公路”，成为抗日战争时期联结西南和西北的要道。现在也是陕西甚至宁夏、甘肃入川的一条重要通道，是我国西北和西南的货运大通道，地处秦岭山间的留坝路段是川陕公路的“咽喉”。川陕公路自四川成都经绵阳、剑阁、昭化至广元与陕西交界的七盘关，修建川陕公路的工程非常艰辛。工人生活条件艰苦，山区的地形复杂并且十分危险，虽然有前人修建的栈道，但是新时期对

道路的要求已经大大提高了，依然耗费了大量的人力物力。历时两年，1937年时，川陕公路正式竣工通车，成为新蜀道。自此之后，一直在为川、陕两地的交通运输、人员物资往来起着大动脉的作用。

总的来说，栈道融合了道路和桥梁的用途和设计原理，是我国古代劳动人民的伟大创造。虽然现在它已经不像从前那样起着交通动脉的作用，但依然是人们追忆历史时可赞叹的遗迹，也为研究古代文化、经济、军事等方面的历史起着举足轻重的作用。存有遗迹的栈道或者被开辟成新的道路，或者成为旅游景区中不可缺少的独特风景线。它承接着历史和未来，继续静观历史的发展变化。

三、栈道和风景名胜

（一）华山古栈道

北魏地理学家郦道元《水经注》说“远而望之，又若花状”，这是华山名称的来由之一。华山是我国著名的五岳之一，仰韶文化和龙山文化遗址密布华山脚下的黄河支流渭河一带。寻找华夏文化的遗迹，脉在黄河，根在华山。自周代起，历代帝王大多要祭拜华山，形成了带有浓厚和神秘色彩的祭祀文化。它不仅有着深厚的历史底蕴，是我国著名的游览胜地，同时也是道教有名的“洞天福地”。金元时，王重阳创建全真道派。自全真派兴起时起，华山即是全真道场。清朝统治者崇信佛教，不重视道教，所以华山之上的道教发展也每况愈下。

华山海拔 2154.9 米，居五岳之首，位于陕西省西安以东 120 公里历史文化故地渭南市的华阴县境内，北临坦荡的渭河平原和咆哮的黄河，是渭河平原上的一道奇景，南依秦岭，是秦岭支脉分水脊北侧的一座花岗岩山。

都说“华山天下险”“自古华山一条路”，华山的奇绝险要闻名天下，石山高耸，直插云霄。由于华山太险，所以唐代以前很少有人登临。

周代之后山岳崇拜之风盛行，但唐代以前都是在华山脚下的西岳庙进行祭拜，以祭千岳神来表明自己的统治是承天受命。西岳庙始建于东汉，发展于唐、宋，完善于明、清。西岳庙坐北朝南，庙门正对华山。现存为明清建筑，其占地 186 亩，规模很大，因此有“小故宫”的称号。

秦汉时期是华山路线探索阶段，最初是以修建石阶为主，直到唐朝，道教受到统治阶级的推崇而得到进一步发展。随着道教兴盛，道教徒众逐渐在北坡沿溪谷而上开凿了一条险道，开始架设栈道，在华山上建道观，即路开到哪里，道观就建在哪里，于是才形成了“自古华山一条路”。从山下至山上的登山路线为：玉泉院—五里关—莎萝坪—毛女洞—青柯坪—

回心石—千尺幢—百尺峡—老君犁沟—北峰—擦耳崖—苍龙岭—五云峰—金锁关。到达金锁关后，才可上中峰游览，并以环线游览东、西、南三峰。直到 20 世纪 90 年代黄甫峪的“智取华山路”通后，华山才有了第二条登山道。

在奇绝的华山上修路，自然免不了要修建栈道。长空栈道则是华山栈道的险中之险。自古喜爱探险的名流和文人侠客，常常在长空栈道留下足迹。明代“后七子”之一的李攀龙在《太华山记》中记述：“出南天门向西就是栈道，栈虽有铜柱铁索拦护，然阔不盈尺。行二十余丈方至尽头。下折为井，高约三丈，旁出复为栈……”长空栈道三面临万丈深渊，栈道高悬于万丈深渊之上，游人只能贴壁而行。

追溯历史，长空栈道在金元时期建成，并附有铁索。长空栈道是元代陇西贺元希来华山时所凿，最初他居住在山外的“全真观”里，但是那里接近俗世，不宜修行。华山奇绝险要，不通人烟，可以说是一片净土，是一个适宜修行的地方，于是贺元希开始带领弟子开山凿洞。他在华山用于开道、凿山洞的时间就有 40 年，用自己的力量战胜了自然界的天险，成了开华山栈道的第一人。

建国之后，对华山道路的修建使得这里的道路更加便利，1996 年修建索道之后，就改变了“自古华山一条路”的旧格局，成为游人向往的旅游胜地。

（二）三峡古栈道

唐代诗人杜牧的诗句“一骑红尘妃子笑，无人知是荔枝来”，令人感叹社会的不公平和相比之下百姓生活的辛酸。那赢得贵妃一笑的南方鲜荔枝是如何运到长安的呢？有专家认为是从三峡栈道上运来的，因为在栈道上快马加鞭，新鲜荔枝一两天就能送抵长安。我们现在已经不能看到三峡栈道的遗迹了，但是不等于它蕴藏的千年历史也沉于水下。

三峡古栈道全长约五六十公里。瞿塘峡段从奉节县草堂河口东岸起，至巫山县大溪对岸的状元堆山，长约十公里；巫峡段从巫山县对岸起，至川鄂两省交界处的青莲溪止，长 30 公里；其余则零星分布在西陵峡中。资料记载，栈道

凿成之后，路面较为宽阔，车来马往，纤夫可与轿工并肩而行，由于岩石的风化，栈道才变得狭窄起来。过去，每至洪水季节，川江便禁航，直到清光绪十四年（1888 年），三峡人民依绝壁一锤一凿，开凿三峡栈道，才使三峡的交通得到改善。时至今日，栈道上还可以往来行人。

古时候，长江一直作为中国水运的交通要道。三峡作为四川盆地与其他地区联结的重要交通线之一，虽然山路崎岖，水路凶险，但由于物资运输和人员往来的需要仍逐步发展起来。在这样山水交错、地形复杂的地区建造栈道，实在是巧夺天工的大手笔。

三峡工程蓄水后，三峡栈道不仅是进峡独路，也成为三峡名胜古迹的一部分。

三峡工程使得三峡水位抬高，会淹没库区的部分地区，为了保存库区珍贵文物，库区规划中都准备了搬迁保护的详细计划和具体措施，可惜的是，包括古栈道在内的一些无法移动的遗迹只能深埋于水下了。位于库区淹没线以下的文物古迹，包括新石器时代文化遗址，夏、商、周、战国、西汉、晋、南北朝、唐、宋时代的古墓遗址，三峡与大宁河中的部分古栈道，涪陵白鹤梁枯水题刻，云阳龙脊古枯水题刻、云阳张飞庙、忠县甘井沟无铭阙等。

三峡工程蓄水 135 米后，三峡古栈道大部分已被淹没，蓄水 175 米后，除极个别高处外，栈道基本已长埋水下，三峡古栈道长睡江中了。

追溯三峡的历史，在东汉建安十九年（214 年），刘备、诸葛亮率军定江州（今重庆）后，命赵云军队南向江阳（泸州）攻犍为，张飞军队沿嘉陵江北上攻巴西（合川以上的遂宁、南充一带）。张飞军队进入嘉陵江小三峡地带，因水势凶险而前进受阻。为不贻误军机，便于嘉陵江小三峡的沿江左岸，在原有人行小路的基础上，开筑行军道路。这条道路，护险编栏，竖围马墙，宽 3 尺，实际上是行军栈道。

这条栈道后来在军事上也发挥过重要的作用。据史料记载，东晋永和三年（347 年），荆州刺使桓温率军溯长江经嘉陵江而上消灭成都李氏政权，就经过三峡栈道。宋理宗开庆元年（1259 年），钓鱼城攻防战中宋蒙双方都由此道进军。当年春夏之交宋将吕文德率兵驰援

合州，沿嘉陵江而上，蒙古军史天泽军与宋军大战三槽山（今观音峡），吕文德兵败而退守重庆，史天泽沿此栈道追赶宋军。后来，这条栈道成为合川至重庆的行商道路，也是联结这两个地方最短的路线。

清道光二年（1822 年），在合州的陈大猷等巨商，带头捐资，将年久失修、经常坍毁而中阻的三峡古栈道，用两年半的时间完成了修复。从合州沙溪庙北岸起，经盐井、草街、二岩、黄桷树至水土沱止，全长 55 公里，约宽 1—1.5 米。

1998 年 10 月开工新建的渝合高速公路合川到西山坪段，正好是这条古栈道的路线。2002 年，渝合高速公路竣工，起于渝北区余家湾，止于合川涪江二桥，全长 58 公里，大大缩短了他们之间需要花费的时间。古栈道也因此有了新功绩。

（三）剑阁古栈道

剑阁为剑门蜀道的核心枢纽区域。“剑阁峥嵘而崔嵬，一夫当关，万夫莫开”。李白在诗词中形象地刻画了剑阁的重重艰险和其地位的重要。

剑阁在东汉建安二十二年建汉德县，不过古城区现存的建筑，为典型的明代城池建筑，别有韵味。剑阁自东汉建安二十二年建汉德县以来，迄今已有一千八百余年的历史。它北扼三秦，南镇三巴，素有“蜀门锁道”之称。剑门关景区位于剑阁县北部，主要由剑门关关楼景区、剑门关国家森林公园梁山寺庙景区和翠云廊景区三部分组成。

剑门内外，蜀道崎岖，名关相连。自成都至广元，有白马关、剑门关、白水关、葭萌关、飞仙关、七盘关等。在这十数处关隘中，剑门关以其险要居众关之首。大剑山七十二峰在此中断，两峰对峙，形成天然狭窄隘口，远眺宛如城门。史籍记载说：“诸葛亮相蜀，于剑阁立门，以大剑山至此有隘束之路，故名剑门。”并“修复阁道，置尉守之”。诸葛亮入蜀，修复坏损的剑阁栈道，利用这险峻的山势，设立剑门关，派兵守卫，开创了剑门关的历史。一千多年

来，在这里发生过七十余次争夺战。因关山险阻，难攻易守，使剑门关成为“一夫怒临关，百万未可傍”的天下险关。

廊中古柏上自秦汉，下抵明清。经历六次大规模种植，现存古柏八千余株，大多数树龄在1700年以上。一位美国学者说：“翠云廊当是世界一绝，是世界最早行道树的活化石。”一位香港游客说：“游剑门蜀道翠云廊，不亚于去一次欧洲古罗马大道。”一位日本电影导演说：“这里是人工无法复制的天然摄影棚。”

苍苍古柏，姿态万千。有“阿斗柏”“安乐椅”“帅大柏”“五鼠爬竿”“巨蟒吞石”等。古柏不仅有形象的树名，且每株树都有神奇的传说。

千里蜀道和万里长城、大运河一样，是中华民族勤劳的见证和智慧的象征。“细雨骑驴入剑门”，飞栈连云的剑门蜀道，保存有众多的名胜古迹，使得历代墨客骚人为之咏叹不已。

唐玄宗、唐僖宗走过这段剑门蜀道，陈子昂、杜甫、颜真卿、吴道子、李商隐、白居易、司马光、陆游等文人也走过这段剑门蜀道。目前，剑门蜀道世界文化线路遗产申报工作即将启动。如今，剑门关景区与成绵广高速公路连通，宝成铁路穿越剑阁县。现在的剑阁县已然成为一个旅游胜地，古蜀道穿过剑阁县，西晋文学家张孟阳在《剑阁铭》中说：“惟蜀之门，作固作镇，是曰剑阁，壁立千仞，穷地之险，极路之峻。”李白的《剑阁赋》是一首送别的诗，在剑阁之上，送别都显得大气：

“咸阳之南，直望五千里，见云峰之崔嵬。前有剑阁横断，倚青天而中开。上则松风萧飒瑟，有巴猿兮相哀。旁则飞湍走壑，洒石喷阁，汹涌而惊雷。送佳人兮此去，复何时兮归来。望夫君兮安极，我沉吟兮叹息。视沧波之东注，悲白日之西匿。鸿别雁兮秋声，云愁秦而暝色。若明月出于剑阁兮，与君两乡对酒而相忆。”

四、栈道和诗词典故

（一）唐寅的《栈道图》

唐寅（1470—1523），字伯虎，一字子畏，号六如居士，吴县（今江苏苏州）人。出身商人家庭，自幼聪明伶俐。二十余岁时家中连遭不幸，父母、妻子、妹妹相继去世，家境衰败，在好友祝允明的规劝下收心读书，29岁参加应天府公试，得中第一名“解元”，30岁赴京会试，却受考场舞弊案牵连被斥为吏。此后遂绝意进取，以卖画为生。他玩世不恭，又才华横溢，诗文擅名，与祝允明、文徵明、徐祯卿并称“江南四才子”，画名更著，与沈周、文徵明、仇英并称“吴门四家”。

唐寅在绘画上擅长山水、人物、花鸟各科。画法早年受沈周、文徵明影响，多“吴派”痕迹，三十余岁时拜周臣为师，主宗南宗“院体”一路，后泛学宋元诸家，自成一体。山水画有粗、细两种风格：粗笔一路源自周臣，仿学南宋“院体”，然于刚劲雄健中别具清俊秀逸之韵；细笔画属其本色，更多文人画笔意，景色简约清朗，用笔纤细有力，皴法灵活，墨色淋漓多变，风格奇峭而秀润。人物画造诣也很深，兼善工笔重彩、工笔淡彩、白描、水墨等写意诸法，形神俱备。

作为画家，他的主要成就是山水画，兼擅人物和花卉；作为文学家，他的主要成就是诗歌，并善为骈体文，还写了一些词、曲以及碑铭、启、论等散文。唐寅的七言歌行体古诗成就最高，最能代表他诗歌的特色。这些诗的内容多为“愤世”“省世”之类，语言通俗，婉转流丽，形象鲜明，率真自然。他的诗歌达到了一定的水平，卓然成家。

唐寅的山水题画诗可分三类。一是表现自然风光的品。二是有托物言志，直抒胸臆之意。三则是关心民生，揭露社会矛盾。唐寅叹世，同时也自叹。此类诗往往以自身命运的坎坷为引发，表述其感慨和思考，诗中多不平之气。唐

寅的题画诗往往能够从画境之外多维地表达情景，以听觉补充视觉。

唐伯虎在《题栈道图》一诗中写道："栈道连云势欲倾，征人其奈旅魂惊。莫言此地崎岖甚，世上风波更不平。"

在《题栈道图》中，他以象征手法，借栈道的崎岖揭露了世间的不平。全诗实写栈道，虚指世途；虚实对照，旨趣尽出。篇末又颇见"卒章显志"之功。怀才不遇，胸中不平；百姓受苦，豪门骄奢，赋税沉沉，更是不平，种种不平涌至笔端，使唐伯虎来到伍子胥庙中喊出"眼前多少不平事，愿与将军借宝刀"（《题伍子胥庙》）的诗句。从这些可以看到，这位醉卧桃花坞的风流浪子的狂放其实是对现实不满，放荡不羁里蕴涵着对现实的反抗。

唐寅有诗才、书才，却一意倾心于绘画艺术。他的"才子"之称，使他不同于宫廷的御用画家，又不同于深居简出的隐士，他的绘画活动有着较强的开放性，正如同他的人格。他追求艺术上的专一与精深，以此取代自己曾热衷一时的功名心。所以，生活上的坎坷和性情的放荡都不会使他把艺术当做儿戏。尽管后世将他的逸事改造得那么花哨，可一旦面对他留给后人的艺术创作，便会感受到这位艺术家的伟大。

（二）李白的《蜀道难》

"噫吁！危乎高哉！蜀道之难，难于上青天！"

这句诗出自唐代著名诗人李白的《蜀道难》，全诗用大气磅礴的句子生动描绘出当时蜀道的险峻。"黄鹤之飞尚不得过，猿猱欲度愁攀援"，那么对于惯常在平坦道路上行走的人来说更是艰险。

诗里的蜀道，是诗人的夸张描绘，借道路不平感慨自身路途的艰难和现实的黑暗。有人认为，蜀地虽由于成都盆地四面环山，但是不至于不通人烟。东边取道三峡，南边是南方的丝绸之路，北边是栈道，是蜀地重要的交通路线。

现在一般认为，这首诗很可能是李白于天宝元年至天宝三年身在长安时为送友人王炎入

蜀而写的，目的是规劝王炎不要羁留蜀地，早日回归长安。那么北道的栈道，大约是诗人描绘的主体。

这首诗，大约是唐玄宗天宝初年，李白第一次到长安时写的。《蜀道难》是李白袭用乐府古题，展开丰富的想像，着力描绘了秦蜀道路上奇丽惊险的山川，并从中透露了对社会的某些忧虑与关切。诗人大体按照由古及今、自秦入蜀的线索，抓住各处山水特点来描写，以展示蜀道之难。

蜀道，一般有广狭二义。广义的蜀道，是泛指出入蜀境的道路。如由今甘肃文县至四川成都的阴平道，由今四川汉沅县经西昌通往云南大理的清溪道，由今四川宜宾南抵云南曲靖的五尺道等，都被看做著名的蜀道。狭义的蜀道则是专指联结秦蜀交通的道路。有由今陕西宝鸡益门镇入口南下四川广元、剑阁的故道，由今陕西南郑抵四川巴江地区的米仓道，由今陕西汉中直趋四川成都的金牛道。还有从关中至汉中的褒斜道、镜骆道、子午道等，因都是入蜀之道，习惯上也把它们包括在蜀道范围之内。

蜀道交通的发展，决定了古代巴蜀、汉中及西南地区文化和文明的进步。

我国古代栈道的建筑者在山势陡峻、水流湍急、地质水文情况十分复杂的秦巴山地开辟和修建栈道，充分显示出他们在勘测、设计和施工等方面的高水平。近年来实地考察栈道遗迹的报告证明，栈道包括阁道、隧道、桥梁、路基和路面等工程和驿站等附属设施。蜀道分南北段。自汉中经广元剑阁至成都，为蜀道南段。其中最负盛名的是剑门蜀道。蜀道，这条盘绕秦岭，穿越巴山，跨过千溪万壑的山间栈道，是我国古代建筑者改造自然的物质成果，是我国古代文化和文明的产物。

唐朝定都长安，富饶的蜀汉是其后方基地，川陕间的“蜀道”具有重要的地位和作用。唐王朝自始至终，都非常重视对蜀道的开拓、修筑和维护。尤其是在唐朝动荡的时刻，更加重视这条蜀道，因为它牵动着唐王朝的发展。并且，蜀道作为长安和成都这两个文化中心的交流，也起着纽带的作用。

可是，蜀道最初的交通状况一直不是很好。道路是修成了，但路况却不是很好。首先是栈道本身很危险，栈道又称“危楼”，是在险要地段悬空修建的一

种道路。它只能承载一定量的负荷，人马行其上，胆战心惊。如汉代嘉陵江边的郙阁栈道“常车迎布，岁数千辆。遭遇隤纳，人物俱堕，沉没洪渊，酷烈为祸”。要在这样的路上行走，艰难的程度，是毋庸讳言的。

唐宋时期，大量的人员往来和物资运输，使得这条蜀道备受重视，交通也因此便利许多。只是由于蜀道经过的地方地形复杂，而且非常危险，所以蜀道的险峻形势还是无法完全消除。自唐末开始到明清的相当长一段时间里，由于历史上先前暖湿的气候，从南宋开始日趋寒冷干燥，森林资源遭到破坏，使得就地取材修筑栈道的可能性减少。加上战争中人为的毁坏，栈道被一种新的道路“碥道”逐渐代替。

我们无法重回唐朝，无法见证蜀道栈道的繁荣与险峻，但是通过诗人的描述，通过这位唐代才子的文笔，我们似乎真正亲临蜀道，融合在历史的岁月之中。

2005 年，西安至汉中高速公路特长隧道群顺利贯通。秦岭隧道群的贯通，标志着国家重点工程——西汉高速公路上最重要的控制性工程顺利完成，使得西安至汉中高速公路通车成为可能。使得陕西和四川之间这条著名的蜀道畅通无阻，让两地之间的交流来往不再顾虑“蜀道难”。

（三）孙昭的《连云栈》

连云栈道始凿于北魏武帝正始元年，北魏正始四年（507 年）至永平二年（509 年）畅通，修通后经久不衰。它起于宝鸡市凤县古城凤州，途经三岔驿、废邱关（现名为留凤关）、连石寺、枣本栅、留坝、武关、鸡头关，它北连故道栈道，东南通褒斜道支道，全长四百多公里。清朝康熙二年，又将栈道部分换成碥道。用青石板铺成二至几米宽的骡道，为防洪水，减少桥梁走山道，大大方便了行旅，一时间连云栈道上游客往来，商贾络绎不绝。

连云栈道南接褒斜栈道，至姜窝子向西北沿紫柏河而上经留坝县城（安山驿）、张良庙

(紫柏山麓柴关岭)、留凤关，出宝鸡大散关，全长一千二百余里，在境内长 210 里。连云栈道关山险阻，水系分合，风物习俗，城邑游观遗迹等方面独具特色。明代孙昭作《连云栈》诗云："危楼断阁置梯平，磴道迎云寒易生。落木倒听双壁静，飞轮斜度一空横。高林数息征鸿翼，崖壁时翻瀑布声。未信关南地形险，翻疑仙洞石梁行。"

现在宝汉公路的行车路线，除凤县境内的酒奠梁和柴关岭未循古栈道外，其余路段基本上沿古栈道修建。川陕公路宝（鸡）汉（中）段拓宽改造工程的全线告竣，彻底结束了数千年来"蜀道难"的历史，使入川"蜀道"变为山区二级公路。乘车行至汉中留坝县张良庙，透过车窗就能看见两边崖壁上架过连石栈道的凿痕"褒斜道"。这条栈道在今陕西境内，由秦岭南麓褒城县北的褒水河谷（褒谷）至秦岭北麓眉县西南的斜水谷（斜谷），全长约二百五十公里。战国时，秦国为攻楚国，又加以修建。秦末，楚汉相争，汉王刘邦接受张良建议，为了表示安于在汉中为王，向西楚霸王项羽作出无意东进之态势，乃烧毁了褒斜道。到汉武帝时，又修复了褒斜道。褒斜道又称北栈道，现褒城鸡头关石门栈道遗迹为全国重点文物保护单位。是历史上有名的栈道、用兵要地，为古代跨越秦岭的主要道路。

还有一种说法称：明清两代，从汉中通往关中的栈道叫北栈，又叫秦栈；通往四川的栈道叫南栈，又叫蜀栈，北栈和南栈又总称连云栈。

孙昭诗中的连云栈应该是指前一种说法。

《栈阁图考》记："栈道由宝鸡至褒城为连云栈，即北栈也。由沔县进历宁羌、广元、昭化、剑州为南栈，当川藏通衢。"

古代的诗词格律和书画作品上，也常常借用连云栈借物抒怀，或比喻仕途的艰辛，或借此揭示现实的残酷，或借用这样的壮景来言志。

五、明修栈道，暗度陈仓

元代尚仲贤《气英布》第一折：“孤家用韩信之计，‘明修栈道，暗度陈仓’，攻定三秦，劫取五国。”

“明修栈道，暗度陈仓”指作战时正面佯攻，诱敌集结固守，迷惑敌人，而从侧面突袭之战略。此计与“声东击西”之计有其相似之处，二者所不同者，“声东击西”乃隐其攻击地；而“暗度陈仓”乃隐其攻击路径。后喻掩人耳目，而暗中行动，或行不可告人之事。

“明修栈道，暗度陈仓”是一个广为人知的历史故事，故事中的陈仓，就是今陕西省第二大城市宝鸡市。宝鸡位于八百里秦川西部，是炎帝故里、周王朝及秦王朝发祥地，“陈仓”是宝鸡的古名，在这个典故里特指渭河北岸的陈仓古渡口。

最著名的栈道是从关中翻越秦岭，南通汉中、巴蜀的古代交通要道，由秦岭古道、褒斜道、连云栈道组成。全长 250 公里，架于悬崖绝壁和泥沼之地。栈道在关中的出口斜谷关距陈仓古渡相距约七十公里。东边与咸阳、西安相邻，南与汉中接壤，西、北和甘肃的天水、平凉相依；南部是绵延数千里的秦岭，西侧有峻峭的陇山，北部千岭、乔山重重叠叠。这样天然的地理优势，使宝鸡成为一个交通要道，在这里发生的历史故事数不胜数。

西汉初修建的“陈仓道”起自陕西渭水边的陈仓（今陕西宝鸡市益门），西南行，经大散关、凤县，转东南沿褒水经南星、留坝、马道至汉中的褒城鸡头关，全长约二百七十五公里。陈仓道是利用嘉陵江越过秦岭和大巴山地较宽广的河谷而建，因而成为沟通秦岭南北的主要通道，因秦岭北侧有散关扼控，又名散关道；又因途中沿嘉陵江上源故道水而行，秦时设置故道县，又名故道。陈仓道于北魏正始四年（507 年）改道石门，成为中唐以后通剑南的驿道。宋代曾加修葺，但是从此之后此栈道逐渐失去作用。

《西都赋》云古之陈仓道由凤县西南的连云寺入沟，至勉县百丈坡出口，接汉中入蜀的金牛道，绵延二百余里，这就是韩信“明修栈道，暗度陈仓”的故道栈道。现在凤县南星乡连云寺有一尊清乾隆年间的石碑，上面刻着“对面陈仓古道”六个字，距沟三里处有碑文刻着“陈仓故道之墓”，当地群众将其称为陈仓坟。

《史记·高祖本纪》：“……项王使卒三万人从，楚与诸侯之慕从者数万人，从杜南入蚀中。去辄烧绝栈道，以备诸侯盗兵袭之，亦示项羽无东意……八月，汉王用韩信之计，从故道还，袭雍王章邯。邯迎击汉陈仓，雍兵败……”

秦王朝“二世而亡”，之后楚汉相争，上演了一幕名传千古的战争活剧——“明修栈道，暗度陈仓”，由此揭开了“楚汉相争”的序幕。

项羽自恃兵力强大，自封为西楚霸王。他和刘邦曾在反秦战争中约定，先攻入咸阳者为王。自此，两位枭雄开始明争暗斗。项羽企图独霸天下，他表面上主张分地封王、分配领地，心里却已开始盘算，将来怎样一个个地消灭他们。

到了公元前 207 年，刘邦兵力虽不及项羽，但刘邦先破咸阳，项羽勃然大怒，派英布击函谷关，项羽入咸阳后，到达戏西。但是刘邦对项羽还是有所顾忌，只好先封存秦的府库，退出咸阳，驻兵灞上。随后项羽入咸阳，杀秦王子婴。项羽不愿意让刘邦当“关中王”，也不愿意他回到家乡（今江苏沛县）一带去，便故意把巴、蜀（今都在四川）和汉中（在今陕西西南山区）三个郡分给刘邦，封他为汉王，以汉中的南郑为都城。随后分别封降将章邯、司马欣、董翳为雍王、塞王、翟王，称为三秦，统治关中，来防范刘邦入秦。刘邦也有独霸天下的野心，当然很不服气，其他将领对于自己所分得的更小的地盘也都不满。刘邦的左司马曹无伤派人在项羽面前说刘邦打算在关中称王，项羽听后更加愤怒，决心击败刘邦的军队。刘邦从项羽的叔父项伯口中得知此事后，说服了项伯，项伯答应为其在项羽面前说情，并让刘邦次日前来向项羽赔罪。刘邦带着张良和大将樊哙亲自到鸿门，告诉项羽，自己只是看守咸阳，等项羽来称王。项羽相信了刘邦，设宴招待他。范增坐在项羽旁边，几次暗示项羽动手杀刘邦，可是项羽却假装没看见。范增就让大将项庄到酒桌前舞剑助兴，想借机

刺杀刘邦。项羽的叔父项伯赶紧也拔剑陪舞，用身体挡着刘邦，暗中保护他，项庄一直没有得手。张良一看情况紧急，赶紧出去召唤刘邦的大将樊哙。樊哙立刻手持盾牌和利剑，直接闯入军帐，斥责项羽。项羽在犹豫不决之中使得刘邦逃走。一场剑拔弩张的宴会，就这样平息下来。这就是历史上著名的“鸿门宴”。

张良认为刘邦胸怀大志，能够统一天下，现在受项羽的排挤压制，被封到一个小小的、偏僻的汉中为王，自己应该帮助刘邦建功立业。由此，张良就向汉王告假，想自己看看汉中的地形，为将来的大业做好准备。

张良烧的这条栈阁之道，就是南起褒谷口，经过今陕西留坝县的马道、武关驿，北转下南河、江口，再入红崖河、太白县城、五里坡，出眉县斜谷关的穿山古道。

张良烧绝褒斜栈道的事，被项羽、章邯知道后，心中大喜。他们料想刘邦不会东山再起，从此可以高枕无忧了，放松了对刘邦的警惕。

汉王元年（公元前 206 年）8 月，经过韩信训练后的汉军军容严整，军纪严明，战斗力更强了，刘邦决意挥师东进。张良离开刘邦之前，曾献“明修栈道，暗度陈仓”之计。如今汉王又向韩信征询东进大计，韩信的战略战术与张良不谋而合。

于是，韩信派樊哙、周勃率领老弱病残一万余人，去修复褒谷口的褒斜栈道。樊哙接受军令后，不知是韩信的妙计，只是在内心埋怨张良：早知今日重修，何必当初烧毁？沿途艰难险阻太多，他二人信心不足，因此修筑进展缓慢。

雍王章邯曾接受项羽的密令：堵住汉中，把刘邦死死地关在偏僻的山区。章邯此时闻知汉王派众将率领士兵修复栈道，大笑说：“当初刘邦下令烧毁栈道时，怎么没想到出来的事?现在又要重修，三百里栈道尽在悬崖峭壁上，何年何月能修成?多么蠢笨的主意呀!”说完，又问左右韩信是什么人?左右将韩信的历史向他说明。章邯又大笑不止说：“原来是个钻裤裆的庸人，他能有什么将才?”于是放下心来，毫无戒备。

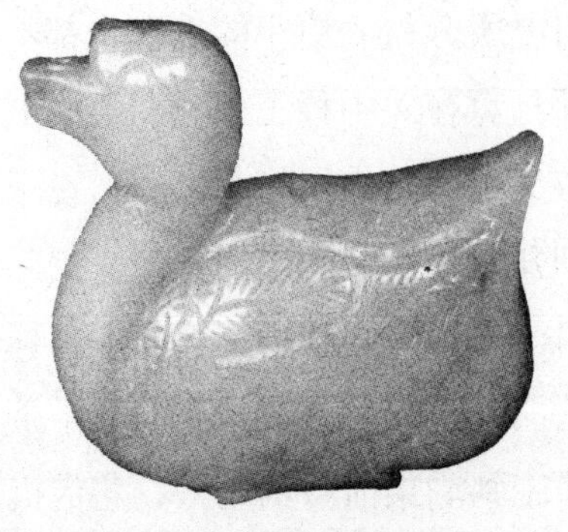

章邯哪里知道，当樊哙率领修复栈道的队伍进入褒谷不久，韩信和刘邦却统帅十万大军，悄悄地绕过褒水，然后分为两路进军。其中一

路从今勉县百丈坡入口，经土地梁、火神庙、九台子、铁炉川（今留坝县闸口石），翻箭锋垭到大石崖（今凤县瓦房坝），北出陈仓沟口的连云寺等地，日夜兼行。神不知鬼不觉地渡过渭水，以迅雷不及掩耳之势，直扑陈仓（今陕西省宝鸡市）。不久章邯便接到紧急报告，说刘邦的大军已攻入关中，陈仓（在今陕西宝鸡市东）被占，守将被杀。章邯起初还不相信，以为是谣言，等到证实的时候，慌忙领兵抵抗，但已经来不及了。他亲率军队赶到陈仓去抵御汉军，可是积愤已深、勇不可挡的汉军，如出山的猛虎，杀得章邯节节败退。他急忙逃回废邱（雍王章邯的都城），紧闭城门，高悬吊桥。然后派人向司马欣、董翳求援。此二人见韩信用兵这么厉害，汉军这么勇敢，都不敢轻易出动。韩信不失时机地命令周勃、灌婴去攻取咸阳，卡住章邯东逃的退路。废邱城面临渭水，防守严密，易守难攻。韩信利用萧何提供的地图，仔细察看，决定智取。他命令樊哙到渭水下游截流，水不下泄，很快猛涨，如万马奔腾，涌进废邱城。章邯见势不妙，急忙率兵从北门突围。韩信再命令樊哙放水，汉军打入废邱。章邯丢了城池，前无去路，后有追兵，只得拼死一战，结果惨败。他自知无法脱罪，便在绝望中拔剑自刎了。

董翳、司马欣二人都是章邯的部下，闻知章邯已死，就先后投降了。初露锋芒的韩信，出奇制胜夺取了三秦，打开了汉军东进的大门，为刘邦建立了一块兴汉灭楚的可靠根据地，号称三秦的关中地区于是一下子被刘邦全部占领了。

“明修栈道，暗度陈仓”作为声东击西的典型战例，屡屡为后世的军事统帅效法。它从正面迷惑敌人，用来掩盖自己的攻击路线，而从侧翼进行突然袭击。这是声东击西、出奇制胜的谋略。

千年茶马古道

在中国西南的崇山峻岭之中，有这样一条崎岖艰险的通道，承载着云南、四川、西藏的交流沟通，这就是世界上海拔最高的古道——“茶马古道”。

茶马古道起源于唐宋时期的“茶马互市”。藏民以糌粑、奶类、酥油、牛羊肉等食品作为主食。藏区并不产茶，藏民又有喝酥油茶的习惯，这也形成了藏区对内地茶的需求。而内地，对藏区等地所产的良马有了很大的需求，形成了这条延续至今的“茶马古道”。

一、茶马古道的路上

（一）茶马古道的起源

在中国西南的崇山峻岭之中，有这样一条崎岖艰险的通道，承载着云南、四川、西藏的交流沟通，这就是世界上海拔最高的古道——“茶马古道”。

茶马古道在历史上起源于唐宋时期的“茶马互市”。世代居住在高寒地区的藏族人民是以糌粑、奶类、酥油、牛羊肉等食品作为主食的。居住在这个平均海拔三四千米以上的地区的藏民需要摄入高热量的脂肪，但是过多的脂肪在人体内不易分解，这时候就需要能够分解脂肪的茶叶来帮助消化，同时茶叶又能防止糌粑带来的燥热。因此尽管藏区并不产茶，但是藏民在长期生活中，仍然养成了喝酥油茶的习惯。这也形成了藏区对内地茶的需求。而在内地，无论是民间劳役还是军队征战都会用到大量的骡马，这就对藏区和川、滇边地所产的良马有了很大的需求。双方各取所需，这种互补性的贸易——“茶马互市”就开始了。由此，藏区和川、滇边地出产的骡马、毛皮、药材等特产被送往内地，而四川、云南二省及内地出产的茶叶、布匹、盐和日用器皿等则运到藏区，两地的贸易在横断山区的高山深谷间日渐频繁、川流不息，并随着经济的发展和文化的交流而日趋繁荣，形成了这条延续至今的“茶马古道”。

（二）茶马古道的线路

“茶马古道”是一条有着特定历史含义的交通要道，简单来说，茶马古道主要分为滇藏道和川藏道这南、北两条道。滇藏道起自云南西部西双版纳、思茅等产茶地，向西北经由云南大理、丽江、中甸、德钦、芒康、察雅至西藏昌都，再由昌都通往卫藏地区。川藏道则从今四川雅安一带产茶区出发，首先经由泸定进入康定，再从康定又分为南、北两条支线：北线经道孚、炉霍、甘孜、

德格、江达、直至昌都（即今川藏公路的北线）；南线则是经雅江、理塘、巴塘、芒康、左贡抵达昌都（即今川藏公路的南线），最终南北两线都要再由昌都进入卫藏地区。

以上所说的茶马古道线路只是简单地介绍了一下茶马古道的主要干线，也是人们对茶马古道的一种较为简略的理解与认识。实际上，除了以上所提到的主干线之外，茶马古道还有很多支线来完善川滇藏之间的交通，例如由雅安通向松潘乃至连通到甘肃南部的支线；又或者是从川藏道北部的支线经由原邓柯县（今四川德格县境）通往青海玉树、西宁直至连通洮州（临潭）的支线；还有从昌都向北经类乌齐、丁青到达藏北地区的支线。也正是由于这些庞杂支线的存在，让有的学者认为茶马古道的概念应该有所扩大，即历史上的唐蕃古道（即今青藏线）也应包括在茶马古道的范围内。当然有的学者会反对，因为虽然茶马古道与唐蕃古道确实有所交叉和重叠，茶马古道与唐蕃古道的目的地也有所相同，但是唐蕃古道毕竟是另外的一个特定历史概念，其内涵与茶马古道是有区别的。而且作为唐蕃古道目的地的甘、青藏区在历史上并不是茶马古道的主干线，而仅仅是茶马古道中将茶叶输往西藏地区的目的地之一。“茶马古道”与“唐蕃古道”这两个历史概念的同时存在，恰恰也证明这两条道路在历史上的功能与作用并不是完全相同的。就好像世界上的道路大多是相互贯通和联结的，我们并不能因此而将它们混为一谈。同样的，我们也不应该简单地把唐蕃古道并入茶马古道当中。

历史上的茶马古道并非只有一条，而是一个庞大的交通网络。茶马古道是以川藏道、滇藏道与青藏道（甘青道）三条大道为主线，加上众多的支线、附线共同构成的道路系统。它连接着四川、云南、青海、西藏四省，再向外则延伸到南亚、西亚、中亚和东南亚等地，甚至远达欧洲。三条主线中，川藏道开通得最早，运输量最大，历史作用也较大。

具体来说，茶马古道的道路系统可以从三条主线上来说明。其中滇藏道一条：一路经过云南的西双版纳、思茅、普洱、临沧、保山到达大理丽江，从丽江、石鼓沿金沙江而上直至鲁甸，再翻过栗地坪雪山垭口到维西城，而后自澜沧江逆流而上途经

岩瓦，在德钦县燕门乡谷扎村渡江翻越太子雪山到达盐井，继续前行可抵西藏芒康、左贡、邦达、昌都，在昌都分为南北两线前往拉萨。滇藏道途中的丽江、迪庆和昌都是重要的中转站和关节点。川藏线则可分为南道和北道两条。南道：从西康（今四川）雅安翻过二郎山，路过康定、昌都将四川茶区的砖茶运往拉萨。南道从康定到昌都的路程中还要经过雅江、里塘、巴塘、芒康、左贡、察雅等地。川藏南道中康定、昌都是非常重要的中转站和关节点。北道：从雅安茶区出发，经过康定、道孚、炉霍、甘孜、德格、江达，最后抵达昌都。川藏北道中甘孜、德格和昌都是重要的中转站和关节点。南北两道在昌都会合后还可以分别经由南北二支前往拉萨，北线要经过丁青、索县、那曲、当雄（达木），南线则要走林芝、山南，或者继续前往日喀则，或者直接到拉萨。青藏道也有两条：一条是曾经的唐蕃古道，途经秦州（甘肃天水）、渭州（甘肃陇西）、临州（狄道县）、河州（临夏，或者经过兰州到鄯州）、鄯州（今青海乐都）、赤岭（日月山）、大非川城（薛仁贵城、切吉古城），共和县恰卜恰、大河坝、玉树、唐古拉山查午拉山口、索曲（西藏索县）、那曲、羊八井，最后到达拉萨。一条是元朝时的“驿道”，即从甘肃临洮到青海西宁、玉树，中转四川德格，再到西藏昌都、索县、那曲、当雄，经过羊八井，或者继续向后藏进发，或者直接到拉萨为止。青藏道中河州、临洮、玉树、昌都和当雄等地是重要中转站和关节点。

（三）茶马古道的风光

茶马古道的沿途风光仿佛一幅山水画。在这幅山水画中，有着动人心魄的苍茫和旷世不遇的静寂。画里的世界有时会沉静如水，路途的高山全都静默不语。那是一种把人带入史前时代的苍凉而又严酷的美。古道的夏季，有着汪洋恣肆的雨水，冬季则会有清凉如玉的雪水。汇聚而成的河水从峻岭险山之中奔腾而下，又很快流淌进无数的大江和河流中。远远望去，可以看到那苍劲而唯美的山脊，突兀峻秀而又充满张力。山岚的蓝，又让这古老的山脉显得英姿勃发，英气逼人。江河就好像西藏的血脉，奔腾涌动，为高原增添了生命的激情，

为群山带来了蓬勃的生机。

除了名山大川，茶马古道的沿途还有充满灵性的石头，轻盈飘渺的云朵以及明丽湛蓝的天光。饱经沧桑的顽石，空旷高远的蓝天，绚烂多姿的云，宛如极地之光的光芒，组合成了令人激动不已、难以言状的色彩。如果是在晴天的晨曦和晚霞之中走在茶马古道上，你一定会被那种晶莹剔透的光芒所震撼，从而真正地感受到这个世界的美可以如此的神奇。只要看到一眼，只要沐浴一次，人生便可以因此而熠熠生辉。

茶马古道有“三宝”：一个是沿途苍茫的大地、美丽的山水、湛蓝的天空、多变的云朵；一个是融入藏族人民生命之中的宗教信仰；一个是藏族人民的善良朴实。西藏地区唯美的自然风光让藏族人民对自然有了敬畏，也让藏族人民有了很强的宗教感情，同时也造就了勤劳、朴实、善良的藏族人民。

二、茶马古道的历史

（一）茶马古道的形成过程

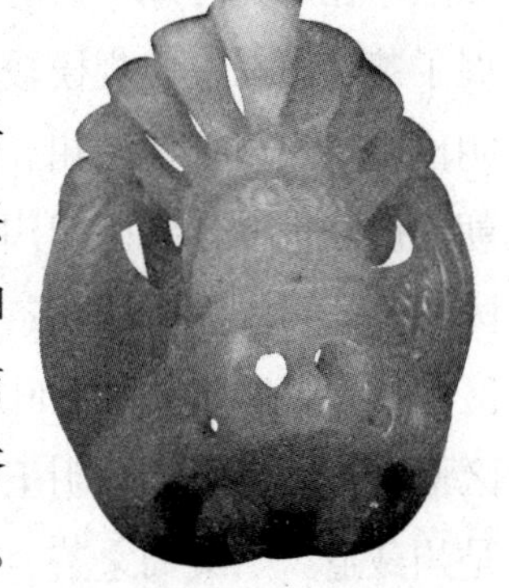

唐宋时期，从内地向藏区输送茶叶主要是通过青藏道。从明代开始，伴随着川藏茶道的正式形成和兴起，川藏茶道成为了茶马古道三条线路中最为重要和闻名的一条。川藏道的形成和兴盛促进了古道沿途商业城镇的兴起及西藏与内地的联系，不但加速了经济的发展，还使汉族人民与藏族人民的联系更加紧密。所以说川藏茶道既是一条经济大道，也是一条政治坦途，还是一个国防保障，使外国势力再也无力把西藏从我国分离出去。

我国茶叶出产于南方，北方和西北高寒地区都不出产茶叶。地处中国南方的四川省则是主要产茶区。先秦时期，唯有四川一带有茶可饮。到了唐代，随着我国人民对茶叶需求量的大幅增加，我国南方各地也开始盛产茶叶，也是从唐代开始，四川绵州、蜀州、邛州等地的茶叶，开始传入西藏地区，藏族人民饮茶的生活习惯也由此形成，继而踏出了将茶叶输往西藏的道路。在唐代，青藏道是西藏与内地交流的主要交通路线。唐代吐蕃王朝四处扩张，南征北战。其时，唐王朝与吐蕃之间的和亲、问聘等使臣的往来，都是经由天水、大非川、暖泉、河源、通天河到逻些（今拉萨）。和亲的文成公主和金城公主也是由青海入藏，走的就是青藏道。总而言之，唐代时期内地与西藏的交通主道是青藏道而不是正式形成于明代的川藏道。那么自然，唐代内地茶叶销往西藏的茶道也是青藏道。随着后来吐蕃王朝的土崩瓦解，到宋代时，藏族地区已经处于四分五裂的状态，青藏道也因此不再是当时的军事要道和官道。但是政治上的变革并未削弱青藏道在经济上的作用。北宋熙宁以后为了方便茶马互市的管理，宋王朝便在四川设立了茶马司。茶马司的管理措施就是将四川省每年出产的三千万斤茶叶中的大部分运往甘肃和青海，并在这两个地区设置数以百计的卖茶场和数十个买马场，同时强制名山茶只许用来买马，以至于宋王朝每年在茶马互

市中买马多达一万五千匹以上。这也使青藏道由唐代的军事政治要道转为宋代的茶道。故陈观浔在《西藏志》中说：“往昔以此道为正驿，盖开之最早，唐以来皆由此道。”这也是青藏道的形成过程。

比起唐朝就有的青藏道，从明朝才开始正式形成的川藏茶道就比较晚了。虽然早在宋元时期，官府就在黎雅、碉门（今天全）等地与吐蕃等少数民族开展了茶马贸易，但规模较小，所出售的茶叶只能供应当地少数民族食用。直到明代，政府要求在四川、陕西两省分别接待朵甘思及西藏的入贡使团，而明王朝的使臣也要分别由四川、陕西进入西藏。由于明朝时期运往西北继而送进藏区的茶叶只占整个四川茶叶产量的十分之一，即一百万斤，用来支付在甘青藏区“差发马”所需的茶叶，其余的大部分川茶，则是经黎雅进入藏区的。而藏区僧俗首领之所以向明王朝朝贡，就是希望获取茶叶。他们入贡所走的道路就是川藏道。“秦蜀之茶、自碉门、黎雅抵朵甘、乌思藏，五千余里皆用之。其地之人不可一日无此”。这句话很清楚地记录了当时藏区对茶的迫切需求。于是明代洪武三十一年（1398年）五月，明王朝在四川设立了四所茶仓，“命四川布政使移文天全六番招讨司，将岁输茶课乃输碉门茶课司，余就地悉送新仓收贮，听商交易及与西蕃市马”，开始了官方组织的茶马互市。天顺二年（1458年），明朝规定将茶叶作为对乌思藏地方的赏赐，赏赐的茶叶有碉门茶马司提供。这就促成了乌思藏的贡使由川藏道入贡，不再由青藏道入贡。到了成化二年（1470年），明王朝明确规定乌思藏赞善、阐教、阐化、辅教四王和附近乌思藏地方的藏区贡使入贡之时都要走川藏道。而明朝则在雅州、碉门设置了茶马司，使得每年都会有数百万斤茶叶送往康区最后输入乌思藏，茶道也因此从康区延伸到西藏。而官方乌思藏贡使的往来，又促进了川藏茶道的畅通与兴起。于是由茶马互市开启的川藏茶道也成为了当时的官道，进而取代了青藏道曾经的地位。

清朝时期，清政府为了进一步加强对康区和西藏的管理和经营，设置台站，放宽对藏区销售茶叶的限制。打箭炉也由此成为南路茶叶的汇总之地，这使川藏茶道进一步繁荣。经过明清两个时期的推动和发展，形成了经由雅安、天全翻越马鞍山、泸定到达康定的“小路

茶道”和从雅安、荥经跨过大相岭、飞越岭、泸定至康定的“大路茶道”，再由康定经雅江、里塘、巴塘、江卡、察雅、昌都至拉萨的南路茶道和由康定经乾宁、道孚、炉霍、甘孜，德格渡金沙江至昌都与南路会合至拉萨的北路茶道。这条经由雅安抵达康定，再从康定转到拉萨的茶道，就是明清时期的川藏道，也是今天的川藏道。这也是川藏道的形成过程。

在川藏道的形成过程之中，开拓的工作是十分艰巨的。由于川藏道的山路崎岖难行，故川藏道的运输也非常困难。由雅安至康定运输的茶叶，少部分是靠骡马驮运，大部分则要靠人力搬运，川藏道上的人力搬运茶叶称为“背背子”。“背背子”每天所走的路程由所背货物的重量决定，货物轻的走四十里，重的走二三十里不等。行进途中暂时休息之时，不把背上的货物取下，只是用丁字形杵拐支撑脊背以便歇气。每次休息都会把杵放在硬石块上，时间久了，铁制的杵头就在硬石上留下了至今仍然清晰可见的窝痕，记录着茶马古道上的艰辛。从康定到拉萨，除了翻山越岭之外，还要经过荒凉的草原，茂密的森林，广阔的平原。途中攀登陡峭狭窄的岩壁之时，若有两马相逢，则进退无路，只能双方协商，将其中一匹马丢入悬崖之下，以便对方的马匹通行。长途跋涉，栉风沐雨，骡马和驮牛只能用沿途的草来饲养。川藏道上的驮队还需要自备武装以便自卫，同时携带幕帐随行，每天只能走二三十里的路程。而且青藏高原之上，天寒地冻，空气稀薄，气候变化诡异莫测，更增加了运送货物的难度。民谚说：“正二三，雪封山；四五六，淋得哭；七八九，稍好走；十冬腊，学狗爬。”生动地描述了川藏道上行路难的情况。川茶就是在这种极度艰苦的条件下运往藏区各地的，川藏茶道也正是汉藏人民在这条几乎无法走通的地域里开拓的。

川藏茶道的开拓带来的交通便利和贸易繁荣，促进了川藏道沿线城镇的兴起和发展。位于大渡河畔的泸定，在明末清初之时还不过是一个区区的“西番村落”，川藏道在此通过后，泸定却成为南路边茶进入打箭炉的重要关卡。清代康熙四十五年（1706 年）在泸定建铁索桥。外地商人也开始来到泸定。到宣统三年（1911 年）将其设为县治，1930 年时泸定凭借其地理优势已经发展成有商

贾三十余家的一个县，成为内地与康定货物的转运之地。康定更是在元朝时期一片荒凉，各地商人到此进行贸易之时，只能搭起帐篷竖起锅桩，以便食宿，直到明代康定才形成一个村落。随着川藏道的兴起，藏汉贸易也随之南移，以至康定逐渐发展成为边茶贸易的中心。清代雍正七年（1729 年）设置打箭炉厅，并屯兵戍守，一时间各个民族都来到这里进行买卖，也从此打破了“汉不入番，番不入汉”的壁垒。大批的藏商翻过静宁山来到康定地区，大批的陕商和川商也从内地涌入康定地区。这个城市因茶叶集市这个经济原因而兴起，却成为了汉藏两个民族交流的政治性的聚集地。茶市贸易以“锅庄”为媒介，从清代雍正到乾隆时期，锅庄从 13 家发展到 48 家，形成了相当繁荣的商业，也由此成为西南边陲的一大都市。此外还有里塘、巴塘、道孚、炉霍、察木多（昌都）、松潘等地都是在川藏茶道兴起而发展为商业城镇的。总之，茶市贸易是促进川藏道的开拓和川藏高原城镇兴起的重要因素。

滇藏道始于唐朝，它与吐蕃王朝的对外扩张和与南诏的贸易活动紧密相关。唐高宗仪凤三年（678 年），吐蕃王朝的势力进入云南西洱海北部地区。唐高宗永隆元年（680 年），吐蕃王朝设立神川督都府，并在南诏设置官员，以便对南诏的白蛮、黑蛮进行管理。吐蕃在南诏的势力促进了双方贸易的发展，其中茶马贸易就是其中的一项重要贸易。南诏与吐蕃的贸易通道与今天的滇藏公路有些相似，就是从今云南大理出发，北上经剑川、丽江，过铁桥城继而沿江北上，由锛子栏达聿赍城，再前行到盐井，沿澜沧江继续北上至马儿敢（今西藏芒康）、左贡，至此可分两道前往西藏：一道经过八宿邦达、察雅到昌都；另一道直接由八宿至波密，再过林芝通往拉萨。这也是滇藏道的形成过程。

历史上滇藏线茶马古道有三条道路：一条从内江鹤丽镇汛地塔城，经由崩子栏、阿得酋、天柱寨、毛法公等地，到达西藏；一条以剑川协汛地维西为起点，途经阿得酋，在此与上一条道路相合抵达西藏；一条从中甸出发，路过尼

色落、贤岛、崩子栏、奴连夺、阿布拉喀等地至西藏。其主要通道与今滇藏线接近。

（二）茶马古道的历史发展

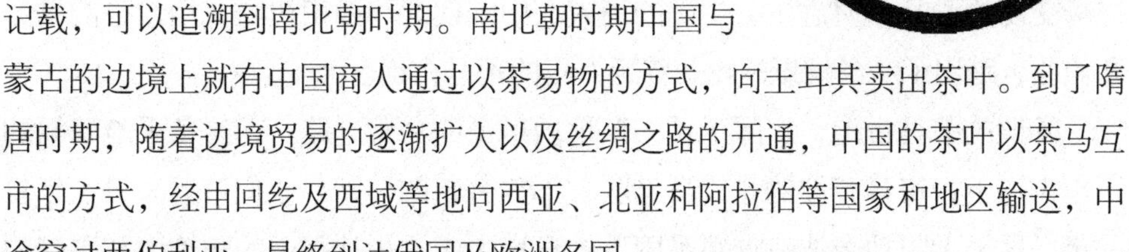

我们可以查到中国茶叶最早向海外输出的文字记载，可以追溯到南北朝时期。南北朝时期中国与蒙古的边境上就有中国商人通过以茶易物的方式，向土耳其卖出茶叶。到了隋唐时期，随着边境贸易的逐渐扩大以及丝绸之路的开通，中国的茶叶以茶马互市的方式，经由回纥及西域等地向西亚、北亚和阿拉伯等国家和地区输送，中途穿过西伯利亚，最终到达俄国及欧洲各国。

自唐代以来，中国历代王朝的统治者都采取积极手段控制与藏区的茶马交易。唐肃宗至德元年（756 年）至乾元元年（758 年），在蒙古的回纥地区驱马茶市，开创了茶马互市的先河。北宋时代，茶马贸易主要在陕甘地区进行，用来交换马匹的茶叶来自于四川，同时在成都、秦州（今甘肃天水）两地设置了榷茶和买马司。元朝时期则废止了曾在宋代实行的茶马贸易。到了明代，又恢复了这种茶马治边政策，而且予以加强，用这项政策来统治和融合西北地区各族人民。明太祖洪武年间，一匹上等马最多可以交换一百二十斤茶叶。到明代万历年间，则官府规定一匹上等马可以交换三十篦茶叶，中等马相当于二十蓖茶叶，下等马只能换十五蓖茶叶。“黑茶一何美，羌马一何殊。”“羌马与黄茶，胡马求金珠。”从明代文学家汤显祖在《茶马》诗中对茶马互市的这两句描述足以看出当时茶马市场的兴旺与繁荣。清代之时，茶马贸易的管理有所放宽，倒卖私茶的商人逐渐增多，使得内地在茶马交易中费茶多而获马少。清朝雍正十三年（1735 年），官营的茶马交易制度就此终止。

在茶马古道的历史发展中，还伴有沿途城镇的发展，其中昌都的兴起与繁荣就很有代表性。旧时，昌都不过是一条沟通外地的人畜小道，是由人畜长期行走自然形成的。公元 7 世纪，吐蕃王朝在青藏高原崛起，开始四处扩张。唐朝初年，吐蕃势力南下，在中甸境内的金沙江上架设铁桥，开通了云南、西藏两省往来的通道。宋代，“关陕尽失，无法交易”，致使茶马互市的主要市场转移到西南边陲。元朝，官府在通往西藏的道路上开辟驿路、设置驿站，加强管

理。几任明代皇帝都加强驿道建设，并沿用了宋代的茶马治边政策。清代，清政府将西藏的邮驿机构改称“塘”，对塘站的管理更加严格规范。清末民初，对茶马互市的贸易管制放宽，私人茶商大幅增加。抗日战争中后期，滇缅公路被日军切断，茶马古道成为大西南后方主要的物资运输和贸易往来通道。1950年前的昌都经过长期的历史积累，成为藏东的商贸中心。

茶马交易治边政策始于隋唐，止于清代，历尽了千年的沧桑岁月。在茶马市场交易的漫长年月之中，中国的商人在中国西北和西南边陲，用自己的勤劳和勇敢，踏出了一条蜿蜒崎岖、绵延万里的茶马古道。

所谓的茶马古道，实际上是一条地地道道的马帮之路。在这条艰险崎岖的千年古道上，每日奔波的是成群结队、不辞劳苦的马帮。他们日复一日、年复一年，风雨无阻地奔波在这艰难困苦的环境之中，用那清远的驼铃声和踢踏的马蹄声打破了丛林幽谷千百年的寂静，开拓了一条连通西藏与内地的经贸之路。在高原险山中翻山越岭的特殊经历，在漫长的路途中与死神的勇敢搏斗，造就了他们讲信用、不图小利的品格；培养了他们明辨是非的胆识和勇气。马帮的商人不只是买卖经商的生意人，还是开辟这茶马古道的探险家。他们依靠自己的刚毅果敢和聪明智慧，用自己的心血和汗水在这世界上地势最高的地方开拓了一条堪称生存之路、探险之路和人生之路的茶马古道。

纵观茶马古道的历史，可以看出茶马古道不只是一条贸易通道，还是一条人文精神得以升华的坦途。古道上的马帮每次踏上征程，都是一次生死的考验。茶马古道的艰险超乎想象，经常会让人望而生畏。然而沿途雄伟壮丽的自然景观却可以焕发人的激情，激起人的勇气、力量和耐力，使人的精神得到超脱，从而理解人生的真义和伟大。除此以外，藏传佛教在茶马古道上的广泛传播，还进一步加强了云南西北部纳西族、白族和藏族等各兄弟民族之间的贸易往来和文化交流，增进了各民族间的团结和友谊。其实在茶马古道沿途不仅有令人神醉的自然风光，还有让人啧啧称奇的人文景观。一些有着虔诚的宗教信仰的艺术家在沿途的岩石和玛尼堆上绘制、雕刻了大量藏传佛教的佛陀、菩萨和高僧，甚至还有神灵的动物、海螺、日月星辰等各种形象。那些或简

单或精致的艺术创作为古道漫长的征程增添了一分神圣和庄严的气息，也为那僻远的高原蒙上了一层神秘的面纱。自唐代起，直到 20 世纪 50—60 年代新中国修建的滇藏、川藏公路的开通，历尽了千年的岁月沧桑，茶马古道在这久远的历史当中就像连接中国各民族的一条长廊，不但发展了沿途的经济，而且形成了商品市场，促进了一些地区农业和畜牧业的发展。与此同时，茶马古道所经过的地区的艺术、宗教、风俗、意识形态也得到前所未有的繁荣和发展。

时至今日，在这条由千年前的古人所开创的茶马古道上，我们已经看不到成群结队的马帮，听不到清脆悠扬的驼铃声，闻不到清新醉人的茶草香气。然而，我们还能看到硬石上杵的留印，还能感受到在茶马古道上先人开拓的痕迹，这种对千年沧桑千丝万缕的记忆和深入心底的感动，却幻化成中华民族一种崇高和无畏的民族创业精神。这种世代不息的奋斗精神在中华民族的历史上塑造出一座座永恒的丰碑，永远闪烁着华夏子孙的荣耀与光辉。

（三）茶马古道的历史作用

茶马古道作为一条连通了内地与西藏的纽带，加强了西藏与内地的沟通，使得藏汉两族人民形成了唇齿相依、密不可分的关系；经济上则促进了沿途商业的发展，兴起了很多商业城镇，并以茶马互市的形式让双方各取所需。所以说，茶马古道在政治和经济两方面都对中国产生了极为深远的影响。

茶马古道的开通，不仅使藏区人民获得了生活中必不可少的茶叶和其他内地出产的盐、布匹等商品，弥补了藏区物资的不足，满足了藏区人民的需求，还打开了藏区长期封闭的大门，将藏区的各种特产和宗教文化传输给了内地。双方由此形成了一种持续而长久的互利互补的经济关系。这种互利互补的关系使藏汉两族首先在经济上形成了相互依靠的格局。而这种经济上的合作也进一步推动了藏区成为中国的一部分，让藏、汉两族走向团结，建立起深厚的友谊。在历史上，尽管宋王朝、明王朝都没有在藏区驻扎军队，但是凭借着茶马古道，内地始终与藏区保持着不可分离的关系，而藏区各部也归服于其时的内地王朝，

心向统一。茶马古道让藏区与内地成为了一片大地，茶马古道也让藏区人民与内地人民成为了一家人。

茶马古道在带动藏区经济的发展的同时还让藏区人民的社会生活走向了多元化。伴随着茶马贸易的逐步繁荣，不但有大量内地的工农业产品流入藏区，使藏区的物质生活得以丰富，而且内地先进的科学技术和能工巧匠也从这条道路走进了藏区，推动了藏区经济的蓬勃发展。其中一个很好的例子就是内地的制革技术被传入藏区，藏区由此有了皮革加工工业。还有就是在商品贸易的推动之下，内地的淘金、农耕、建筑、金银加工等技术和相关人员从茶马古道涌入藏区，使得藏区的农耕技术、采金技术和手工业技术等得以发展和增强。与此同时，茶马互市中也引进了藏区的特色产品，如藏区的虫草、贝母、大黄、秦艽等药材出现在了茶马贸易当中，而卡垫、毪子和民族手工艺品的生产也因市场需求而被带动了起来，进而走向完善。

据统计，宋代时期四川省每年出产的3000万斤茶叶，其中茶叶的一半都经过茶马古道送到了藏区。到了明代，茶马贸易进一步扩大，经由黎雅、碉门这两个口岸交易的川茶多达3万引，数量占全川茶引的80%以上。而清代仅是从打箭炉出关走上茶马古道的川茶每年就有1400万斤以上。大批的川茶送往藏区的同时，藏区大量的土特产也行走在送往内地的茶马古道上。据1934年的数据统计，从康定送往内地的商品有4000斤麝香、30000斤虫草、5500000斤羊毛、60000多根毪子等，共价值白银400余万两。从上面的数据可以看出汉藏两族的“茶马贸易”规模之大。在这些规模巨大的贸易的推动之下，藏区的商业活动迅速发展了起来，也由此涌现出一大批当时有名的藏商，如“邦达仓”“三多仓”“日升仓”等（仓，藏语意为家。这里用作商号），并根据实际需要产生了集客栈、商店、中介机构于一体的特殊经济组织——锅庄。康巴作为茶马古道上的一个中心城市，在这种环境的影响之下，最早转变了古代重农抑商的思想观念，形成了经商的理念。伴随着观念的改变，茶马古道上也就出现了因精明能干远近闻名的康巴商人。

既然人会在茶马古道的影响下改变，那么由人聚集而成的城镇自然也会受到茶

马古道的影响。事实上，茶马古道对于沿途城镇的兴起和发展起到了不可磨灭的作用。茶马古道上的贸易市场和马帮、商旅的聚集地、落脚点，在长期的市场需求下，逐渐形成了人口聚集的城镇，这也让藏区的部分地区走向了城镇化。打箭炉就是一个非常明显的例子。

在元代时，打箭炉还只是一个荒凉僻远的山沟。等到明代开通了碉门、岩州茶马道后，打箭炉就逐渐成为大渡河以西各马帮的集散地。清代，开瓦斯沟路，建泸定桥，并在打箭炉设置茶关后，大大方便了这里的交通和贸易，使其迅速发展成了一个“汉番辐凑，商贾云集”的商业城市。西藏和内地的驮队络绎不绝地在此来来往往，全国各地的商人也云集与此。这种局面也促使这里产生了专门经营茶叶的茶叶帮，专门经营黄金、麝香的金香帮，专门经营布匹、哈达的邛布帮，专门经营药材的山药帮，专门经营绸缎、皮张的府货帮，专门经营菜食的干菜帮，以及专门经营鸦片、杂货的云南帮等。这些帮在茶马古道上的奔波忙碌，让打箭炉办起了四十八家锅庄、三十二家茶号以及数十家经营不同商品的商号，同时在这些商号的推动下兴起了缝茶、制革、饮食、五金等新兴产业。民宅、官署、街道、商店、医院、学校的纷纷建立，证明一座闻名中外、繁荣热闹的“溜溜的城”已经在这茶马古道上完全建成了。作为川藏、滇藏、青藏三条茶马古道的交通枢纽和物资集散地的昌都，也随着茶马古道的开拓和茶马贸易的繁荣而成为康区重镇和汉藏贸易的又一个中心。

在政治交流畅通，贸易往来繁荣之时，茶马古道也成为藏族人民与藏、汉族及其他族人民文化交流的通道。茶马贸易的开拓使许多藏区的商旅和贡使有机会走进祖国内地，了解内地的文化与风俗；同时，也使大批的汉、回、蒙、纳西等民族的精明商人、能工巧匠和卫戍军队进入了藏区。在长期的交流与沟通当中，各个民族之间都增加了对彼此不同文化的了解，并有了相应的理解，形成了兼容并存、相互融合的和谐的文化格局。

在茶马古道上的许多城镇中，藏族人民与汉、回等外来民族的人民和睦相处，关系紧密。藏文化与汉文化、伊斯兰文化、纳西文化等不同文化互不冲突，并且能够在某些方面相互借鉴、相互融合、相互理解。

例如在康定、巴塘、甘孜、松潘、昌都等沿途城镇，就既有金碧辉煌代表着藏传佛教的喇嘛寺，也有体现着汉文化的关帝庙、川主宫、土地祠等建筑，甚至有的地方还可以看到代表伊斯兰文化的清真寺和代表道教思想的道观。全国各地赶来这些地方的商人还在城里建立起了秦晋会馆、湖广会馆、川北会馆等组织，把川剧、秦腔、京剧等戏曲文艺带到了藏区。茶马古道上，不同民族的节日被共同庆祝；不同的民族饮食被相互吸收；不同的民族风俗被相互尊重。文化上的相互理解就使不同民族之间有了通婚的可能，汉藏联姻的家庭大量出现。民族团结之花也由此盛开在茶马古道之上。

三、茶马古道的文化

（一）茶马古道的普洱茶

茶马古道之中，以云南出产的普洱茶最为有名，也是输藏茶叶当中最主要的一个茶叶品种。早在一千八百多年前，云南的普洱茶就大量销往西藏，茶马古道也是在这种历史背景之下逐步形成的。

清代雍正皇帝于 1726 年任命鄂尔泰为云南总督，设置普洱府治，进行官方控制普洱茶的贸易，与此同时，命令鄂尔泰选取最好的普洱茶进贡给皇帝。从那时起，普洱茶开始了它长达 189 年的贡茶历史。

经过筛选的普洱贡茶是八色茶品，有五斤重团茶，三斤重团茶，一斤重团茶，四两斤重团茶，一两五钱重团茶，瓶装芽茶、散茶、蕊茶、匣装茶膏等八种。普洱茶中最有名的当属“女儿茶”了。熟悉《红楼梦》的人可能会记得贾宝玉特别喜欢普洱女儿茶。女儿茶是四两重紧茶。据说，用来进贡的女儿茶，都要由西双版纳六大茶山的茶园中的少数民族未婚处女采摘。采茶时要先将摘下的茶芽放入这些少数民族的少女怀中，然后才放入装茶的竹篓中。

从明末清初到明代同治年间，是普洱茶最为辉煌的时期。其间每年在云南可收购普洱茶叶万担之多（每担合 150 斤），这些茶叶主要销往四川、西藏、贵州及云南等地。由于茶叶丰盛且质量好，故普洱茶远近闻名。茶商很早就在西双版纳六大茶山的象明倚邦设立了茶号以促进普洱茶的销售。直到清代宣统末年，还有庆丰和、庆丰益、元昌、恒盛这四个茶庄。这些茶庄将茶叶运往昆明、下关，继而分销各地。除了常年在六大茶山经营的茶庄，每年的春、夏两季，还会有云南、四川等地汉、藏等各族商人组成马帮云集于此，采购茶叶。当地的茶农也顺势将每年的清明节后定为“茶会天”。在茶会天，各地的客商都会赶来，和当地茶农进行买卖，场面极为热闹。

而古人赞誉普洱茶的诗词也是数不胜数。云南昆明的于生就作有《普洱茶山春曲》来称赞普洱茶："一叠清波一叠云，青岚绿雾卷红裙。山泉玉笛鸣春鸟，领悟春吟脱俗人。"北京的王澍则有诗云："平生足未践思茅，普洱名茶是至交。炼字未安吟苦处，一杯清冽助推敲。"诗的题目就是《普洱茶》。还有来自湖南的赞美："云南普洱美名扬，腊茗春芽分外香。多谢村姑精制作，遂教身价入华堂。"这是成与龄所作的《评云南普洱名茶》。全国各地品尝过普洱茶的人，都对它的清冽浓郁赞不绝口。

清代光绪年间，清政府对地方的管理变弱，造成地方治安混乱，盗贼四起，就连进贡给皇帝的贡茶，都在昆明一带被土匪抢掠一空。乱世所造成的交通不便，严重阻碍了普洱茶的对外运输和销售。当地茶农的生活也因此陷入困境，以至于不得不将茶树砍下，种粮来维持生活。当时又赶上了病疫横行，茶农对外交通受阻而无钱无药，死亡不计其数。同时被砍伐开垦用做农耕或被野火烧尽的茶园数量也很大，令人痛心。

1914 年，内地茶客又逐渐地返回六大茶山，重新将普洱茶经营起来，远销泰国莱州。由于各地对茶叶的需求量大幅增加，茶商又在倚邦增设了不少新茶庄以扩大经营，园信公、惠民茶庄、升义祥、鸣昌号等茶庄都是当时的代表。当时要将茶叶运至勐莱，依靠牛车作为交通工具大约需要走一个月。艰险的路途中没有村寨可以借宿，马帮只能在野外露宿，同时马帮中还配有枪支以防备经常出没的野兽。

普洱茶经营上的繁荣在历史上也曾受过打压。法国统治者在统治越南期间就因担心普洱茶垄断越南的茶市场而要对其征以重税，遭到茶商的反对后又禁止了普洱茶在越南的销售，使当时的茶商损失惨重。西藏和平解放后，1952 年滇藏公路开始修建，历经 20 余年，1973 年通车，云南茶叶也得以从这条公路大批送往西藏，至此结束了藏马帮驮茶进藏的历史。曾经繁盛一时的滇藏茶道被滇藏公路所取代。随着时代的变迁和科技的进步，向西藏运送商品已经不像以往那么艰难了。今天的拉萨市场，已经有了来自全国各地的各种茶叶多达 90 余种。同时藏族人民能够吃到新鲜蔬菜，

这使藏族人民“以茶代菜”的饮食结构发生了根本性的变化，普洱茶也就逐渐失去了曾经的风光。

（二）茶马古道的云南马帮

除了茶马古道上那沁人心脾的茶香，沿途日益兴旺的马匹交易也值得一提。云南西部各地形成了不少买卖骡马的集市，大的集市上可以买卖骡马千匹甚至上万匹。由于各地对于骡马的需求有增无减，交易骡马的盛会经久不衰，如丽江九月会、剑川七月会、泻源渔潭会、鹤庆松桂会等都是当时有名的骡马交易盛会，大理三月街更是骡马交流会的重头戏。繁荣的骡马交易促进了马帮的形成和发展，马帮也渐渐承担起了茶马古道上物资运输的任务，对马匹的使用已远远不再局限于军事范围。在漫长的茶马古道上，不知曾有过多少马帮经年累月地南来北往，踏下的马蹄痕印已经随风而逝，清脆的马帮铃声也越传越远，但马帮带给后人的震撼却并未随着时间的流逝而有所减弱，反而越发强烈。及至民国，“普（洱）思（茅）边沿的产茶区域，常见康藏及中甸、阿墩子（今德钦）的商人往来如梭，每年贸易总额不下数百万元之巨。”抗日战争中后期，日军不仅封锁了我国的海岸线，还切断了我国西南后方物资运输通道的滇缅公路。为了保障抗日战争的运输，茶马古道一时呈现出非常繁忙的景象。就连在当时只有几百户人家的德钦县城，每天也是人来人往、络绎不绝，一时间转运货物上千驮。茶马古道以“马帮”这种特殊的形式，在完成大批量货物的运输的同时，也使这条崎岖的商道逐渐演变成把沿途各地政治、经济、文化联系起来的坦途。茶马古道上的马帮，以其特有的运作方式和日渐丰富的内涵，逐渐形成了中国历史上独有的“马帮文化”。

茶马古道上的马帮依照组成人员的不同分为不同的帮。从云南进藏的马帮，都来自云南西部。由大理的白族人所组成的马帮称为“喜洲帮”，原因就是赶马的人以喜洲人为主；鹤庆白族和汉族共同组成的马帮叫“鹤庆帮”；腾冲汉人自己组织了“腾冲帮”；丽江纳西人与腾冲汉人一样用自己的家乡命名了他们自己的马帮，即“丽江帮”；巍山、宾川回族人则用“回族帮”的名字表明了自己的民族特征；中甸、德钦藏族组成的马帮称做“古宗帮”等等。而随着茶马古道

上所运载货物的种类和数量的增加，就有了专门运输某种货物的马帮，如以所驮载的货物命名的“盐业帮”“糖业帮”等。直到西藏和平解放的初期，云南西部的各县还临时组织过“支前马帮”“援藏马帮”来帮助西藏平稳过渡。直到后期西藏的局势逐步走向稳定以及青藏、川藏、滇藏公路的相继通车，马帮才逐渐被汽车取代，而马帮这种民间自发形成的运输组织也才逐渐退出历史舞台。

滇西马帮除了上述的统称之外，还依照各自的区别起了相应的帮名。帮名一般都是以姓氏为标志写在马帮的帮旗上。由于马帮都是商业性的运输团队，故马帮都会在各地有自己的东家。例如鹤庆帮就是张家为在西藏、印度开设的商号“恒盛公”服务的马帮，中甸马家的“铸记商号”旗下的马帮则是古宗帮。商业性的马帮的规模都比较大，一般都有上百匹马，大的马帮甚至有四五百匹马。除了商业马帮外，马帮还有另外一种形式，就是临时性的“散帮”，又称“拼伙帮”。这种“散帮”是由拥有少量骡马的人家联合而成的，一般是进行短途的季节性运输，马匹数量不会很多，一般不超过百匹。

俗话说：“行船走马三分命。”这句话用在茶马古道实在是非常贴切。战乱、匪患、天灾，茶马古道都曾经历过，加上艰难的路途，在这漫漫数千公里的长途跋涉中，着实是危机重重。为了能够平安的走完这条艰险的道路，马帮在历史的形成中用他们的智慧和牺牲逐渐创建了一套严密完整的组织管理制度。马帮的全体成员按分工有不同的职业身份：大锅头一人，总管内务及途中遇到的重大事宜，多由能通晓多种民族语言的人担任；二锅头一人，负责账务，为大锅头助理；伙头一人，管理伙食，亦行使内部惩处事宜；哨头二至六人，担任保镖及押运；岐头一人，为人畜医生；伙首三至五人，即马帮的“分队工”；群头若干人，即“小组长”；么锅一人，即联络员，对外疏通匪盗关系，对内是消灾解难的巫师；伙计若干人，即赶马人，每人负责骡马一至三匹不等。在人员庞大的马帮里，有的还设置“总锅头”一人，管理全盘事宜，实为东家代理人。马帮成员分工明确，赏罚分明，却不像其他行业有过分的特权和强烈的等级差别，长期共患难的艰苦生活，让他们有了更为深厚的感

情，也培养了马帮成员坦诚豁达的性格。马帮的成员堪称一群肝胆相照的兄弟。

为了便于管理，骡马也有相应的编制：首先以九匹马为一群，由群头负责，九匹马中挑选一匹作为群马，在群马的额顶佩戴红布底黄色火焰图案的途标，耳后则要挂上二尺红布绣球，还要在脖子上系六个铜铃，马鞍上再插有一面红色白牙镶边锦旗。然后是以三群为一伙，由伙首负责。再选出一匹伙马，额顶佩戴黄底红色火焰图案的毡绒途标，伙马的耳后要挂四尺红布绣球，脖子上需系八个铜铃，马鞍上再插上一面红底黄牙镶边锦旗。最后由全部骡马组成一帮，在所有的马匹当中选出三匹健走识途的好马，分别作为头骡、二骡、三骡领队。被选为头骡的马能享受异常华丽的装扮：额顶佩戴着黄红色火焰图案的金绒途标，途标中央缀有一面圆镜，另在圆镜周围环绕六面小镜，再在马头套上嵌镶着珠宝的纯银笼头，脖系九个铜铃，头顶系六尺红布绣球，耳后佩戴一对牦牛尾红缨，最后在马鞍上插帮旗和祖旗各一面。帮旗是黄红边的三角锦旗，锦旗的中央会绣有帮主的姓氏。祖旗则是红底金边的方形锦旗，正中有两根锦鸡羽毛作为点缀，象征着前途似锦、道路通达。因为头骡是马帮的门面，所以赶马人对其极为重视，对头骡的装饰也是别具一格，就像《赶马调》中所唱的："头骡打扮玻璃镜，千珠穿满马笼头，一朵红缨遮吃口，脑门心上扎绣球。"二骡、三骡的佩饰虽然不如头骡华美富贵，但仍然有别于其他驮马。二骡的任务是驮马帮所需的药物，三骡则是大锅头或病号的乘骑。

面对路途中无比强大的自然力量，马帮的成员会切实地感受到自身的渺小。这个时候，人们往往会求神保佑自己，马帮也不例外。传说古时候有一位名叫罗哥的青年猎手驯服了骡马并用其驮货载人，后人便将他奉为赶马业的祖师爷。而马帮将煮饭菜用的铜锣锅认作是罗哥的化身，因此铜锣锅只能由头骡驮负，使用时也不得随意转动，更不允许用脚踩踏。古宗帮因其藏族背景还尊奉文成公主为马帮的祖师，他们将头骡前额上的环锁圆镜当做文成公主的化身。此外，常年翻山越岭的马帮还崇拜山神，其化身是草果。马帮如果在野外露宿，须得先用菜饭撒祭山神，然后再丢几个草果到火塘之中。马帮离不开道路，自然也

崇敬路神，路神的代表是草鞋。所以马帮成员穿烂的草鞋不能乱扔，要带到宿营地火化。马帮的成员相信如果遇中途迷路、大雪封山的情况，只要在马蹄绑上草鞋，就能走通道路。还有就是卦神崇拜，即占卜。卦神的化身是架置锣锅的两根铁条，在遇到疑难问题或者祈福消灾的时候，马帮成员就会用铁条打火卦占卜。

有信仰和崇拜的马帮自然也有他们的禁忌。出行时的禁忌有生肖属马严禁出行，农历的腊月和六月忌出远行；方向上又有“春不走东，夏不走南，秋不走西，冬不走北”的讲究。马帮严格按编队而行，么锅作为全马队的向导，手擂大锣开路。擂大锣的目的是惊吓野兽和向迎面而来的马帮知会让路事宜，并让后面的马队调整速度。除了行路上的禁忌外，马帮中还有语言上的禁忌。为了避免犯忌，赶马人的交谈多使用行话，如：打尖（途中稍歇），开稍（吃晌午），开亮（野外宿营），彩利（工钱）等。有些数字的谐音很不吉利，就借用其他的字代替。如“三”谐“丧”，以“神”字代。“四”“十”谐“事故”“蚀本”，以”重双”和”金”字代。还有些音意含有凶险之意的词语，则采取回避或替代的方式。如“虎”称高鹰，“蛇”称老梭，“狼”称山兵，“鬼”称黑影，“哭”叫汪，“灯”叫亮子，“锅”叫祖师，“肉”叫片片头，“饭”叫钢，等等。禁忌之外有些词语还有讨口彩的意味，如途中若遇到洪水断路就叫“开顺”，若遇送葬就叫“送财神”“进财”。

说完人的禁忌，我们再来谈谈对骡马的禁忌。对于骡马，忌马额有白、马耳前倒、马背生旋、白蹄白尾、鼻孔朝天，忌马日役马，忌骡马夜间卧眠，忌半夜马嘶骡吼，忌当生人面前数马，忌马穿过羊群，忌马脖带草藤而归。衣食禁忌：所穿的服饰忌红、黄二色（古宗帮例外），而且衣服的款式要以宽大为宜，忌错扣扣子和敞胸露怀，裹腿忌松散，忌跨越草帽和乱抛草鞋。饮食禁忌：饭前忌敲打空碗空筷，吃饭时忌把筷子直插饭食上，忌吃饭串门，吃饭不得坐门槛或马鞍，忌饭后立即躺卧，忌吃途中捡到的食物。而且马帮在开饭时，不管是什么人经过，一定要邀请同食，即便是飞禽走兽出现，也要抛丢食物饲喂。

住宿也有禁忌。忌盛饭菜时旋转锣锅，尤其忌

住宿后移动锣锅的位置。“开亮”（露宿）忌宿沙河畔、大箐口和悬崖下，住店忌与生人同房，忌火种熄灭，忌放置东西杂乱无序。

物象禁忌。忌见果木冬日开花，忌见飞鹰禽兔，忌见耗子搬家，忌见蛇交配和蜕皮，忌见苍蝇群聚不散，忌见马蜂炸窝，忌见鸦雀噪林。

气象禁忌。忌黑气蔽天、白气铺地时出行，风卷尘沙、风阻行人、风吼如嚎的情况下不宜出行，雨后现虹、素虹缠月、多虹同现忌出行，清明见雾忌出门，有雷、霆、电、霹忌出行。

马帮有着很多的禁忌，还有着与马帮运行息息相关的说道。赶马人的工钱被称为“彩利”，其发放的方法是：平均工资（包括人彩、畜彩）加职务补贴。马帮的账务民主公开，职务补贴在彩利中所占的比例并不大，由此体现出马帮内部“做不平吃要平”的原则。马帮还有自己的一套奖惩规则：工作出色和避免重大事故的人，会获得一定数额的奖金，这部分奖金被称作“利尾”。如果有马帮成员冲犯禁忌、违反帮规或者故意肇事，最轻者的处罚是买一只公鸡请众人“打牙祭”表示谢罪，较重的还有烧香、驮马鞍、自策、棍刑和除名等五种处罚。赶马人在长期的旅途实践中练就了一套特殊的技能，就是用口哨、吆喝指挥骡马（马帮内部称之为“马语”）。这种技能可不是简简单单就能学会的，仅是口哨就有解闷、喂水、吃草、压惊四种，需要长期的练习才能掌握。不过这种技能对马帮却是极为重要，它不但协调了人畜间的合作，而且让赶马人在指挥骡马时有了轻松和亲近的感觉。吆喝，也是有腔有调，富有乐感，很多声音都非常有趣，如“哇”示停，“启瞿”示走，“堵其”示让路，“驾”示上驮子，“松松”示卸鞍，“启鸡”示举蹄，“松其”示跑，“鸟唔”示吃草，“嘘呼”示饮水等等，这些都是赶马人的赶马专用语。赶马人为缓解长途劳顿，为孤寂无聊的生活增添点乐趣，都能哼唱即兴创作的赶马调。滇西一带的赶马调是由上下两个乐句组成的，其形式独特，风格迥异。赶马调分为四个调类：借物抒情的行路歌；盘调的内容比较丰富，是以沿途地名、风光名胜、风土人情一问一答的方式进行演唱的；在独路险路上唱的喊路调则有其实际用途，意在知会对方让路，故其曲调高亢粗犷；曲调优美的要数在住宿的地方演唱的叙

事长歌，即怀古调。“马语”和赶马调都是马帮文化的重要组成，也是民间文学曲艺中的两朵奇葩。经过音乐家精心整理在国内外流传甚广的“放马山歌”和“送郎调”等名曲，就是来自滇西一带的赶马调。

新中国成立前夕，在中国西南边陲的一些城镇还出现了马帮的行业组织——马帮理事会。理事会中以马帮的大锅头、当地的绅士和财东为理事，由威望较高的人担任理事长。理事会所管理的事务是诸如协调马帮与官府的关系，增进与外地马帮的联系、组织货源等与马帮有关的社会事宜。

时至今日，茶马古道上的马帮早已被成群结队的汽车所替代。“山间铃响马帮来”这部历尽千年的交通运输史，与它的悲壮艰辛和浪漫诗意一同载入了人类文明的光辉史册！

四、茶马古道的价值

（一）茶马古道的历史文化价值

千百年来，茶马古道以其深厚的历史底蕴为我国的文化史册添上了浓重的一笔。说起它的历史文化价值，可以从早期昌都的兴盛有一个大概的了解。

翻开地图去查阅茶马古道的路线，我们会看到滇藏道和川藏道都有一个必经之地，也是它们的交汇点，这个交通枢纽就是闻名于世的昌都。事实上，茶马古道的开拓要早于汉、藏茶马互市兴起的唐宋时期，在这以前，这条以卫藏地区为起点，经由林芝、昌都并以昌都作为枢纽而通往四川、云南二省的道路就已经兴起并渐渐发展了。早期的茶马古道就已经是连接和沟通今川、滇、藏三地古代文明的一条重要渠道。如此一来，茶马古道不仅是西藏与今川滇地区之间人民迁徙的一条重要通道，还是文化交流和文明传播的桥梁。从考古所发现的遗迹上来看，早在四五千年以前的昌都地区就有规模较大且时间极长的古人类聚落遗址。也就是说，以卡若文化为代表的古文化很早就在昌都生根发芽了。而产生这种情况的原因正是在于昌都得天独厚的地理位置，即川、滇、藏三地之间文化交流的孔道。当我们细细地品味卡若文化时，除了其自身的特点外，我们还可以看出川西和滇西北地区原始文化的元素与特色，我国黄河上游地区马家窑等原始文化的一些影响，这充分表明卡若文化并不是一个孤立绝缘的原始文化，而是与周边地区进行广泛交流进而逐渐发展起来的，所以具有浓厚的复合文化的色彩。卡若文化会受周围多种文化影响，恰恰说明当时的昌都不但是卫藏与今川、滇西部地区原始文化发生交流沟通的一个通道，而且是各种原始文化元素传播和集中的一个重要枢纽。

后来茶马古道日渐繁荣，昌都也在其中扮演了越来越重要的角色。作为滇藏道和川藏道的交汇处，昌都成为了当时多种文化的聚集地。科学技术、文学艺术、宗教信仰都在昌都展现其风姿，让人们应接不暇。而昌都只是茶马古道

的一个点，数千里的茶马古道早已融入到沿途各个民族的文化交流史当中，更让我国西南边陲的历史丰富而又充实。

在抗日战争中后期，中国与日本进入战略僵持阶段，双方都无法迅速取胜，这个时候其实是在比国家实力和民族精神。而中国的沿海被日军控制，运送物资的滇缅公路又一度被切断，茶马古道就在这民族的生死存亡之际挺身而出，为我国的战时物资运输作出了不可磨灭的贡献。在茶马古道上，不畏艰险的中国人民向世界展示了中华民族的民族精神，茶马古道也在中国抗日战争的历史上起到了精神和物质上双重支持的作用。

历尽沧桑、绵延千里的茶马古道有着多重的历史文化价值，有历史和文化的记载与升华，有对沿途地区文化交流的巨大贡献，有在中国对外抗争时的坚定支持，还有民族融合和宗教和谐相处的示范，堪称我国历史文化上的一颗璀璨的明珠，至今仍然熠熠发光。

（二）茶马古道的社会经济价值

茶马古道的社会价值在于它是增进沿途各民族关系的纽带和我国民族大团结的象征。

中国是一个由多个民族共同组成的国家，因此，中华民族的历史很大程度上也是很多个民族逐步融合和和谐共处的历史。茶马古道所见证的，正是汉、藏以及西南边陲的其他民族逐渐聚合乃至相互包容的历史过程。正如我们所知，汉文明的特征是农耕和儒教；而藏文明的特征则是高原生活和藏传佛教，两者都有其特定生存环境和历史背景，也都有其深厚的底蕴，不会轻易被其他的文明所取代。那么，是什么原因促使汉藏两族在历史发展的进程中紧密地联系在了一起呢？藏族作为一个一直在中国的历史发展和团结统一上发挥着重要作用的民族，早已成为中国这个多民族大家庭中的一员。虽然我们可以找到很多理由来解释这一历史现象，不过谁也无法否认，这条连通了内地与藏区的茶马古道在其中发挥了极为重要的作用。也就是说，汉藏两族之间互补

性的贸易往来及因此所开拓的贸易通道，是让藏族成为中华民族一员的重要原因。因此，茶马古道的社会价值显然远不止于历史上的茶马互市，事实上它不仅是历史上汉文明与藏文明得以交流融合的一条重要渠道，还是促使汉族人民与藏族人民在情感上和心理上有所亲近和共鸣的主要纽带。正如藏族英雄史诗《格萨尔王》中所说的："汉地的货物运到博（藏区），是我们这里不产这些东西吗？不是的，不过是要把藏汉两地人民的心连在一起罢了。"这是藏族人民对茶马古道和茶马贸易的本质的一种堪称透彻的理解。所以，无论从历史还是现实，都能看到茶马古道促进民族融合和团结的社会价值。

而茶马古道的经济价值也不只是一个茶马互市、各取所需那么简单。在茶马古道的发展过程中，藏族的特产运到内地销售，内地的先进工艺、科技以及能工巧匠进入藏区，与贸易往来有关的各种商号的兴起，作为运输公司的马帮的形成，沿途城镇从中得益走向繁荣等等，都在茶马互市的推动下出现在茶马古道。茶马古道也因此对我国西南边陲乃至全国的经济都产生了极为深远的影响。这种对沿途经济和相关产业的促进作用更加体现了茶马古道的经济价值。

（三）茶马古道的旅游开发价值

茶马古道得益于其特殊的地理位置，成为迄今为止我国西部文化原生态保留得最好，也是最丰富多彩的一条民族文化走廊。这就使得茶马古道每年都会吸引大批的中外游客来此感受迥异风情，因此具备了很高的旅游开发价值。

茶马古道所经过的川滇西部和藏区东部是我国典型的横断山脉地区，也是南亚板块与东亚板块两个大陆板块挤压而成的典型的地球皱褶地区。岷江、大渡河、雅砻江、金沙江、澜沧江、怒江这六条大江分别自北向南、从西向东地在茶马古道经过的地区穿过，与沿途高山共同构成了地球上最为独特的高山峡谷地貌。深山幽谷的阻隔所造成的交通不便，使得该地区的民族文化呈现出了两个突出的特点。一个是沿途文化多元性的特点非常突出。顺着茶马古道一路走来，我们可以深刻地感觉到其中应接不暇的变化。沿途民房的建筑风格、路

人的穿着打扮、各地的风俗习惯、听闻的语言歌唱一直在不断变化着，让人目不暇接，真可谓是“五里不同音，十里不同俗”。这种文化多元的特点，使茶马古道成为一条魅力无穷和多姿多彩的民族文化走廊。另一个突出的特点是茶马古道上沉淀和保存着各种原生态的民族文化。茶马古道途中的河谷地区大都是古代民族迁徙辗转所经过的区域，那里自然就会有许多古代先民留下的踪迹。许多原生态的古代文化元素迄今为止仍然可以在当地的文化、语言、宗教和习俗之中看出端倪，同时这些原生态的古代文化也蕴藏着许多历史谜题和解开这些历史谜题的线索。千百年来，不仅是人数众多的汉藏两族之间在相互影响，藏族与西南的其他少数民族以及藏族内部各族群之间的文化交流与沟通也在这条千年古道上默默地却从未间断地进行着。在这条道路上，既有各民族文化的冲突与碰撞，也有各民族文化的理解与融合。事实上，这条东西横跨数千里，连通了青藏高原多个民族、多种语言和多种文化地区的茶马古道并未伤害到任何一个民族，反而好像一条丝带一般将各个民族有机地串联起来，使他们在保持自己民族特色的同时，还可以相互沟通和联系，协同发展。因此，茶马古道不但是民族多元文化荟萃的走廊，而且是各民族文化交流、融合并各自保留其自身特点的一个充满魅力的通道。就像费孝通先生所说，茶马古道的沿途“沉积着许多现在还活着的历史遗留，应当是历史与语言科学的一个宝贝园地”。

茶马古道沿途的变化不只有“五里不同音，十里不同俗”的人为改变，沿途自然景观的震撼也会让人记忆深刻。难得一见的高原美景，动人心魄的高山急流，以及藏区特有的牦牛等野生动物，都为这绝美的旅途景观增色不少。由此可见，虽然今天茶马古道的运输功能已经被公路和铁路所取代，但是作为一条旅游的胜地，它还是有着无尽的开发价值的。

五、茶马古道的特点

（一）茶马古道的地理特点

茶马古道的地理特点十分突出，它是人类历史上海拔最高、通行难度最大的高原文明古道。

作为地球上海拔最高、面积最大的高原的青藏高原，被人们称作“世界屋脊”或“地球第三极”。而在青藏高原上开拓出来的茶马古道当仁不让地成为这个世界上海拔最高的文明古道。也正是因为茶马古道是这个世界上海拔最高的通道，漫长到近乎贯穿了整个青藏高原，其路途之艰险、通行难度之大，在世界历史上也可以说是首屈一指的。而茶马古道通行之难主要表现在以下几个方面。

其一，茶马古道所经过的青藏高原东缘横断山脉地区是世界上地形最复杂、最独特的高山峡谷地域，这种地形的崎岖险峻和通行之艰难也是举世罕见。茶马古道的沿途都是高耸入云的山峰、水流湍急的大河、深不见底的幽谷。正如任乃强先生在《康藏史地大纲》中所言：“康藏高原，兀立亚洲中部，宛如砥石在地，四围悬绝。除正西之印度河流域，东北之黄河流域倾斜较缓外，其余六方，皆作峻壁陡落之状。尤以与四川盆地及云贵高原相结之部，峻坂之外，复以邃流绝峡窜乱其间，随处皆成断崖促壁，鸟道湍流。各项新式交通工具，在此概难展施。”据统计，从川藏茶道到拉萨，“全长约四千七百华里，所过驿站五十有六，渡主凡五十一次，渡绳桥十五，渡铁桥十，越山七十八处，越海拔九千尺以上之高山十一，越五千尺以上之高山二十又七，全程非三四个月的时间不能到达”。清代走过茶马古道的人对它的崎岖险峻有生动而详细的描述，焦应旂的《藏程纪略》记录有：“坚冰滑雪，万仞崇岗，如银光一片。俯首下视，神昏心悸，毛骨悚然，令人欲死……是诚有生未历之境，未尝之苦也。”张其勤在他的《炉藏道里最新考》里则提到他从打箭炉去拉萨五个月的行程的感受：“行路之艰苦，实为生平所未经。”杜昌丁等人撰写的《藏行纪程》对滇藏

茶道也有记载："十二阑干为中甸要道，路止尺许，连折十二层而上，两骑相遇，则于山腰脊先避，俟过方行。高插天，俯视山，深沟万丈……绝险为生平未历。"从清人的这些文字记载当中，我们可以了解到茶道通行之艰难。

其二，茶马古道沿途高原气候显著，天寒地冻，空气稀薄，而且气候变化幻诡异莫测。清人记载的沿途"有瘴气""令人欲死"的现象，其实就是因为严重缺氧而导致的高原反应，清人因为不明白其中的道理而误以为是途中"有瘴气"。茶马古道沿途气候更是变化多端，有的地方甚至可以经历"一日有四季"的情况。也就是说在茶马古道的行人有时在一天当中就可能先后经历大雪、冰雹、烈日和大风等天气，随之而来的就是波动范围极大的气温。一天尚且如此，一年的天气状况就更不用说了。茶马古道上一年的气候变化比起一天的更为剧烈。民谚曰："正二三，雪封山；四五六，淋得哭；七八九，稍好走；十冬腊，学狗爬。"由此民谚，茶马古道的行路之艰难可想而知。尽管茶马古道行走起来如此艰难，但是千百年来，各种货物依然在这样的路况下凭借沿途人民的勇气和智慧以人背畜驮的方式历尽千辛万苦运到了藏区各地。所以在藏区民众当中有这样一种说法——茶叶翻过的山越多就越珍贵，这个说法非常简明地点出了藏区的茶叶来之不易。正如《明史·食货志》的记载："自碉门、黎、雅抵朵甘、乌斯藏，行茶之地五千余里。"如此漫长而艰险的高原之路，茶马古道拥有世界上通行难度最大的道路这一特点毋庸置疑。

（二）茶马古道的文化特点

从上面的文字，我们可以看到茶马古道的一些文化特点。

其一是多种文化的共存。在茶马古道上有汉族、藏族、白族、回族、纳西族等民族，他们各自都有自己的民族特色和风俗习惯，但他们并没有在茶马古道上走向敌对，反而和睦相处，相互理解。

其二是特定的生活环境所产生的文化特征。茶马古道是这个世界上海拔最高的通道，也由此形成了一种世间独有的高原文化。高原上行走的人们往往重义

轻利、坦诚豪爽，同时他们又因为在自然面前常常显得无能为力，所以有着对自然的敬畏和很多的禁忌，这也是茶马古道的一个文化特点。

其三是经济繁荣给茶马古道带来的文化特点。历史上是先有的茶马互市，后有的茶马古道。这种经济对文化的深远影响在茶马古道的沿途随处可见。服务于各大商号的马帮，聚集在沿途城镇的商贾，从内地进入藏区的工匠，无不是被贸易吸引过来的。而由此形成的马帮文化、商业文化和艺术风格都是茶马古道的一个文化特征。

其四则是近代中国对外抗争所带来的文化积淀。1840 年鸦片战争以后，英帝国主义打开中国东南沿海大门的同时也将目光投向了中国的西南边疆。英国意图侵略西藏，就试图用印度茶叶取代中国茶叶在西藏的行销。英帝国主义认为如果印茶能够取代川茶在西藏的地位，英国就能够逐步垄断西藏的经济，进而控制西藏的政治。为了达到这个目的，英帝国主义甚至不惜使用武力入侵拉萨，以强迫印茶输藏。从此，川茶成为反对入侵西藏的英国侵略者的有力武器。反对印茶销藏，保护川茶销藏，也由此成为反对英国入侵西藏的重要内容。当时的西藏人民为了国家和民族的利益，宁可以高出印茶十几倍的价格购买川茶，也拒绝购买印茶，表现出崇高的民族气节和藏族人民不畏强权的民族性格。而西藏地方政府面对因印茶销藏引起的政治经济危机，更是竭尽全力反对印茶输藏。时任清政府四川总督的刘秉璋更是极力主张禁止印茶销藏，以免除后患。清政府任命与英国谈判《藏印通商章程》的张荫棠也在经过对川茶得利，汉藏经济，政府税收和茶农茶商利益等方面的深思熟虑，坚决反对英国在西藏倾销印茶，力主保护川茶销藏。后来的四川总督赵尔丰更是为了反对英国对西藏的侵略，保卫祖国的边疆，在雅安设立起边茶公司，以便有力地支持西藏人民抵制印茶。当时在雅安设立的边茶公司精心改良茶种，有效整顿川茶，并在打箭炉设立分公司，从此打破边茶不出炉关的限制。同时在里塘、巴塘，昌都设立售茶的分号，减少了茶叶买卖的中间环节，迅速将川茶运往西藏。这些措施都很有效果地达到了抵制印茶、支持川茶的目的。四川茶叶就此成为汉藏两族人民共同反对英国侵略者入侵西藏、倾销印茶的斗争武器。民国时期，由于国内

军阀混战，对印茶的抵制也有所削弱，印茶乘机在藏区内倾销。同时西藏地方上层的一些领导者在英帝国主义的煽动下进攻四川边界地区，四川与西藏由此发生了军事冲突。汉藏两族的联系也有所削弱，此时唯有川茶不被时局影响，仍然畅行于川藏之间。在当时的特定历史环境下，川茶更成为一种“国防商品”，是内地与藏区的重要经济关联，并以此增进西藏地方政府与中央的政治往来和汉族人民与藏族人民的民族团结。抗日战争中后期，茶马古道上运输的物资对中国抗战构成了有力的支持。这些中华民族的抗争史都给茶马古道的文化内涵添上了光彩的一笔，这也是茶马古道文化上的又一个与众不同之处。

古代驿站与邮传

我国是世界上最早建立传递信息的组织的国家之一，邮驿历史长达三千多年。原始社会出现了以物示意的通信，奴隶社会发展为早期的声光通信和邮传，到封建社会时，中国的邮驿在世界上已居于前列。我国邮驿制度经历了春秋、汉、唐、宋、元的各个朝代的发展，一直到清朝中叶才逐渐衰落，被现代邮政取代。驿站是古代接待传递公文的差役和来访官员途中休息、换马的处所，以后功能逐步有所扩展。

一、古代邮传历史

（一）上古时期——邮传之始

我国古代通信，由来已久。据古书《古今注》记载，尧曾经“设诽谤之木”。这种木制品，形似后世的华表，是用一根横木交叉在柱头上，在各路的交通口都有设置，既可作为路标，又可以在上面书写对政府的意见。这大约是我国有文字记载最早的向上表达意见的一种方式，也可以认为是上古时代原始形式的上书通信。尧为了鼓励人民提意见，曾设置了木鼓。谁有建议或不满，可以击鼓示意。这种方式与至今尚在非洲大陆流行的“鼓邮”颇为相似，鼓手能在两面或多面鼓上敲击出不同的声音和节奏，表达不同的意义，起到邮传通信的作用。

原始社会的居民还有着各种各样有趣的通信活动。云南的佤族，直到解放前还进行着原始的木刻通讯联络。如甲乙两寨发生了纠纷，甲寨便命人给乙寨送去一个木条，在木条上方刻两个缺口，代表甲乙二寨，下方刻三个缺口，表明乙寨在三日内前去甲寨和解，前面再刻一斜角，表示事关紧要，不可延误。

到了夏王朝时，交通工具已较前代发达。古书上说“夏后氏二十人而辇”，是指用二十个奴隶拉着大车子。传说，夏禹治水时“陆行乘车，水行乘舟，泥行乘橇，山行乘轿”。有了这么多种交通工具，通信比以前方便多了。这时，人们的通信活动也比以前复杂化了。每年三月，由被称为“遒人”的宣令官手执木铎，在各交通要道宣布政府的号令，这是我国早期下达国家公文的方式。

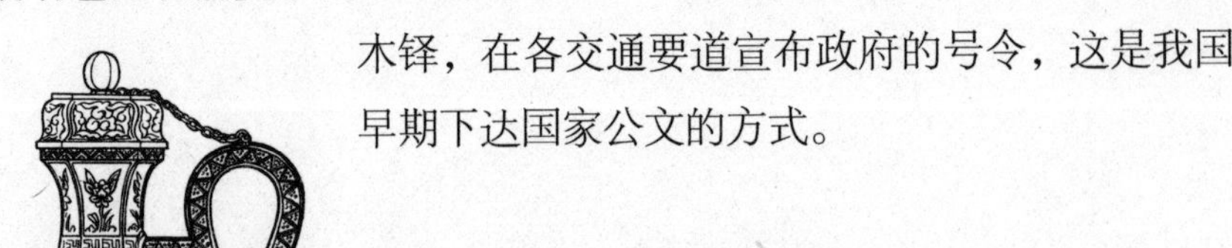

（二）商周——日趋完备

从夏朝到商朝，信息传递发展得很快。商朝的道路交通网络比夏朝大大扩展，对道路管理也有严格的制度。商朝已有专门传递信息的信使。

商王出行时，往往身边都要跟随几个人，供他随时向臣下发布命令。为了旅途方便和防止不测，商朝政府还在通衢大道沿线设立了许多据点和止宿之处，这就形成了商朝最初的驿站制度。起先这些据点称为“堞”，大约是用木栅墙筑成的防守工事。后来，这些堞发展成为“次”。“次”是止舍安顿的意思，即逐渐成为可以暂住的旅舍之类。再后，又在此基础上正式建立“羁”，即“过行寄止者”，是商王朝专为商王、贵族建筑的道边旅舍，不仅供止宿，而且供应饮食。

商朝时还没有像后世那样分段递送信息的常设的驿传之制，消息命令一般都由一个专人传送到底。所以信使行途都是很辛苦的，有时还会遇上盗寇蛇虫的伤害。有一个年迈的信使，在路上走了 26 天，行了 600 里的路，没有到达目的地就死了。有的驿使行程更长，有一片商王祖庚时的甲骨卜记载，有一位驿使从一天的黄昏时分起程，48 天才终于到达目的地，估计共走了 1200 里左右。

西周是我国奴隶社会的鼎盛时期，也是我国各种制度开始完善的时期，邮驿制度在此时形成一个比较规整的系统。西周时，政府特别重视修整道路，还设有专管道路的官员，称为“野庐氏”，负责筹办京城 500 里内所有馆舍的车马粮草、交通物资；保证道路畅通、宾客安全；负责安排白天轮流值班和夜间巡逻之人；还要及时组织检修车辆、平整道路等。

西周时已经有了比较完整的邮驿制度。各种不同的文书传递方式有不同的名称，以车传递称为“传”，这是一种轻车快传；一种称为“邮”的，在周代主要指边境上传书的机构；还有一种叫做“徒”的，则为急行步传，让善于快跑的人传递公函或信息，有点类似古希腊马拉松的斐力庇第斯。

在西周的邮传驿道上，沿途设置了休息站，叫做“委”“馆”或“市”。当时国家大道沿途，10 里设庐，庐有饮食；30 里有宿处，称之为委；50 里设市，市有候馆，接待来往信使宾客。有一些讲究的馆、市，是为来往的各地高级信使准备的。这些馆、市，设备考究，有楼厅和浴室，可以在这里充分休息，解除旅途的劳累。

西周政府里有一整套自上而下的邮驿通信官职系统。在天官冢宰的统一领

导下，有秋官司寇负责日常的通信、夏官司马负责紧急文书、地官司徒负责沿途馆驿供应和交通凭证以及道路管理。负责日常通信事务的司寇下还有一系列专门人员，有大行人、小行人、行夫等。其中行夫是管理来往信件、信使的具体执行官。

军事上的烽火通信，在西周时已经成为正式的制度。最初，人们在道口田陌之间，树一大木，上缀毛裘等物，可使信使和行路人在很远地方就知道站馆所在，古文里称之为“邮”。这一设施后来逐渐成为防护堡垒，再发展成为烽火台，台柱上有烽有鼓。一堆堆柴火和狼粪，用火点着发出狼烟，无风笔直上升，很远就能望见。到晚上，在台上架起桔槔，上置大铁笼子，内装柴草。遇有紧急情况，烧着后形成高耸入云的大火把。从京师到边境，每条大道都建起一座一座烽火台，专门派人守望。边境告急，消息会很快传到京师；京师遇难，消息又会从都城传到边关。这是我国古代一种十分有效的烽火通信系统，从西周到汉朝，一直沿袭使用。

周幽王“烽火戏诸侯”的故事，是历史上著名的实例。周幽王是西周最后一个国王，昏暴异常，办事荒唐。他纳了一个名叫褒姒的美女为妃。褒姒终日不笑，幽王想出了烽火戏诸侯的办法取悦于她。他命令兵士们在镐京东郊的骊山点燃烽火，擂起大鼓，谎称京城告急。周围各路诸侯都急急忙忙前来援救，有的诸侯将官连衣冠都没来得及穿戴整齐，便火速赶到。而褒姒和幽王在□望台上哈哈大笑。诸侯们知道上了当，以后幽王再点燃烽火，谁也不来了。而西周就这样亡于西戎。这个故事从侧面说明西周末年烽火通信已经成为国家固定的通信制度。

（三）战国——私人通信

作为封建社会的开始，战国时代社会经济迅速发展，通信事业随之而有了巨大进步。以东周王都洛阳为中心，东至齐鲁，西到关中，北抵燕赵，南达吴楚，四通八达，都有驿道相通。因为当时诸侯国频繁角逐，各自有一批说客谋士，他们经常在各国间游说谋划，也促使邮驿空前繁忙起来。

随着卿大夫势力的扩大，战国时代还出现了若干由大贵族个人兴建的驿馆传舍。这些驿馆既可以作为他们私人的驿传设施，也可用来聚养大批为他们出谋划策的宾客。除贵官们凭威势兴办的驿舍外，春秋战国时还出现了一般商贾开的旅舍。战国时期的史料记载了许多名人居住在邮驿、馆舍、逆旅的事。如著名的纵横家张仪、赵国名相蔺相如，都在传舍、逆旅中住过。

（四）秦汉——统一邮驿

秦王朝是我国统一的封建中央集权时代的开始，不仅统一了文字、度量衡、车轨、道路等制度，还开创了统一的邮驿制度。

秦王朝虽然仅仅存在了十五年，却以惊人的努力完成了全国范围的交通和通信网络建设，通信干线贯通东西南北。北边由关中直达九原塞外，至今内蒙古河套附近；东边由函谷关向东，经河南直到今天山东的临淄；南边由武关经南阳直抵江陵。

驰道是秦朝道路网的主干，以首都咸阳为中心，“东穷燕齐，南极吴楚，江湖之上，滨海之观毕至”。秦朝驰道十分壮观：“道广五十步，三丈而树，厚筑其外，隐以金锥，树以青松。”一路绿影婆娑，十分美观。另有一条由名将蒙恬指挥修筑的“直道”，从咸阳北的云阳开始，途经黄河，直抵今包头市的秦九原郡，全长1800余里。此外，秦王朝还在南方修建了到两广和西南的“新道”。这样，在全国形成了一个纵横交错的交通网。这些大道，路平道宽，沿途都有固定的信使进食和住宿处所。

秦朝的邮驿统一了称呼。春秋战国时期，各国对邮驿通信的称呼都不一样，秦朝把“遽”“驲”“置”等不同名称统一称为“邮”。从此，“邮”便成为通信系统的专有名词。在秦朝，“邮”负责长途公文书信的传递任务，近距离的另用“步传”，即派人步行送递。在邮传方式上，秦时大都采用接力传送文书的办法，沿政府规定的固定路线，由负责邮递的人员一站一站接力传递下去。到秦朝时，邮传事务的传递者，身份更为低下，已经不再由士以上的官吏担任，

而转用民间役夫。

为保证公文和书信及时、迅速、准确地到达，秦王朝规定了一系列严厉的法律。秦朝的《行书律》规定，文书分为两大类，一类为急行文书；另一类为普通文书。律文中说："行命书及书署急者，辄行之；不急者，日毕，不敢留。留者以律论之。"意为：诏书和注明为急文书者，要立刻送出；不急的文书，也要当日事当日毕，不允许耽搁。耽误的以法律处置。

秦朝时特别重要的文书，规定由特殊的人员传送，且所经之处，任何人不得阻拦。这些特殊人员要求十分可靠，还需体格强壮、行止轻捷，平日有特殊训练。

为了保证途中不泄密，秦王朝作出若干法律规定。比如：不同的文件用不同的文字书写，简册用大篆小篆、印玺用缪篆、符传用刻符、公府文书用隶书、幡书用鸟书等等。这些规定，有效地防止了文书的伪造。另外，简书一般都在绳结处使用封泥，盖上玺印，以防途中被私拆。上述这些规定，都说明邮驿通信制度的规范化。

秦朝统一有效的通信系统，起到了巩固中央集权制度的作用。中央政府可以源源不断地接到各地的情况通报，及时了解边防和民间的动态，采取果断的军事措施。

（五）魏晋南北朝——私营逆旅

魏晋南北朝时期，私营客舍逐渐发展起来，当时人们把这种私营客栈称为"逆旅"，这是自春秋战国以来就有的名称。重法的商鞅曾经为加强中央君主专制集权而提出"废逆旅令"，他认为逆旅是"奸邪"和不法之徒滋长的场所，故应当取缔。随着两汉时期工商经济的发展，在"富商大贾周流天下""牛马车舆，填塞道路"的繁荣情况下，民间旅店行业自然也发展起来。《后汉书》曾在许多列传里叙述了当时"行宿逆旅""亭舍"的情况。曹操在建安十二年（207 年）所写的《步出夏门行》一诗，

也有“逆旅整设，以通贾商”的句子，说明东汉末年时逆旅是很盛行的。到西晋时，逆旅生意更加兴隆。由于公营的客舍接待很差，许多官员也奔赴私营客舍。更重要的原因是，魏晋南北朝时期，国家的邮亭馆舍，都被豪门贵族破坏了，一般商旅不得不露宿野间。在这种情况下，私营客舍应运而生，就是很自然的事了。无论南方北方，一些官僚都有自营客店存在。如北魏大臣崔光的弟弟崔敬友，就曾“置逆旅于肃然山南大路之北，设食以供行者”。南朝梁武帝的弟弟萧宏，仅在建康城里就开设了宿客和贮货兼营的“邸店”数十处。当时南北方的官吏，都建议政府给这些逆旅课以重税。这说明当时私营逆旅，已经成为一股不可忽视的经济力量。

这时，也有一些人重弹当年商鞅的老调，提出要封闭这些“奸淫亡命，多所依凑，败乱法度”的民间旅店。诗人潘岳站出来带头反对这种议论。他写了一篇《上客舍议》，认为私营逆旅是便利过往客商的有利设施，早成为“历代之旧俗，获行留之欢心”，民心难逆。潘岳列举了许由、宁戚、曹操都住过逆旅的实例，指出这是交通、商旅客观之必要。他认为，千里行路，沿途有这些私营逆旅，“客舍洒扫以待，征旅择家而息”，正是众庶之望，焉有“客舍废农”之理？这是我国古代很有名的一篇文章，也是交通邮驿史上的珍贵资料，反映了诗人潘岳正确的商品经济思想。

（六）隋唐——盛况空前

隋唐时期是我国封建社会的盛世，这一时期的邮驿也是空前繁盛。

隋唐时期邮驿事业发达的标志之一就是驿的数量增多。隋唐继续发展南北朝时的驿传合一的制度，“驿”代替了以往所有的“邮”“亭”“传”，任务包罗万象，既负责国家公文书信的传递，又要传达紧急军事情报，还兼管接送官员、怀柔少数民族、平息内乱、追捕罪犯、灾区慰抚和押送犯人等各种事务，有时还要管理贡品和其他小件物品的运输。隋唐时期的驿遍布全国，像一面大网一样密布在全国的交通大路上。据《大唐六典》记载，最盛时全国有水驿

260 个，陆驿 1297 个。隋唐时代有一支很庞大的邮政队伍，专门从事驿务的员工有两万多人，其中驿夫 17000 人，这和 1949 年前全国邮政人员总数几乎相当，可见唐朝邮驿事业的发达。

唐代的交通线路畅通全国各地。著名散文家柳宗元在《馆驿使壁记》中记载，唐时以首都长安为中心，有七条重要的呈放射状的驿道，通向全国各地。第一条是从长安到西域的西北驿路，自长安经泾州（治所在今甘肃泾川北）、会州（治所在今甘肃靖远北）、兰州、鄯州（治所在今青海乐都）、凉州（治所在今甘肃武威）、瓜州（治所在今甘肃安西东南）、沙州（治所在今甘肃敦煌）直达安西（今库车）都护府。第二条是从长安到西南的驿路，自长安经兴元、利州（治所在今四川广元）、剑州（治所在今四川剑阁）、成都、彭州（治所在今四川彭县）、邛州（治所在今四川邛崃）直达今川藏地区。第三条是从长安至岭南的驿路，由长安经襄州（治所在今湖北襄樊）、鄂州（治所在今武汉市武昌）、洪州、吉州、虔州（治所在今江西赣州）直达广州。第四条是从长安至江浙福建的驿路，由长安经洛阳、汴州、泗州、扬州、苏州、杭州、越州（治所在今浙江绍兴）、衢州（治所在今浙江衢县）直达福建泉州。第五条是从长安到北方草原地区的驿路，自长安到同州（治所在今陕西大荔），再经河中府（治所在今山西永济）、晋州（治所在今山西临汾）、代州（治所在今山西代县）、朔州（治所在今山西朔县），直达北方单于都护府。其他两条各自长安至山东、东北地区和荆州、夔州（治所在今四川奉节县）、忠州等四川云贵地区。在宽敞的驿路上，则是："十里一走马，五里一扬鞭""一驿过一驿，驿骑如星流"，邮递效率非常之高。据推算，中央的政令一经发出，两个月内便可推行全国。因此，隋唐邮驿的发达，推动了经济的发展，保证了中央各种制度在全国的推行。

除了国内的七条主要邮路，唐朝对外还有若干国际性驿道。中唐有一位地理学家贾耽，写过一篇《记四夷入贡道里》，说到唐朝的国际交往线也有七条：一为从营州入安东之道；二为登州海行入高丽渤海之道；三为从夏州、云中至蒙古草原之道；四为入回鹘之道；五为安西西域之道；六为安南天竺之道；七为广州通海夷之道。通过这些水陆通道，可抵达朝鲜、日本、中亚、印

度和东南亚各国。

情报机构进奏院是在唐朝中期正式建立的。这是一种地方驻守在中央了解情况的联络机构，颇为类似现在位于首都北京的各省、市、自治区的驻京办事处。进奏院定期把中央或都城发生的一些政界、军界大事，如官员的任免、军事快报、皇帝行踪等，向本地区的首脑人员汇报，这些首脑人物在当时具体来说主要是节度使。进奏院的官员级别较高，最高时，他们的职位相当于中央的御史大夫，即副宰相的级别。他们自有一套通信系统，但主要还是利用官驿的设备。进奏院的出现，促进了新闻报纸《开元杂报》的问世。《开元杂报》是一份雕版印刷的文书，由进奏院的人员编辑，内容包括从各进奏院收集来的军事、政治情报。从进奏院的机构和《开元杂报》的问世，可以看到当时消息的畅通，也说明了隋唐时期邮驿事业的发达。

随着唐朝国力的不断增强，边疆少数民族地区的邮驿也有很大发展，最明显的是今新疆地区驿路的建设。那时，今吐鲁番一带为唐朝的西州。它北达庭州（治所在今乌鲁木齐），南到沙州，东抵伊州（治所在今哈密），西至安西，都有宽敞的驿路相通。西州内部建有驿路 11 条，据今存《西州志》残卷载，有花谷道、大海道、银山道等。敦煌遗书《沙州图经》一共记载了 20 个驿站，有州城驿、横涧驿、阶亭驿、双泉驿、第五驿、悬泉驿、无穷驿、空谷驿等。这些驿有的近城，有的近涧泉，有的则在惊险的山路上，而且集中在今敦煌县一个县境内。一县就有这么多驿，可见当时敦煌地区驿路之发达。

位于西北的回纥，是今天维吾尔族的祖先。在唐朝前期，就由吐迷度可汗建立了邮递。唐太宗又在其南特置 68 所邮驿，以便双方使节来往。并在驿路沿途颁发了邮驿行路的符信，在符信上画有金鱼，写上金字。唐时居今云南一带的南诏，也在唐朝帮助下建立了自己的邮驿通信系统。那时南诏到四川有多条驿路相通，还有许多支道南通印度、缅甸和安南的国际通道。唐朝通四川青海和宁夏地区等少数民族地区，也各有多条相通的驿道。在东北辽宁地区，唐朝和当地的靺鞨、渤海诸族有水陆两路相通。

唐朝先进的邮驿制度，对周围邻国也产生了影响。唐朝隆重接待外国驿使

和政府官员，各地接待外宾的仪式隆重，招待周到。在长安有专门接待外宾的“四夷馆”，楚州（治所在今江苏淮安）有专门接待新罗客的“新罗馆”，扬州有专门接待日本使者的“扶桑馆”。外宾所到之处，先在郊外的驿馆迎候，由宫廷内史亲自摆酒设宴。唐朝和日本也联系密切，日本曾十五次派遣使者来中国，中国使者曾十次前往日本。唐朝的邮驿组织被引进到日本，建立了富有日本特点的邮驿制度。到宋朝初年，日本已建有 414 驿，有效地推动了日本经济文化的发展。

（七）宋元——驿道建设

公元 960 年，赵匡胤和他的兄弟赵光义统一了中原和南方地区，建立起中央集权的国家。在此基础上，我国邮驿事业有了进一步发展。

宋朝政府在全国扩建驿道。当时从陕西、甘肃到四川的青泥驿（今甘肃徽县南）路途不通，北宋政府安排利州（治所在今四川广元）转运使主客郎中李虞卿主持，重开了一条白水驿路。仅用半年时间，就修起了从河池驿（今徽县）到长举驿（今陕西略阳白水江）的驿道，然后进入四川。驿途中共有阁道 2309 间，邮亭设施 389 间。宋政府在今甘肃境内修筑了许多驿路桥梁，著名的兰州浮桥和安乡浮桥都是北宋时建起的。这两座浮桥，大大方便了甘肃到新疆、甘肃至青海之间的驿运。

宋朝政府根据各地自然条件的不同，还发展了水驿和驼驿等多种模式的邮驿设施。在甘肃敦煌一带大力发展沙漠驿路的驼驿和驴驿，至今敦煌壁画中还留有一幅《宋代驼运》图。宋太宗时，在湖北江陵至广西桂林间设若干水递铺，利用两湖和广西沿江的数千户渔民樵夫做“水递铺夫”。

宋和北方的辽来往频繁。宋使入辽，从现在的河北雄县白沟（宋为雄州白沟驿）至新城县，再往涿州、良乡到达燕京（今北京），又经辽国的中京大定府（今辽宁宁城），最后抵达上京（今内蒙古巴林左旗）。沿途驿馆林立，驿务十分繁忙。苏东坡的弟弟苏辙，曾作为宋使出使辽国，经白沟在燕京暂宿，写下了有名的

《渡桑干》一诗："相携走马渡桑干，旌旗一返无由还。胡人送客不忍去，久安和好依中原。年年相送桑干上，欲话白沟一惆怅。"这首诗把宋辽间驿途来往之频繁和宋辽人民之间的真挚感情生动地描绘了出来。

（八）明清——邮驿合并

在明朝的邮驿事务中，有一件新兴事物，就是"民信局"的兴起。所谓"民信"，自然是指民间自发经营的通信组织。

关于民信局从哪里兴起，有两种看法。一种认为这种联合经营机构是从四川兴起的。明朝永乐年间，四川居住着一批湖北麻城、孝感地区的移民。他们长年在外，思念故乡，于是自发组织了同乡协会。每年约集同乡举行一次集会，在会上推选出代表，返回家乡探望一次。届时，移民们多托代表给家乡带去问好的信件，并托他捎带家乡特产回来。久而久之，建立了固定组织，俗称为"麻城约"。麻城约多以运带货物为主，同时捎带书信。这就是我国民办的第一个通信组织。另一种说法认为我国民信局最早是从浙江绍兴、宁波等沿海地区兴起的。明代官场多用绍兴人当幕僚，俗称"绍兴师爷"。他们分散在各省督抚巡按衙门中，联系广泛，并成为帮派，相互之间常有书信往来，函件相对较多。久而久之，便形成了初期的民信机构。宁波是绍兴出海的口岸、通信的枢纽，所以也就成为最初民营通信机构的据点。而且宁波经商的人很多，他们也需要一个信息交流和货物集散的机构，民信组织就应运而生。以后这种组织在各地扩展开来，不限于湖北麻城在四川的移民，也不限于浙江绍兴、宁波。

清朝时，上海、宁波等地开始把这种组织称为"民信局"。递转民间的信件，成为其业务的一项重要内容。清朝中叶以后，民信局大大发展，不仅遍及国内各大商埠，还把业务扩大到东南亚、澳大利亚、檀香山等华侨聚居地带，达到鼎盛时期。

1644 年，李自成起义军推翻了明朝的统治。同年，清兵入关，建立清王朝。清代邮驿制度经历了重要改革，其最大的特点是"邮"和"驿"的合并。

在清朝以前，虽说在某些文书上常常"邮驿"合称，但实际上邮和驿是两

种职能不同的组织机构。“邮”也称为“递”，或称为“传”，是一种通信组织，负责传递公文；而“驿”实际上是只负责提供各种交通和通信工具，而兼有招待所的性质。清朝，这两种组织融为一体，驿站从间接地为通信使者服务，变成了直接办理通信事务的机构。这样，通信系统比先前简化了，大大提高了工作效率。

清朝通信的时限达到了历史上最快的速度。以前一昼夜最多跑四五百里，清朝的马递传送公文，最快可达一昼夜六百到八百里。康熙年间平定三藩叛乱，从大西南到京师送军事情报，路程达五千余里，快马通信九天即可递到。康熙派施琅收复台湾，从福建报捷到京师，路程四千八百多里，也只需九天。

雍正建立了军机处以后，清朝邮驿事业更有新的发展。军机处可以直接下发皇帝的上谕或诏令。这些上谕有时可以不经外廷内阁处理，由军机处直接交给兵部的捷报处发给驿站向下驰递。这些重要文书上面常常书有“马上飞递”的字样，表明其为急递文书。有的要求时限更紧，直接写上“六百里加紧”，甚至有要求“飞折八百里驿递”者，即分别要求以每日六百里、八百里的速度抵达。这样的方式，既高效又能保密，邮驿又向前发展了一步。

清朝前期的皇帝一般都是励精图治的，他们密切关注着边疆战事的发展，也十分关心邮驿的效能。据记载，乾隆每夜都要等前方军报，不管什么时候来，都命令周围的人立刻叫醒他。当有关大臣奉旨来到时，他早已看完了公文，准备拟诏指示了。前方若有一两天不来军报，乾隆就坐立不安，夜不能寐。假若那时没有发达的邮驿设施，清朝皇帝们若要及时了解前方军情，进行适时的决断，对前方战局实行有效的遥控，几乎是不可能的。

（九）旧式邮驿的衰败

清朝中叶以后，封建社会面临崩溃。随着封建制度的发展，旧式邮驿自然也出现了许多无法弥补的弊端。

生活在封建驿政下的驿夫，在水深火热中受着煎熬。康熙时期有一位诗人，描写当时驿夫的悲惨生活说：“奔疲面目黑，

负背形神枯，水深泥没踝，衣破肩无肤，苦情不敢说，欲语先呜呜。”被迫抓来当水驿挽船的纤夫的处境更为悲惨。诗人梁清标的《挽船行》描写说：“穷民袒臂身无粮，挽船数日犹空肠。霜飚烈日任吹炙，皮穿骨折委道旁。前船夫多死，后船夫又续。眼见骨肉离，安能辞楚毒？呼天不敢祈生还，但愿将身葬鱼腹！可怜河畔风凄凄，中夜磷飞新鬼哭。”

服役条件如此恶劣，驿夫自然不可能有劳动的积极性，于是纷纷逃走。河北武清县东北有一个河西驿，地处京东水路通衢，一直是各朝漕运的咽喉。清初时期，这里的邮务很发达，有152名役夫，33匹驿马。但到了光绪年间，这里驿务萧条，只剩下役夫30名，驿马24匹。当时有一位兼管驿务的下层官吏，曾写了一部《河西驿日记》。在他的笔下，河西驿是一个残破不堪的机构：破烂的房屋，即将倒塌的马棚，老弱待毙的病马，饥寒交迫的驿夫，构成一幅凄凉的图画，在河西驿上，还有不法的官吏，不断进行勒索，造成文报迟延，通信阻塞，邮务不能正常进行。这样的驿站，自然不可能担负起邮驿通信的重责。

有识的革新之士早就提出取消这种传统驿站。晚清著名思想家冯桂芬，专门写了一篇《裁驿站议》，深刻揭露了清政府邮驿的流弊，他认为应当下决心取消驿站，改设近代邮政，不仅可以省去国家每年三百万元的开支，而且可借邮政收入数百万之盈余。既利于官，又便于民。一时，改良主义思想家王韬、薛福成、郑观应等纷纷撰文，论述旧式邮驿之不便、新式交通通信设备之必须。在形势的逼迫下，清政府于1896年始办新式邮政，渐渐代替了驿站。到辛亥革命后，北洋政府宣布将驿站全部撤销。古老的中国在邮驿制度上经历了一次实质性的大变革，古代邮传随之退出了历史的舞台。

二、古代邮传方式

（一）喉舌之官

舜的时候，设有专司通信的官。司马迁的《史记》说，舜曾设置22名“纳言”的官，“明通四方耳目”。这些官员夙夜出入，到各地听取民间意见，并把舜的意图传给大家。他们被称为“喉舌之官”，实际上是当时起上通下达作用的通信官吏。

（二）单骑通信和接力传书

春秋时期，各诸侯国日益强大，经济迅速发展，通信设施也进一步完善。这时期邮驿发展的重要标志，是单骑通信和接力传递的出现。

单骑快马通信的最早记载是郑国子产的“乘遽”。《左传》记载，公元前540年秋天，郑国公孙黑叛乱，正在都城远郊办事的相国子产闻讯后立即赶回。因为怕乘普通的车赶不上平乱，他临时乘了单骑的“遽”归来，这个“遽”，就是那时邮驿中新出现的速度最快的单骑通信。

接力传递的最初记载，也出自《左传》。公元前541年，秦景公的弟弟针去晋，在秦晋间开通了一条邮驿大道，每隔10里路设一舍，每辆邮传车只需跑10里，便可交给下一舍的车辆。这样一段一段接力，共历百舍即达千里，正好由秦国的都城雍（今陕西凤翔）抵达晋国的都城绛（今山西绛县）。这种接力运输和传送信件方式，自然要比单程车传要快得多。

（三）声光通信和烽火通信

春秋时期，声光通信活动越来越被军事家们所广泛采用。当时著名的军事家孙武，在自

己的兵法中把金鼓与旌旗喻为“一人之耳目”，他的后辈孙膑更明确指出，在发现敌情时，“夜则举鼓，昼则举旗”，实际上就是利用声光通信的原理进行通信。

春秋时，声光通信也曾闹过一次笑话：楚厉王有一次喝得酩酊大醉，在宫中擂起了大鼓，弄得都城惶惶不安，以为有什么军事行动或有重大敌情，纷纷拿起武器集结在王宫门前。结果楚厉王只好出来向大家道歉，说明这只是一场虚惊。通过这个故事，我们可以想象到，那时楚国在利用声光通信方面效率是很高的。这种声光通信，在战国时大思想家、科学家墨子的著作中，也曾有过记载。《墨子》记载，战国时的一些堡垒，常常以树上大旗杆作为目测标志，又以鼓声作为耳听信号，根据不同战况，举起二到六面旗，鼓声则从三声至八声。敌人越攻至近处，旗鼓越多。到夜间，则用“五烽五鼓”，即燃起五处烽燧，敲大鼓五次。

两汉时期有着发达的烽火通信设施，“五里设一燧，十里有一炖，三十里一堡垒，一百里一城寨。”所谓“烽”“燧”，都是点燃易燃物发出亮光的通信标志。这些烽燧，常常设在靠近水源、地势较高便于口望的地方。

著名历史学家翦伯赞说：“在汉代沿长城全线西至罗布泊沙漠，直达克鲁库特格山麓，皆列置堡垒烽燧，即汉书上所谓亭障，以为口望敌人及传达烽火信号之用”，“万里相望，于是中国的西北，筑成了一条坚强的防线”。至今在往日的丝绸之路沿途，仍可看到当时这些军事设施的遗址：一座座烽火台巍然高耸，附近有当年边防人们所住的小城遗址，构成一幅幅壮丽的图画。

怎样利用烽火来通报敌情呢？汉朝对此有严格的规定。烽是指在五丈多高的土台上放置一烽竿，类似汲水的桔槔。烽竿上缠上纺织品，平日放下，遇有敌情立即举起，称为“表”，一般为白色，比较醒目；夜晚看不见，便点燃成火炬，称为“烽”。

从现存的汉简中，我们可以大致了解当时烽火的信号。假如发现有敌人一人或数人，则焚一捆薪，举起两个烽火。如果发现的是 10 人以上的敌军进犯，除举火外，还要将烽高高扬起。假如是 500 或 1000 名敌人来犯，则除焚薪外，需举三烽。通过这些预先约定的信号，可以使军内迅速而准确地知道敌情，以

作必要的准备。

此外，还有一些其他规定。如敌人入塞，举放烽火时，所有边亭负责尉吏都必须到位，并将敌人人数和到达部位及时报告上级都尉府。若遇大风大雨，不能施放烟火，则必须及时派出快马“亟传檄台，人走马驰”，报告上级。若敌情万分危急，或敌人已攻下烽火亭障，不能按时举火，则应由相邻亭台点火，依次通报下面的烽火台。

俗话说：“军令如山倒。”两汉时，对屯驻官兵来说，边境烽火警报无疑是至上的命令。据汉文帝时名臣贾谊记载，当时在敌情严重时，边疆的将士日夜不眠，将吏都穿着甲胄，随时听命待发。西汉名将赵充国对这些烽火制度有很高的评价，认为烽火通信是以逸待劳的好办法。有一件居延出土的汉简生动地描述了当时因烽火信号及时，汉朝军队避免损失的情况：“在早晨五点钟……临木燧的士兵，举起了信号旗，并燃起了一个信号火堆。敌人后来向西北方向撤退，没有造成损失。”

（四）鸿雁传书和鱼传尺素

两汉时，关于通信流传着许多生动的故事。其中最有名的是“鸿雁传书”的典故。据载，汉武帝时，汉朝使臣中郎将苏武出使匈奴被鞮侯单于扣留，并把他流放到北海（今贝加尔湖）无人区牧羊。十九年后，汉昭帝继位，汉匈和好，结为姻亲。汉朝使节来到匈奴，要求放苏武回去，单于不肯，却又说不出口，便谎称苏武已经死去。后来，汉昭帝又派使节到匈奴，在禁卒的帮助下，和苏武一起出使匈奴并被扣留的副使常惠秘密会见了汉使，把苏武的情况告诉了汉使，并想出一计，他让汉使对单于讲：“汉朝天子在上林苑打猎时，射到一只大雁，足上系着一封写在帛上的信，上面写着苏武没死，而是在一个大泽中。”汉使听后非常高兴，就按照常惠的话来责备单于。单于听后大为惊奇，又无法抵赖，只好放回苏武。从此，“鸿雁传书”的故事便流传开来，成为千古佳话。

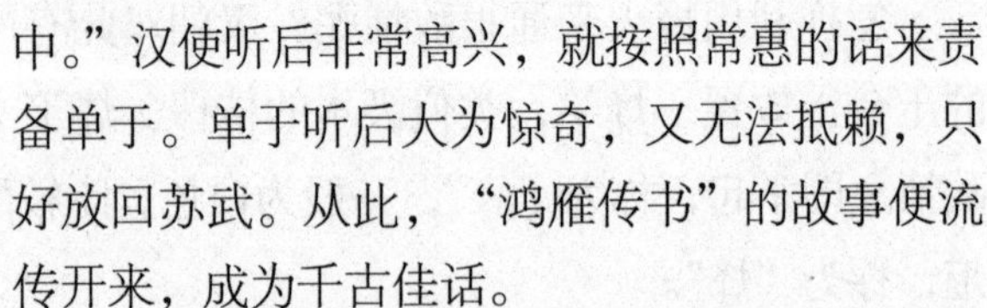

有关“鸿雁传书”，民间还流传着另一个故事。唐朝薛平贵在外远征，妻子王宝钏苦守寒窑数十年，矢志不移。有一天，王宝钏正在野外挖野菜，忽然听到空中有鸿雁的叫声，勾起

了她对丈夫的思念。动情之中，她请求鸿雁传书给远征在外的薛平贵，但是荒郊野地哪里去寻笔墨？情急之下，她便撕下罗裙，咬破指尖，用血和泪写下了一封思念夫君、盼望夫妻早日团圆的书信，让鸿雁捎去。

以上两则“鸿雁传书”的故事已经流传了千百年，“鸿雁传书”也渐渐成了邮政通信的象征。鸿雁，也就成了邮使的美称。

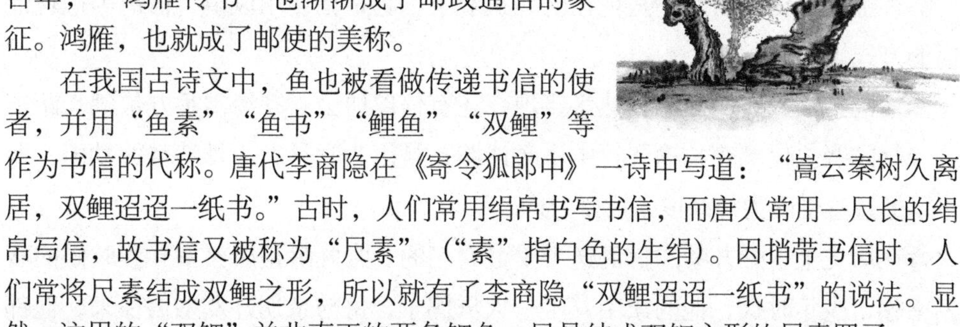

在我国古诗文中，鱼也被看做传递书信的使者，并用“鱼素”“鱼书”“鲤鱼”“双鲤”等作为书信的代称。唐代李商隐在《寄令狐郎中》一诗中写道：“嵩云秦树久离居，双鲤迢迢一纸书。”古时，人们常用绢帛书写书信，而唐人常用一尺长的绢帛写信，故书信又被称为“尺素”（“素”指白色的生绢）。因捎带书信时，人们常将尺素结成双鲤之形，所以就有了李商隐“双鲤迢迢一纸书”的说法。显然，这里的“双鲤”并非真正的两条鲤鱼，只是结成双鲤之形的尺素罢了。

书信和“鱼”的关系，其实在唐以前就有了。秦汉时期，有一部叫《饮马长城窟行》的乐府诗集，主要记载了因秦始皇修长城，强征大量男丁服役而造成妻离子散的故事，其中有一首五言诗写道：“客从远方来，遗我双鲤鱼；呼儿烹鲤鱼，中有尺素书。长跪读素书，书中竟何如？上言长相思，下言加餐饭。”这首诗中的“双鲤鱼”，也不是指两条真的鲤鱼，而是指用两块板拼起来的木刻鲤鱼。在发明造纸术之前，没有现在的这种信封，写有书信的竹简、木牍或尺素是夹在两块木板里的，而这两块木板被刻成了鲤鱼的形状，就成了诗中的“双鲤鱼”。把两块鲤鱼形的木板合在一起，用绳子在木板上的三道线槽内捆绕三圈，再穿过一个方孔缚住，在打结的地方用黏土封好，然后在黏土上盖上玺印，就成了“封泥”，可以防止信件在送信途中被私拆。至于诗中所用的“烹”字，也不是真正去“烹饪”，只是一个风趣的用字罢了。

（五）千里牛和驼驿

1. 魏晋南北朝时期，邮驿史上出现了许多新鲜事物。晋朝时，有些地方官员为了尽快和中央取得通讯联系，向中央敬送鲜物，寻找了一种快马速递，称其为“千里牛”。据说从兖州到洛阳间可以实现“旦发暮还”，一日来回千里。

驼驿，是指骆驼送信。用骆驼作通信工具的事例，有过很多记载。著名民歌《木兰诗》中就有“愿借明驼千里足，送儿还故乡”之句。魏孝文帝定大姓时，各地豪族唯恐定不上“高门”，纷纷以急传书信的办法向中央汇报本族的情

况，有的大姓派人“星夜乘明驼，倍程至洛”。陇西李民就是这样做的，还因此被人们戏称为“驼李”。

(六) 空中通信

“空中通信”当然不是现在的飞机航空，它是指使用风筝、信鸽等进行通信的方式。

信鸽传书，我们都比较熟悉，现在还有信鸽协会，并经常举办信鸽长距离的飞行比赛。信鸽在长途飞行中不会迷路，是因为它具有一种特殊的功能，即可以通过感受磁力与纬度来辨别方向。

在历史上，张九龄的信鸽送书是最有名的。张九龄是唐玄宗开元时候的著名宰相，少年时代，他的家中养了一大群鸽子，每与亲朋好友书信往来，他都把书信系在鸽子腿上，指令它飞往固定的地点，以此和亲友互通信息。张九龄还把这些信鸽号为“飞奴”。

不过，在历史记载上，信鸽传书主要是用于军事通信。公元1128年，南宋大将张浚视察部下曲端的军队。他来到军营后，见空荡荡的没有人影，非常惊奇，令曲端把他的部队召集到眼前。曲端立即把自已统帅的五个军的花名册递给张浚，请他指出想看哪一军。张浚指着花名册说：“我要在这里看看你的第一军。”曲端不慌不忙地打开笼子放出一只鸽子，顷刻间，第一军全体将士全副武装，飞速赶到。张浚大为震惊，又说：“我要看你全部的军队。”曲端又放出四只鸽子，很快，其余的四军也火速赶到。面对整齐地集合在眼前的部队，张浚大喜过望，对曲端更是一番夸奖。其实，曲端放出的五只鸽子，都是训练有素的信鸽，它们身上早就绑好了调兵的文书，一旦从笼中放出，就会立即飞到指定地点，把调兵的文书送到相应的部队去。

我们现在娱乐用的风筝，最初是为了军事需要而制作的，当时的主要用途是军事侦察，或是传递信息和军事情报。到了唐代以后，风筝才逐渐成为一种娱乐的玩具，并在民间流传开来。

军事上利用风筝的例子，史书上有很多记

载。梁朝末年，侯景叛乱，围攻京城，内外消息断绝。这时，京城内有一个小孩向朝廷建议用风筝向外报信。太子萧纲听从了这个意见，扎了一个很大的纸鸢风筝，在风筝背面绑上告急书信，写明谁若获得此书求得援军赏银100两，并用几千丈长的绳子放出。可惜的是，萧纲放了几次纸鸢，都被侯景派人射下，梁朝终未得救。

唐朝的风筝通信，史书记载的最有名的一次是公元781年张伾的风筝报警。这年，河北节度使田悦反叛朝廷，出兵围困了临洺（今河北永年），临洺唐军守将张伾坚守待援。他为了向周围友军求援，把告急书附在风筝上，高高飘起百余丈。叛军纷纷向风筝射箭，但都没有射中。最后告急信终于到达援军处，内外夹攻，政府军取得了胜利。

（七）水电报

隋唐时期，出现了"邮筒"这个名词。但它并不是今天我们所见的街道或邮局门前的那种邮筒，而是一种水上邮件运输工具。隋军平陈时，因"水陆阻绝，信使不通"，大将史万岁急中生智，想出一个妙法：把告急信放在竹筒里，让它浮江而下，漂到主帅杨素那里，战况很快就一清二楚了。这种方法到唐朝时仍被沿用。文学家元稹和诗人李白，便几次用过邮筒传书的方式。元稹和白居易、钱徽、李穰四位诗人交往密切，他们分别在杭州、吴兴、吴郡（今苏州）、会稽（今绍兴）四地做官，互相之间经常有诗书往来，就是用这种水上邮筒。李白的诗中也曾提到过"挑竹书筒"。这种通过水上邮筒进行通信往来的故事还被文坛誉为雅事。唐朝诗人贯休在自己诗里曾称这种邮筒送信方便而又风雅，"尺书裁罢寄邮筒"，可见当时颇为文人所欣赏。

隋朝末年，还有过类似欧洲史上"瓶邮"的通信方式。隋炀帝大业十一年(615年)，隋炀帝到北边巡狩，不料被突厥围困在雁门。当时信息不通，炀帝十分着急，便命人用木系诏书，放入水中，令其顺汾水而下。诏书被援军接到，一个月后援军抵达，突厥不得不撤走。后来，清末的四川革命党也曾用这种方法把清政府屠杀民众的消息传播出去，当时号称"水电报"。

三、古代邮传制度

（一）第一个邮传制度——《邮驿令》

我国古代邮驿方面的法规则始见于秦朝，但都不是完整意义上的邮驿法，邮驿方面的法规只是散见于各典章当中。直到曹魏时期，才由录尚书陈群负责制订了中国历史上第一部专门的邮驿法——《邮驿令》。

东汉末年，军阀混战，中原地区非常混乱，普通百姓连日常生活都难以为继，邮递自然十分困难，地方也很少给中央政府上书，驿书传递最多不超过600里。直到政治家曹操统一了北方，各方面的法令开始逐步完善，包括加强对邮驿的管理。

曹丕建魏后，把长安、洛阳、许昌、邺、谯五个北方大城市建成五个军事重镇，称为“五都”，并围绕这五都建立了四通八达的联络通信网。那时，曹魏的通信，绝大多数是军事文书，主要靠快马投递，步邮较少。这主要是因为当时社会秩序不是十分稳定，步行邮递很不安妥。即使少量的步行邮递，也不用接力传送，而是找一些擅长快跑的人，专程邮递，中途不换人。这些人被称为“健步”，后来被称为“急脚子”或“快行子”。曹魏有些专门的信使级别很高，可以与公卿同坐。女诗人蔡文姬有一次为丈夫董祀向曹操求情时，就曾看到过驿使与公卿共坐的场面。此时信使的身份较高，可能是因为社会不安定，信使必须由较为亲近的人充当，较为可靠。而这些显贵的亲信，身份一般是大大高于过去充当信差的吏卒的。

但曹魏时在邮驿史上最大的建树，还是《邮驿令》的制定与实施。这是我国历史上第一个专门的邮驿法，对后世有深远影响。其内容包括军事布阵中的声光通信、“遣使于四方”的传舍规定以及禁止与五侯交通的政治禁令等。可惜的是，这部邮驿法原文已经失传，只能在《初学记》《太平御览》等后人的辑文中看到一

些内容。《太平御览》有几处引用了这部法令中有关曹操行军用声光通信的内容："魏武（即曹操）军令：明听鼓音、旗幡。麾前则前，麾后则后""闻雷鼓音举白幡绛旗，大小船皆进，不进者斩"。鼓音是声，白幡绛旗是色和光，这是古代声光通信的延续。书中还提到了紧急文"插羽"，即插上羽毛，类似后来的鸡毛信。

（二）完善的隋唐邮驿制度

隋唐时期，邮驿制度十分完善，保证了全国驿传的正常进行。

隋朝国祚甚短，史书上关于邮驿系统的记载不多，但从零星留下的史料中，也足以看出当时邮传的效率。《隋书》记载，隋炀帝亲征高丽的30万大军就是靠邮驿结集的。隋军集中于涿郡时，炀帝下诏："凡此众军，先奉庙略，驰驿引途，总集平壤。"炀帝时，兄弟汉王谅叛乱，权相杨素授权李子雄出兵进讨，所依赖的军队，也是在幽州"传舍"附近临时召募的。

李唐建国以后，邮驿制度在隋朝的基础上更加完善。在王朝中央和地方，均有专职的邮驿官吏。根据《唐六典》的记载，唐朝政府规定，六部中的兵部下设的驾部郎中，专门管理国家的驾舆、驿传之事和马政，以方便邮驿中马匹的统一使用。在地方，唐朝有一整套邮驿管理机构。诸道节度使下，有专管邮驿的馆驿巡官四名；各州由州兵曹司兵参军分掌邮驿；到县一层，则县令兼管驿事。至于县以下的乡一层，唐玄宗以前，主理驿务的称为"驿将"，由当地"富强之家主之"，到唐肃宗以后，改由政府任命驿长主管。这套完备的邮政机构，管理着全国两万多名邮官、驿丁和总计约五万里驿程的邮路。

为保证邮驿的正常运行，不受盗贼和地主豪贵的干扰，唐政府在各驿站设有防兵。唐代宗时在洛阳至淮河的运河两岸，每两驿置驿防兵300人。唐朝规定30里一驿，即每里有驿兵五人。这就形成了一支能够十分有效地保障邮驿畅通的队伍。

唐政府还有定期考核全国邮驿的制度。唐宪宗元和年间（806—820年），

曾让各道观察使任命判官，到各州县考核邮驿事务，完成任务者有奖赏，有违法行为的将受到惩罚。除了定期考核之外，还有不定期的巡视。唐玄宗、肃宗、代宗时，都曾派政府大员到各地视察邮驿执行情况。

唐朝规定全国各地的邮驿机构各有一定的驿产，以保证邮驿活动的正常开支。这些驿产，包括驿马、驿船、驿舍、驿田和相关邮驿工具、日常办公用品、馆舍的食宿所需等。唐朝是我国历史上富盛的帝国，一切都甚讲排场。唐朝的驿田，按国家规定，数量也较多，据《册府元龟》记载，唐朝上等的驿，拥有田地达 2400 亩，下等驿也有 720 亩的田地。这些驿田用来种植苜蓿，解决马饲料问题，其他收获用作驿站的日常开支。唐朝陆驿备有驿马，水驿则备驿船。按《唐六典》规定，上等陆驿每驿配备马 60 匹至 75 匹不等，中等驿配 18 匹至 45 匹，下等驿也有 8 匹至 12 匹。水驿则配备驿船，从一艘至四艘不等。唐政府每年还固定给各驿站发放经费补助，每年从全国各地收上驿税约 150 万贯左右，分给每个驿站的经费约 1100 贯。

完备的邮驿管理制度和充足的驿传经费，保证了唐朝邮路的正常运行。

（三）“金牌”制度

我们都知道抗金名将岳飞，是被十二道金牌从前线强迫召回临安（今杭州）打入大牢，然后处死的。明朝人李东阳有一首《金字牌》诗，愤怒地控诉了南宋投降派杀害岳飞的罪行。有几句说道：“金字牌，从天来，将军恸哭班师回，士气郁怒声如雷。”这个“金字牌”制度是怎么回事呢？

宋朝时，金字牌是一种通信凭证。北宋初年，邮驿通信的凭信原国驿券，是一纸证明，凭此券可在驿路上通行无阻。到宋太宗时，发生了一起诈乘驿马的作乱事件。有一个中级官吏的儿子，冒充驿官，索乘驿马，并用私买的马缨假充凭信，蒙混走过许多驿站县城，掳掠官吏财物，后来被地方官识破，才被捕获。宋太宗知道后十分震惊，决定用银牌代替驿券作为驿路凭证。这种银牌长六寸，宽二寸半，有隶字书，刻有飞凤和麒麟图样，两边有年月。后来又发展为金字

牌、青字牌和红字牌三种。

宋神宗时起，金字牌规定为急脚递使用。金字牌的出现与战争的紧急状态有关。宋神宗时与西夏激战，西夏发兵八十万围攻兰州。为了能让军情神速传递，宋政府下令用金字牌直通皇帝，不按平时的手续走普通的递铺。金字牌是一尺多长的木制通信檄牌，以朱漆为底刻上金书，书为八字："御前文字，不得入铺。"表示万分紧急，不要在递铺耽误。这种金牌送文，要求日行四百到五百里，当时的人形容金字牌"光明眩目"，"过如飞电，望之者无不避路"。这种金字牌急脚递，相当于古时的"羽檄"，类似后世作为紧急文书的"鸡毛信"。南宋高宗绍兴十一年（1141年），就是通过这种急行通信的方式，用十二道金牌勒令岳飞退兵，阻止他向金军进攻，断送了抗金斗争的大好形势。

除金字牌外，南宋还有青字牌和红字牌。青字牌为雌黄底青字，亦为木制，规定日行350里，也是急递的一种通信凭证。红字牌为黑漆红字，限日行300里。不过，到了南宋末年，由于邮驿管理的日益混乱，通信檄牌频频变更，这种制度也就逐渐被淘汰了。

（四）古代完整的通信法规——《金玉新书》

南宋时，与北方金的激烈战事刚刚结束，诸事需要整理就绪，而原先北宋时所用法规大都散失，邮驿制度也很混乱，宋高宗便命令一些朝臣汇集了散在民间的有关邮驿旧法，编纂了一部相当完整的专门的通信法规，这就是《金玉新书》。所谓"金玉"，是取古代"金科玉律"这个专词的简称。可惜的是，经过历代战乱，这部法规后来在民间也不流传了。在明朝修的大型类书《永乐大典》的一四五七五卷中保存了它的原文。

根据《永乐大典》，我们可以知道这部《金玉新书》共有115条，其中有关邮驿刑律的51条，涉及赏格的10条，关于邮驿递铺组织管理的内容54条，法规涉及的范围很广，并严格地维护了官方文书的不可侵犯性。比如，《金玉新书》规定，盗窃、私拆、毁坏官书者属犯罪行为，都要处以刑罚，若盗窃或泄

露的是国家重大机密信件，则处以绞刑。敢于盗窃或泄露涉及边防军事等情报内容的信件者斩，教唆或指使犯法者也同样处以斩刑。盗窃的若是一般文书，按规定也属于触犯刑律，处以徒刑，发配500里。《金玉新书》还规定，刑罚不仅仅针对那些作为传递文书的当事驿夫，同时也要处置他的上级官吏，包括有关急递铺的曹官和节级，失职者一样处以杖刑。

《金玉新书》对驿递过程中的驿递程限、各种传递方式中发生的失误，都有具体的律令规定和不同的量刑标准。比如处罚邮件失误的量刑中，步递最轻，马递次之，急脚递最重。计算行程、误期的量刑，以日计算，天数不同，刑罚亦不同。

从《金玉新书》可以看出，宋朝政府对邮驿的规定是很严格的。而“以法治邮”的做法，保证了邮驿的正常运行。

（五）“私书附递”的法律化

宋朝以前，官员们通过国家的邮驿机构投寄私书，虽然是可行的，但始终没有得到法令的许可。到宋朝，情况就不同了。官员的“私书附递”，成为皇帝诏令中明文规定的事。这是我国邮驿制度史上的一次重大变革，从此，通信范围大大扩大了。

北宋太宗雍熙二年（985年），宋太宗为笼络士大夫官员，特别恩准：官员在近系家属之间，可以随官方文书一起传带家信。后来因弊端太多，一度废止。但到宋仁宗统治时候，再度放宽，下诏令说：“中外臣僚许以家书附递。明告中外，下进奏院依应施行。”开始时，官员私书只许步递传送，不得影响和干扰国家急递文书，但后来制度逐渐松弛，大量私人书信都通过急递铺附递了。北宋大文学家欧阳修和朋友间往来的书信，便是由急脚递传送的。他的信中往往有“近急足还府，奉状”“急足自徐还，辱书”“近急脚子还，尝奉讯”等字样，便是证明。

允许私书附递后，士大夫中书信往来猛然增多，名人文集中“书牍”体裁的文章也骤然

多了起来。苏东坡集中便有许多家书体的文章，写得隽永可亲，其中常常有“轼启，近递中奉书必达”“别后递中得二书，皆未果答，专人来又辱专笺”的附言，这“递中”便指的是递铺传送的书信。诗人陆游有一首诗表达了他接到书信时的心情：“日暮坐柴门，怀抱方烦纡。铃声从西来，忽得濠州书。开缄读未半，喜极涕泗俱。”这是说，晚年的陆游被朝廷罢官在家闲居多年，正在愁闷无所发遣之际，忽然听到自远方传来邮递的铃声，收到了来自远方的私书。他感动极了，读着读着，不禁老泪纵横。

宋人笔记小说中，记载了这样一个故事：有一个名叫曹泳的人，是奸相秦桧的爪牙。他的官越做越大，有不少乡邻巴结他，唯独妻兄厉德斯不买他的账，不愿奉迎他。秦桧于公元1155年死去，厉德斯立即写了一封信，派人送到曹泳处。曹接书一看，是题为《树倒猢狲散》的文章，痛骂秦桧奸臣一伙。这个故事，说明了当时人们对奸臣的唾弃，但同时也反映了南宋时私人书信已有多种递送的合法途径。

（六）“站赤”制度

元朝建立了历史上疆域最大的帝国。为了适应广大领域的统治，元朝统治者在邮驿方面进行了积极的改革，大大扩展了驿路范围。早在成吉思汗时代，就在西域地区新添了许多驿站，建立起有效的邮驿设施。窝阔台和成吉思汗的孙子拔都，更把元朝政府的驿路一直横贯到欧洲，形成了一条联络欧亚大陆的长长的驿路。

元世祖忽必烈统一中原后，制定了一份《站赤条例》，保障了邮驿系统的有效运转。所谓“站赤”，是蒙古语“驿传”的译音。“站赤”制度的基本内容有十多项，诸如驿站组织领导、马匹的管理、驿站的饮食供应、验收马匹、约束站官、检验符牌、管理牧地、监督使臣和按时提调等。元朝时各驿站设有驿令和提领导驿官，他们的职责包括如数供应良马、检验驿使凭证、清点驿站设备等。有关驿站管理和驿官考核的具体条例，对元代邮驿的发展起了保证作用。

元朝的驿路四通八达，构成元朝政府的神经和血液脉络，对维持政府在全国广大地区的统治具有重要的作用。尤其对发展我国边疆地区的交通，具有促进作用。今天的东北三省，元朝时属于辽阳中书行省，当时有南北两大驿路干线，向北延伸到黑龙江入海处的奴尔干城，南抵高丽王都开京（今朝鲜开城），共辖有 135 个驿站，管理驿马 6515 匹，驿车 2621 辆，驿牛 5259 头，驿狗 3000 只。今天的甘肃地区，是元朝通西域、中亚的必经之路，有驿站 47 处，有的驿站拥有驿马 300 匹左右，最少的也有 30 匹。

元朝通过驿路和西方有频繁的往来。当时中西国际驿路共有三条：一条从蒙古通往中亚；一条是通往叶尼塞河、鄂毕河、额尔齐斯河上游的驿路；第三条为经过甘肃走廊通往中亚、欧洲的传统丝绸之路。对当时中西驿路的畅通，史家交口称赞。清初史家万斯同说：“元有天下，薄海内外，人迹所及，皆置驿传，使驿往来，如行国中。”意思是说，元朝在有人居住之地都设置了驿站，往来世界，就像在国内一样。

元朝的驿站都备有驿舍，这和宋朝的馆驿一样，是用来招待使臣住宿的房舍，其陈设之华丽也和宋馆驿相近，用意大利旅行家马可·波罗的话来说，元朝驿舍是“有宏伟壮丽的建筑物，陈设华丽的房间”。驿站负责给使臣配备交通工具，陆行有马、驴、牛，水行有舟，山行有轿，东北边远地区还有用于冰上的驿狗。据统计，元朝全国 1119 处驿站共约有驿马 45000 匹。南方一些水运发达地区，有水驿 420 多处，备驿船 5920 多艘。在东北的哈儿宾（即今哈尔滨）地区则有狗站 15 处，供应驿狗 3000 只。这些交通设施共同构筑了元朝在全国的驿路交通网。

四、古代驿站风采

（一）私人逆旅

逆是迎接的意思，逆旅指迎接行旅中的来往人员。

魏晋南北朝时期，私营客舍大大发展起来，当人们把这种私营客栈称为“逆旅”。当时，无论南方北方，一些官僚都有自营客店存在。如北魏大臣崔光的弟弟崔敬友，曾“置逆旅于肃然山南大路之北，设食以供行者”。南朝梁武帝的弟弟萧宏，仅在建康城里就开设宿客和贮货兼营的“邸店”数十处。民间私营逆旅事业的发展，不仅说明了当时商业的繁荣，也从一个侧面反映出当时邮驿事业的兴盛。

隋唐时期，更为普遍存在的是私营旅舍，但当时仍沿袭前代称为“逆旅”。从魏晋南北朝到隋唐，由于交通更加畅通，商品经济大大发展，私营逆旅也随之发展得更快。这些私人旅舍比较自由，一般开在驿路沿线的村镇之中，有的还同时开设酒店，使旅途劳累的客人有吃有喝，能美美地休息一宿。唐张籍的诗“锦江近西烟水绿，新雨山头荔枝熟。万里桥边多酒家，游人爱向谁家宿?”描绘出了四川成都附近一些私人逆旅兼酒家的状况。

私营客店之多，妨碍了官营的驿馆，隋初时，朝廷上还为此有过一次大争论。宰相苏威认为“店舍乃求利之徒，事业污杂，非敦本（崇尚农业）之义”。建议关闭所有私人逆旅，命其归农。这番议论遭到许多朝臣的反对，大臣李谔指出，私营逆旅自古皆有，与官营邮驿旗亭同时存在，各有所司，一旦取消，与民不便。这一意见得到隋文帝杨坚的赞同，认为他是体谅民情的好大臣。可见，隋唐逆旅的发展是顺应历史要求的。

到了唐代，逆旅已成为人们日常生活中不可缺少的设施。唐代私人逆旅老板，有时就是政府驿站的头目，同时兼营国家驿舍和私家旅馆。如唐朝拥有绫机五百架、资财百万的著名纺织企业家何明远，既管理着官府的三个驿，管理

着驿站、驿舍，同时也在驿边“起店停商”。私人逆旅的兴盛，从一个侧面反映出唐朝经济的繁荣、邮驿交通的发达和社会生活的丰富。

（二）宾至如归的宋代馆驿

宋代馆驿已和通信邮递完全分开，仅履行政府招待所的职责。

宋代的馆驿，可分为几个不同的等级和层次。国家一级的是高级迎宾馆，招待来自四邻的国家使节。当时的北宋都城汴梁，建有四所重要的大型宾馆，其中专门接待北方契丹使者的叫“班荆馆”和“都亭驿”；接待西北西夏等少数民族政权使臣的叫“来远驿”；接待新疆地区和中亚来宾的叫“怀远驿”。这些高级宾馆设备豪华，有时还在此举行国宴，宴请各国使臣和朝内大臣。

地方一级的政府招待所也很华美。从外表看来好似壮观的大庙，又像是颇有派头的官府，也像富裕人家的邸宅。内部设施应有尽有，让旅客乐而忘返。宋朝文学家苏东坡有一篇散文叫做《凤鸣驿记》，对馆驿进行了这样的描绘：“视客所居与其凡所资用，如官府，如庙观，如数世富人之宅，四方之至者如归其家，皆乐而忘去。”南宋时的另一位文学家毛开又用细腻的笔调，描写了另一处驿馆：“为屋二十四楹，广袤五十七步，堂守庐分，翼以两庑，重垣四周。”意思是：屋宇左右前后有二十四间房子，住宿面积五十七步，十分宽敞，有厅堂、居室和走廊，四周还有高高的院墙。这里服务人员很齐全：“门有守吏，里有候人”，简直是“宾至如归”，居住起来舒适极了。

为了修建这些豪华的馆驿，两宋政府花费了大量人力物力。上述苏东坡住过的凤鸣驿位于今陕西地区的扶风，太守修造这个驿馆时，动用了3.6万个民夫，仅木材和石料用白银即达20万两以上。

那时也有供平民百姓住的驿馆，尤其是在管理不十分严的小驿站里，普通百姓将馆舍暂充居处，聊以避寒。但两宋时的馆驿，管理一般都很严格。来客要登记在册，遵守驿规，不得损坏公物。最有趣的是，规定住宿旅客不得长期占有驿舍，期限最多不许超过30天，超过日限者判徒罪一年。

（三）急递铺

宋朝的邮驿传递，主要有三种形式：一是步递；一是马递；另一就是“急脚递”。步递用于一般文书的传递，是接力步行传递。这种传递同时承担着繁重的官物运输的任务，速度较慢。马递用于传送紧急文书，速度较快。但因负担这种传送任务的马匹大部分都是军队挑选剩下的老弱病马，所以也不能以最快的速度承担最紧急文书的传递。因此，从北宋开始，又出现了一种叫做“急脚递”的新的传送文书的形式，用于紧急形势下的传递。

急脚递的传递形式大约是从北宋真宗时候开始的，据说能“日行四百里”，最早可能用于军事上。在北宋真宗时对辽的战争中，以及后来宋神宗时对南方交趾的战争中，都使用过这种“急脚递”。神宗时还在从京师开封至广西沿线设置专门的“急递铺”。北宋与西夏的战争，也曾利用过急递铺传送紧急的军事文书。

急递铺的送信形式，到元朝时候达到昌盛时期，其制度之完备、组织之严密、网络之发达，均远远超过宋朝。元朝时，急脚递完全代替了宋朝的步递形式，马递在此时也逐渐消失，急脚递便逐渐成为公文传递的唯一通信工具，急递铺则成为了全国范围内的普遍设施。这时，除了极少量的紧急公文由驰驿传送外，几乎全部文书都由急递铺传送。

元朝的急递铺大体上每 10 里至 25 里设一处，每铺配置十二时轮子一枚作为标志，另配红色门楼一座，牌额一枚。铺兵则准备夹板和铃攀各一副，缨枪一支，行旅的包袱和蓑衣各一，看来是风雨无阻。《元史·兵志》记载，铺兵走递时，“皆腰革带，悬铃，持枪，挟雨衣，赍（带）文书以行，夜则持炬火，道狭则车马者、负荷者，闻铃避诸旁，夜亦以惊虎狼也”。马可·波罗对当时中国的铺兵工作有一段很形象的描绘：“在各个邮站之间，每隔约五公里的地方，就有小村落……这里住着步行信差……他们身缠腰带，并系上数个小铃，以便当他们还在很远的地方时，听见铃响，人们就知道驿卒将来了。因为他们只跑

约五公里……从一个步行信差站到另一站，铃声报知他们的到来。因此使另一站的信差有所准备，人一到站，便接过他的邮包立即出发。这样一站站依次传下去，效率极为神速。需要两天两夜皇帝陛下便能收到很远地方的按平时速度要十天才接到的消息，碰到水果采摘季节，早晨在汗八里（今北京）采下的果子，第二天晚上便可运到上都。这在平日是十日的里程”。通过这段描述，我们可以看到元朝时急递铺步行送信的神速。

可惜的是，这种急递铺的制度并未顺利发展下去，到元末就衰亡了。

（四）水马驿和递运所

水马驿和递运所，都是指各地的驿站和运输机构。

水马驿同于宋元时期的“驿”和“站赤”。顾名思义，水马驿包括水驿和马驿两种，前者用于河驿，后者用于陆上文书的送递。明朝时一般六十里或八十里置一驿，每驿备有马三十到八十匹不等，小站则有少至五到十匹马的。明朝基本是“常事入递，重事给驿”，即平常的文书交给步行的递铺，重要、紧急的文书才交给马驿办理。

递运所是在一般的递和驿之外，专门用于运送军需物资和上贡物品的运输机构，始设于明初洪武年间（1368—1398 年），也分陆运和水运两种。递运所的设置，使货物运输有了专门的机构，是明代运输的一大进步。递运所由专门官员负责，并设大使、副使各一人，另还设有百夫长。陆驿运输任务由军卒承担，水路则由各地船户负责。这种递运运输，基本上采取定点、定线，兼以接力的方法。这种专职的递运业务，把陆路运输和海、河运输很好地组织了起来。

可惜的是，明代递运所制度未能坚持下去，弘治年间全国曾达到 324 处，但到了万历年间，又剧减至 100 多处，并逐渐消亡。

（五）龙场九驿

1368 年，朱元璋建立了明朝，在他称帝的

第二十二天就下令整顿和恢复全国的驿站。第二年，他又颁诏，把元朝的“站”一律改称为“驿”，还把全国 230 多处不雅的驿名改得更为雅致。同时，朱元璋还大力加强边疆地区邮驿设施的建设。

在明朝边疆邮驿的发展中，历史上有一个十分有名的奢香夫人修建“龙场九驿”的故事。明太祖朱元璋时期，贵州土司霭翠接受明朝的领导。十年后霭翠去世，他的妻子奢香继续掌管彝族部落，她是一位深明大义的贵州彝族的女首领。明政府派到贵州的都督马烨专横跋扈，有意侮辱奢香，还肆意压迫彝族人民。奢香的部下义愤填膺，都劝她起兵反抗。奢香却忍辱负重，让她的知心朋友、另一个彝族首领刘氏夫人奔赴京师，向朱元璋报告了马烨的罪行。朱元璋把奢香召进京师，对她说：“我可以给你们除掉作威作福的马烨，但你们打算怎样报答朝廷呢？”奢香回答说：“愿率领子女，世世代代不叛明朝。”朱元璋说：“这是当然的义务，不能算做报答。还有什么打算呢？”奢香又回答说：“从贵州往东北有一条小路可通四川，现已梗塞不通，我愿出钱出人，开山辟岭，修成驿道，以此报答皇上的恩典。”朱元璋对此大为赞赏，立即把马烨捉拿回京，依罪处斩。奢香回贵州后也立即组织人力，开始修路。她一共修了 560 多里山路，建立了九个驿。因为第一站在贵阳西北万山丛中的龙场，因此总称为“龙场九驿”。

从此，通过宽敞的驿道，可以从明政府的腹地直达云贵边疆，沟通了中原和西南地区的经济文化联系。这是我国民族团结史上的一段佳话，也是我国邮驿发展史上的一件大事。明朝的吴国纶写过一首专门歌颂奢香夫人的《奢香驿诗》：“我闻水西奢香氏，奉诏曾谒高皇宫。承恩一诺九驿通，凿山穿木开蒙茸，至今承平二百载，牂牁僰道犹同风。”其中，蒙茸是丛山峻岭的意思，牂牁、僰道都是云贵地区的地名。从这首诗可以看出，这些地区的经济文化逐渐赶上了中原，民风也日趋相同了。

（六）会同馆

明朝的法律大典《明会典》记载说：“自京师达于四方设有驿传，在京曰

会同馆，在外曰水马驿并递运所。”这说明明朝的“会同馆”，是当时设在首都北京的全国驿站的总枢纽。

会同馆有两种职能，一是邮驿传递书信；二是为外国使节和王府公差及高级官员提供食宿，起着国家级的高级招待所的作用。政府有时还在这里举行国宴，招待来自邻国日本、朝鲜、越南等国的进贡人员。

会同馆的马和马夫都有定额，一般设馆夫 400 名，马 171 匹，驴 173 头。人员不够时，可以临时从民间抽调服务人员。比如，在明正统帝时，西藏来了 344 位进京的僧俗人员，北京会同馆人手不够，便从外面雇用了一些市民。

五、古代邮传轶事

（一）现存最早的两封家书

1975年冬，我国考古工作者在湖北云梦睡虎地发现了两件稀见的古代通信文物，它们是两千多年前的秦代士卒遗留下的两封木牍家书。两封家书至今保存完好，正反面的墨书文字，字迹尚清晰可辨。

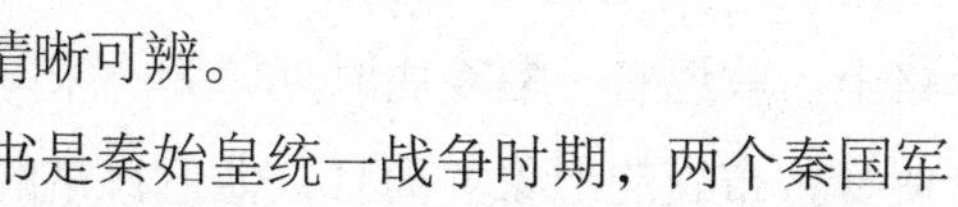

家书是秦始皇统一战争时期，两个秦国军人黑夫和惊写给家中的名叫中的同胞兄弟的。两封家书的开头都向中问好，并请他代向母亲请安，然后说到他们在前线的情况，谈到黑夫即将参加淮阳的攻战，“伤未可知”。信的中心内容是向家中要钱和衣服。信的反面还有几句附语，都是向家中各亲友问好之意。

家书是从河南淮阳发出的，如今在湖北云梦出土，说明已到达家中。专家们考证，黑夫和惊不可能把信交由官邮递送。因为秦时官邮只传递官府文件，不许私带书信。这两个身份不高的一般士卒，更是根本不可能利用私邮。因此，这两封家书很可能是军队中服役期满的老乡回家时捎回家中的。这种不正规的私书捎带通信方式，在我国继续了若干年，一直到了宋朝，政府才有了“私书附递”的规定，明朝以后才出现民邮组织。可见，古时的民间通信是何等艰难。

从这两封家书可以看到，秦汉时候书信的写作体例和格式，和今天有较大区别。首先，写信的时间，不写在信尾而写于信头。如黑夫和惊合写的第一封木简书信，正面一开头便是“二月辛巳”，而现在日期都是写在信的最末。其次，书信时间以后立即跟上的不是收信人的称呼，而是写信人向收信人的问安：“黑夫、惊敢拜问中（黑夫、惊的兄弟）、母毋恙也！”而我们今天的书信格式则通常把问安放在信末。

另外，从这两封家书中，我们可以了解当时许多社会经济情况：第一，了解到秦朝被征发军人的衣物是家中自备的，服役有一定期限。他们在军中的生

活很艰苦，所以黑夫和惊都十分想家。第二，当时秦国战事十分频繁，影响了生产的正常进行。黑夫家的三个兄弟，竟征发了两个上战场，势必导致其家中劳力不足。但从两封家书的叙述中可以看到，当时秦军一般士卒家中经济还过得去，所以黑夫才有可能向家中要五六百钱。

（二）历史上第一次驿夫起义

隋唐时期，在各种驿里服役的人，一般叫做“驿丁”“驿夫”，或称“驿卒”“驿隶”。从名称即可看出，他们的身份比较低下，生活相当艰苦，“辛苦日多乐日少”。不管是在烈日下、在寒风中，还是在倾盆大雨之中，都毫无例外地要身背文书袋，匆匆奔驰在驿路上。敦煌有一幅晚唐时期题为《宋国夫人出行图》的壁画，就描绘了当时驿使身背布袋的形象。而且，他们日常的任务很繁重，除途中奔跑着传递文书外，还要兼管扫洒驿庭等事。

更难以忍受的是当时严格的邮驿通信制度。在唐朝法律中，把针对邮递过程中的种种失误的处罚，都规定得很细，稍有差错，便要受到严厉的处置。唐朝规定，驿长应负有若干责任，例如必须每年呈报驿马死损肥瘠，呈报经费支出情况。若有驿马死损，驿长负责赔偿；若私自削减驿站人员和马匹，则杖一百。对驿丁的处罚更严。唐朝规定，驿丁抵驿，必须换马更行，若不换马则杖八十。还规定，凡在驿途中耽误行期，应遣而不遣者，杖一百；文书晚到一天杖八十，两天加倍，以此类推，最重的处徒罪二年。若耽误的是紧急军事文书，则罪加三等。因书信延误而遭致战事失败的，则判处绞刑。唐律对文书丢失或误投，也有很重的处罚。有一个负责签发公文的员外郎，在处理一个从河北发配到岭南的囚犯的文书时，本应向河北、岭南两处发文，因疏忽，只发了岭南一地，河北未发。事发之后，这个员外郎遭到了免官的处分。唐律规定，泄密会受到更严厉的处分，泄露重大机密者处以绞刑，私拆书信者杖六十至八十。

唐朝中期以后，一些贪官污吏利用驿传任意克扣驿丁的口粮，致使他们的生活更为艰苦。唐

武宗时期，肃州（治所在今甘肃酒泉）地区终于爆发了我国历史上第一次驿夫起义。这次起义为首者都是亡命的囚犯，他们从肃州一直打到沙州，一路上得到各驿户的支持。政府得不到情报，得到的也多是假情报，仓皇不知所措。起义军却“张皇兵威”，因为平时他们都是快马快步，“千里奔腾，三宿而至”。这导致唐政府损兵折将，统治者受到很大震动。

（三）邮驿路上的闹剧

唐朝邮驿的繁荣反映了盛唐的繁盛景象，但唐朝统治者的奢侈腐朽和后期政局的混乱，在邮驿部门也有折射。

唐朝统治者利用驿传，恣行享乐、作威作福的事不胜枚举。安史之乱的头目之一史思明，曾利用洛阳的邮驿快马把鲜樱桃送往河北他的儿子史朝义处。唐宪宗时皇室喜欢吃南方的蚶子，每年用“邮子”万人从明州（今浙江宁波）把鲜蚶及时运到长安，百姓不胜其疲。

历史上最有名的邮驿运物当数“一骑红尘妃子笑”的故事，讲的是唐玄宗时宫廷奢侈成风的事。“红尘”指闹市上的尘土，形容驿骑一路快马经过许多大城市，“妃子”就是杨贵妃。据说杨贵妃爱吃鲜荔枝，每年荔枝成熟时，唐玄宗总要派专人给她从产地四川涪州运送新鲜荔枝。从涪州到长安不啻数千里之遥，经驿道快马的长途传送，到达京师时要求荔枝鲜味不变，十分不容易，途中驿使要累死许多人。这一事实曾经引起当时正直人士的无限愤怒，不少诗人以此作为写诗的主题。杜甫的一首诗说道：“忆昔南海使，奔腾献荔枝，百马死山谷，到今耆旧悲。”借汉朝的史实讽谕今人，感叹为了吃上荔枝，人马困乏，惨死山谷，至今父老们还闻虎色变，愁苦万分。晚唐诗人杜牧写过一首诗：“长安回望绣成堆，山顶千门次第开。一骑红尘妃子笑，无人知是荔枝来。”他说的是：一路上风尘滚滚，驿马奔驰，不知情的人还以为有紧急的军情，却无人知晓这只不过是为了宠妃要吃鲜荔枝，君王只为博美人一笑。这都是抨击时

政的佳篇，狠狠批判了封建帝王奢侈浪费，不顾人民死活的行为。

（四）“二娘子家书”的故事

唐朝私邮是很少的，一般平民百姓通信极为困难，一般只能通过人捎带。晚唐诗人杜牧在一首题为《旅宿》的诗中，有这样几句：“旅馆无良伴，凝情自悄然。寒灯思旧事，断雁警愁眠。远梦归侵晓，家书到隔年。湘江好烟月，门系钓鱼船。”意思是：独自一人在旅店里，左思右想，想起了以往旧事，大雁行过的叫声使人烦躁难眠。写封家信吧，要隔年才能带到。多么苦闷的游子之情啊！杜甫的诗里也常有战时“寄书长不达”的感叹。晚唐另一诗人韦庄诗里说的情况更为可悲：“九度附书向洛阳，十年骨肉无消息。”这些诗都生动地说明了，即使是繁盛的唐朝，民间通信也是相当不易。

在这种情况下，能得到一封家书，无疑成为一件很大的喜事。“二娘子家书”便是这样一封难得的信。这封信发现于敦煌石室，写在一份唐朝写经的背面。据考证这是唐玄宗天宝十一年（751 年）的一封信，寄信人为二娘子，从内容推断，这是女儿寄给母亲的一封家书。

“二娘子家书”的开头部分已经遗失了。从残文看，二娘子首先表达了浓厚的思乡念亲之情。当年二娘子是随官员一起到东京洛阳的，至今一切平安。信里，她向家中报了平安，并给姐姐和母亲一些礼物，还给小外甥一件礼物。从信的内容看，这个二娘子是个年轻女性，可能在家行二。她的姐姐已经嫁人，生有一子。二娘子本人可能是嫁给官家成了小妾，也可能充当了体面丫环，在官员家的身份不会过低，所以才会有自己的物件充作礼品送给家人。

（五）马可·波罗笔下的中国邮驿

元朝的邮驿比以前各代都要发达。据《元史·地理志》统计，当时驿站遍布东西南北各地，驿路上熙熙攘攘，往来繁忙。13 世纪中叶，也就是元朝开国君主忽必烈统治期间，意大利旅行家马可·波罗对当时驿传的繁盛情况有

生动的描绘。他认为，元朝的驿站制度是“难以用语言来形容的”“十分美妙奇异的制度”。

马可·波罗在自己的游记中，以十分钦羡的笔调写道：“从汉八里城，有通往各省四通八达的道路。每条路上，也就是说每一条大路上，按照市镇坐落的位置，每隔四十或五十公里之间，都设有驿站，筑有旅馆，接待过往商旅住宿。这些就叫做驿站或邮传所。这些建筑物宏伟壮丽，有陈设华丽的房间，挂着绸缎的窗帘和门帘，供给达官贵人使用。即使王侯在这样馆驿下榻，也不会有失体面。因为需要的一切物品，都可从附近的城镇和要塞取得，朝廷对某些驿站也有经常性的供应。”

马可·波罗说，元朝每个驿站常备有四百匹马，供大汗的信使们使用。驿卒们传递紧急文书，一日可以飞驰 320 公里。他们“束紧衣服，缠上头巾，挥鞭策马以最快速度前进”，身上都带着一面画着鹰隼的牌子，作为急驰的标志。

（六）“站户”的悲惨生活

元朝统治者为了更有效地控制百姓，把人民按不同的行业分成若干专业户，如民户、军户、匠户、医户、儒户等等，其中有一项特殊的人户，叫做“站户”。

顾名思义，“站户”是和驿站有密切关系的户头。元代驿站繁多，所需费用也很浩大，因此，元代统治者便把这些负担转嫁给百姓，让一些人户专门承担驿站差役的费用，这些人户便称为“站户”。

站户制度是在忽必烈统一中国前窝阔台时代开始的。当时规定，各驿站附近人家，每 100 户出车 10 辆，每户每年纳米一石。忽必烈统一南北后，大量设置驿站，便抽出一部分人户充当专门的站户，把这些站户从民户中分离出来，不入民户户籍，而是登入站户户籍。一经登记，世代相承，不能改变。

站户之前大部分是普通农牧民，他们承担着十分沉重的驿站赋役。首先，他们要供应各驿站来往官员的饮食。这是一笔不小的负担，尤其当王公贵族大官充使时，山珍海味，奢侈至极。其次，还要供应使臣的交通工具，当时主要

是马，有的地方则为牛、驴、狗，加上车辆等，还包括饲料、马具和车辆的配件等。这笔费用也是不小的。再次，站户还负责驿站的劳役，如为使臣充当向导、车夫、船夫、搬运工等。这些差使都是无偿的，而站户还要自备饮食。

到元朝后期，由于政治腐败，驿路上的往来官员作威作福，欺压驿站沿途百姓，他们常常任意索要名贵酒菜，还强令歌伎纵酒，无所不为。对驿站人员稍不如意，就施行吊打。加上当时站役负担沉重，元成宗时四个月内，就起马13300余次，即使所有马匹昼夜在道，也无法应付。因此造成大量驿畜倒毙途中。据《永乐大典》记载，元延祐元年（1314年）六月二十三日，仅甘肃省就奏报死铺马199匹、驿驼24头。

沉重的负担压得站户喘不过气来，有的实在坚持不了，就只得背井离乡，四处逃亡，最后老死于荒郊野外。元代诗人许有壬有首诗描写他们的悲苦生活说："盛冬裘无完，丰岁食不足。为民籍站驿，马骨犹我骨。束刍与斗菽，皆自血汗出。生儿甘作奴，养马愿饲粟。"意思是，数九寒冬我还披着一件破烂的皮子，连丰收的年景也难以饱饭。当上入了籍的站户，就像受役使的马那样受苦。缴出的每束干草和每斗粮，都是我的血汗所出！难道我们甘于世世代代当牛作马、贱如奴隶吗？这首诗如实地反映了元代站户的生活。

到元代末年，站户们在沉重的压迫剥削下纷纷破产，建立在站户们血汗基础上的元代站赤制度无法维持下去。

（七）刘备、诸葛亮对四川邮驿的贡献

刘备在四川建立蜀汉政权时，四川的交通比较落后，山路居多。刘备和丞相诸葛亮在开辟四川邮驿事业上，作出了重要贡献。

为了对付北方的曹魏，他们在汉中地区建立了北伐的军事基地，并在四川与汉中之间开通了四条主要道路，这就是著名的子午道、傥骆道、褒斜道和金牛道。蜀国还在汉中设置了重要的军事关隘白水关，白水关周围的山上布满了烽火楼。从白水关到国都成都的四百里路

上设置了一系列亭障馆舍，以保障邮驿的正常运行。

蜀国邮驿的特点是几乎没有车传，邮递大部分都是用驿马传送。这大概是因为蜀国地处西南，大部为僻远山区，道路不整的缘故。

（八）张居正的驿传改革

明朝自正德、嘉靖以后，政治日益腐败，邮驿制度也产生许多弊端。最高统治层利用邮驿，大肆挥霍。正德年间，发生过多起太监到各地驿站勒索驿银、捆打驿官的事件。正德皇帝下江南游玩，命令沿途驿站准备美女，以备皇帝来时随时寻欢作乐。这一次仅水路驿站所用人夫就达数十万，严重影响了人民的生活，妨碍了正常的农业生产。驿站承受不了这样沉重的负担，许多驿官都逃亡在外，驿务多数都荒废了。

在这种情况下，明朝一些官吏主张对邮驿进行改革，其中以张居正的驿传改革成效最大。张居正改革也成为我国邮驿史上的一件大事。

张居正是明朝万历年间的宰相，他的邮驿改革从限制官员的驰驿特权入手。比如，规定除公务外，任何官员不得侵扰邮驿；除邮驿供应外，任何官员不许擅自派普通民户服役；还规定除公务外，政府官员的旅途费用一律不得由驿站负担，不得动用驿递的交通工具等等。这些改革大大降低了邮驿的经费开支，也自然减轻了人民的负担。据统计，整顿之后，全国共节省减邮驿经费三分之一左右。

在改革中，张居正从自己做起，严格要求自己和家人。他的儿子回原籍参加科举考试，不用官府邮驿，而是自己出钱雇车。张居正的父亲过生日，他也没有动用驿车驿马，而是让仆人背着行李，自己骑着毛驴回乡祝寿。

对那些违反条例的官员，张居正绝不手软。有一个甘肃巡抚的儿子擅自驰驿，被他革去官荫。这一处分使得朝野上下很为震动，官员都不敢再为非作歹了。

张居正的改革一度取得了很好的效果，但是，明朝政府已经腐朽得不可救药，一个张居正不可能从根本上解决问题。他死后，生前的改革措施就全被废除了，明代邮驿又重新陷入混乱状态中。

古代车马

一代又一代的华夏后裔以他们的智慧和双手创造了让今人惊叹的辉煌文明，在先民众多的智慧结晶中，古代车马作为人们早期代步、载物的工具，曾经在历史上发挥着极其重要的作用。从古代车马制造的精湛技艺，到古代交通的飞速发展，从先秦时期等级森严的车马制度，到秦朝实施"车同轨"的历史意义，让我们一路跟随着古代文明的遗迹，聆听来自遥远时代那最真实的回响。

一、古代车马的产生与发展

我国是一个幅员辽阔的国家。几千年来，我们的祖先生活和繁衍在这块神州大地上，用他们的勤劳与智慧，谱写出了中华民族几千年的文明史。在先民的众多智慧结晶中，车马作为早期的交通工具，对整个文明进程产生过重大的影响。从最早的产生到后期的逐步发展，我国古代的车马经历了一系列的发展与演变。

（一）早期交通工具与车马的最早产生

我国是人类文明的发祥地之一。在远古时代，我们的祖先就学会了制造工具，也开始了他们改变世界的进程。随着社会生产力的不断进步，社会大分工的出现以及货币的产生，更加促进了商品的交换。而随着社会分工越来越细，交通逐渐成为一种相对独立的专门行业。

由于对水这种基本生存资料的依赖，古代的人们大多是沿河而居的。为了适应捕鱼、渡河的需要，最早的水上交通工具——独木舟便应运而生。有了独木舟，人们活动的领域大大增加了。同时，随着畜牧业的发展，人们开始懂得利用驯养的动物，如牛、马等，代替人力运送货物，还可以供人骑乘。这一时期，这些能够驮运物品的动物就成为了人类重要的运输工具。随着社会生产力的发展，另一种重要的运输工具——“橇”产生了。之后，人们在生产实践的过程中发现了圆木能够滚动的特性，于是人们在橇的木板下安放圆木，以滚动代替滑动，相传这就是后来的“车”的雏形。

中国人何时开始使用车马，目前尚无定论。但是在今天能见到的文献中，就有关于我国在夏朝就出现了用马驾车的记载。相传中国人在距今大约五千年前的黄帝时代就已经创造了车。传说中最早的车就是以圆木作为车轮，称为“辁”。在大约四千年前，当时的一个薛部落就以造车闻名于世。《左

传》中也有关于薛人奚仲担任夏朝“车正”这一官职的记载。车正是夏朝时主管战车、运输车的制造、保管和使用的一种官职，今天看来，车正应该是我国早期主管交通事务的专职人员。《墨子》《荀子》《吕氏春秋》等书中也都记载了奚仲造车的事。

据传，夏启登位后不久，就假借天神的意志攻伐有扈氏，其过程中就使用了大批的战车与运输车。夏朝末年，商汤在讨伐夏的战争中，也使用了大量的战车、运输车等，并且最终推翻了昏君夏桀的统治，建立了商朝。商代战车的使用已经十分普遍，车辆制造技术也有了很大的提高，能够制造非常精美的两轮车。根据发掘的甲骨文中的许多“车”字，可以看出当时的两轮车的构造已经比较复杂，显示出了当时高水平的造车技术。

（二）先秦时期车马的大发展

在商代，车辆的使用已经十分普遍，贵族下葬时通常都有成套的车马陪葬。在今天的河南安阳，曾经发掘出商代的马车坑。这些马车有一车四马二人的，也有一车二马三人的，还有一车二马一人的，表明了当时的车马种类已很丰富。《说文》中说，商代有三匹马拉的车，叫做骖；到了周朝时，周人增加了一匹，成为驷。而在河南浚县辛村周墓出土的12辆车，马骨达到72架，这就说明了当时已有六匹马拉的车，可见其发展程度。春秋战国时期，车辆制造业发展很快，今天能看到的史书中就有这方面的相关记载。如《墨子》中说，春秋各国造的大车，能装50石谷子而运转灵活，即使是长途运输，车轴也不会弯折。战国时期，人们又对车进行了大的改进，车辕由单辕改为双辕，这样车就更加牢固，载重量也更大了。

总的说来，先秦时期的车可分为大车和小车两大类。古人常说“服牛乘马”，可见除了马车之外还有牛车。一般说来，驾马、车厢小的叫做“小车”，驾牛、车厢大的叫做“大车”。小车也叫轻车或戎车，主要用于战争，其余时候也供贵族出行使用，而牛车主要用来运载货物。战国时，由于车战的发达，战

车的多少成为衡量一个国家强弱的重要标志，有所谓“百乘之国”“千乘之国”的说法，这里一车四马为一“乘”，也就是我们主要介绍的“车马”。

为什么我们说“车马”而不说“马车”呢？这是因为先秦时期的车与马是相连的，是一个整体，没有无马的车，也没有无车的马。就当时的社会状况来说，所谓的乘马也就是乘车，所谓的御车也就是御马。而如果说“马车”，可能会让人产生误解，以为它只是古代的车的一种，即马拉的车，但事实则不然。今天我们在古书上也常见车马并举。例如《论语》中有“齐景公有马千驷”这句话，这里不在于强调他有四千匹马，而是要说明他有一千乘车。

总之，先秦时期我国古代交通已经初具规模，造车的技术已经非常成熟，《考工记》一书中就对车轮制造的平稳、耐磨提出了要求。而到了秦代，全国性的交通网开始形成，随着“车同轨”这一重要法令的颁布与实施，我国古代车马有了进一步的发展。

（三）秦汉以后车马的发展演变

秦汉时期，全国性的水陆交通网络开始形成，这不得不说一定程度上得益于秦始皇的“车同轨”政策。秦始皇统一中国后，颁布了“车同轨”的法令，车辆的制造随之进入标准化阶段，过去杂乱的交通线路也得以整修和联结，建成了遍及全国的驰道，车辆的行驶更加畅通无阻。

秦代时，战车仍是主要的作战工具。今天位于陕西的秦兵马俑坑就曾出土驷马战车一百多辆，也为我们展现了两千多年前的车马原貌。秦陵出土的两件大型彩绘铜车马，其大小是当时真车马的二分之一，完全仿制当时的车马。一号车为立乘之前导车，长 2.25 米，高 1.52 米，单辕双轭，驾有四马。车舆呈长方形，车上置一圆形铜伞，伞下立一御马官俑，双手执辔。二号车为坐乘之安车，长 3.28 米，高 1.04 米。车厢分前后两室，前室为驾驶室，内有一跽坐的御马官俑，腰际佩剑，执辔前视，后室为乘主坐席。车厢上有椭圆形车盖，同样为单辕双轭，前驾四匹铜马。从这两件珍贵的文物中，我们不仅看到了秦代车马的具体形态与古代车马

的重大发展，还不得不感叹于两千多年前车马制造技艺之精湛。

到了汉代，战场上多以骑兵为主，而战车逐渐消失了。车的种类增多，但主要用于载人载物。供人乘坐的车辆也发生了结构上的变化，单辕车逐渐被两辕车取代。汉朝皇帝乘坐的是“辂车”和“金根车”，是当时最高级的马车。值得一提的是，东汉和三国时期出现了独轮车，这是一种便捷实用的交通运输工具，在交通史上是一项重要的发明。今天有人认为，史书中记载的诸葛亮曾使用过的“木牛”，就是当时一种特殊的独轮车。此外，汉朝著名的科学家张衡发明了举世闻名的记里鼓车，这种车能够通过车上的小木人击鼓的次数来报告行车的里程。三国时期的马钧也是一位卓越的发明家，他发明了指示方向的指南车，是在当时有着重大意义的一项发明。关于指南车的发明，还有这样一个故事。传说在上古时期有两个部落，一个姓姜，首领是炎帝；一个姓姬，首领是黄帝。有一个首领叫蚩尤的九黎部落，经常侵袭姜姓和姬姓部落。于是黄帝和炎帝带领两个部落联合起来抵御蚩尤，他们凭借黄帝造的指南车指示方向，大败九黎部落，生擒了蚩尤。但这毕竟只是一个传说，指南车什么时候出现的，最早又是由谁发明的，始终没有人知道。相传马钧听闻指南车的传说后，始终坚信指南车确实存在过，只要肯用心摸索，重造指南车并不难。他不顾别人的议论与不解，全心钻研，终于研制出新的指南车。这种车由车子和一个小木人组成，依靠指南针的原理与特殊的机械构造，不管车辆朝什么方向走，小木人的手都指向南方。记里鼓车和指南车的发明是我国古代车辆制造史上的辉煌成就。

早期的车辆多以马拉，而魏晋南北朝时，颠簸较小、乘坐相对舒适的牛车开始流行。从宋朝开始，轿子逐渐流行。这种以人力的非轮式机械代替畜力的轮式机械的做法，从科学的角度来看无疑是技术上的退步，也正因如此，客观上抑制了载人车辆的继续发展。这一时期车辆的制作和改进得不到重视，制车技术的重点也逐渐由乘人的车转到载货的车。中国古代的造车技术出现了停滞，古代车马的发展演变也趋于沉寂了。

二、古代车马的组成与构造

从今天能见到的出土文物以及文献记载中，我们不仅能看到古代车马的原貌，还能够了解其各个部件的结构、名称以及功能。知道了古代车马的组成与构造，不仅能让我们更好地体会古代造车技艺的精湛，还能帮助我们进一步了解古代乘车与驾马的相关知识。

（一）马车的构造

古代马车结构复杂，这里就对马车的有关部件加以介绍。

古代马车载人部分的车厢叫“舆”，舆的前面和两旁以木板为屏蔽，乘车的人可以从舆的后面上车。车身上拴有一根绳子，叫做绥，是供人上车时用手拉的。《论语》中就提到，孔子“升车必正立执绥”。由于车厢大小有限，古人乘车是站在车舆立的，称作“立乘”。舆前部有一横木，起到扶手的作用，叫做轼。古人在行车途中用扶轼俯首的姿势表示敬礼，这种敬礼方式叫做“式”。一般马车的车厢上有圆形的车盖，用一根木棍支撑，形状像今天的大伞，主要是用来遮雨的。据说古代妇人乘坐的车，舆的四周往往要加上帷。后来车盖逐渐消失，而在帷上加了顶，叫做幔，类似于现代的车篷。

车的运转要靠车轮。车轮的中心是一个有孔的圆木，叫做毂。毂上的孔是用来穿轴的。车轮的边框叫做辋，辋和毂由辐连接在一起，形成两个同心圆。辐是一根一根的木条，一端接辋，一端接毂，车轮的辐条有多有少，一般为30根。《老子》中就说：“三十辐，共一毂。”四周的辐条都向毂集中，这叫做辐辏。后来“辐辏”一词引申为从各方聚集的意思，《汉书》中说的“四方辐辏”，用的就是“辐辏”的引申意义。车轴是一根横梁，上承车舆，两端接车轮。舆的底部安有两块木头，车轴就是用绳索捆绑在木头上以达到固定车轴的效果。

这两块木头形状像是趴伏的兔子，所以叫伏兔，也叫。轴的两端露在毂外，末端套有青铜或铁制的轴头，叫做軎，又叫轨。为了防止车轮外脱，轴头上还插有一个三四寸长的销子，一般是青铜或铁制，呈扁平长方形，叫做辖。辖是个很重要的零件，《淮南子》上就提到，“夫车之能转千里所者，其要在三寸辖”，就是说车之所以能够行驶千里，辖是发挥着重要作用的。

《考工记》中曾经明确规定了制作车轮的几点技术要求。一，用工具规尺对车轮进行准确的测量，保证其外形为正圆形，否则轮子与地的接触面就不能尽量小，因而也就转不快。二，轮子平面必须平整，可以将轮子放在平面上进行检验，看是否能彼此密合。三，用悬线查看辐条是否笔直。四，将轮子放在水中，看其浸入水中的部分是否相同，通过浮沉一致来确定轮子各部分的均衡。五，同一辆车的两个轮子的尺寸和重量都要一样。六，轮子的整体结构要非常坚固。七，车毂的粗细、长短要适宜，不同用途的车辆应选用不同尺寸的毂。八，轮子的直径要适中，太大或太小都不实用。九，车轴需符合选材精良、坚固耐磨、转动灵活三个标准。十，整个车轮的用材必须是坚实的木料。由此可见，当时对车轮制造的技术要求是十分严格的，是符合科学原理和实际应用的需要的。除此之外，《考工记》中还对车舆等车辆其他部件的材料、连接方式等作了具体的介绍，更对不同用途的车辆的要求作了详尽的叙述。

除了上面介绍的车舆、车轮等主要部件外，完整的古代车马还包括很多其他构件。辕是驾车部分的重要构件，通常是一根直木或者稍弯曲的木杠。一般说来，夹在牲畜两旁的两根直木叫辕，主要适用于大车；而适用于小车的、驾在当中的单根曲木就叫做辀，辀与辕是同义词。辕的后端与车轴相连，前端拴着一根弯曲的横木，架在牲畜的脖子上，叫做轭。轭与衡是同义词，二者区别仍然在大车与小车之分上。轭用于大车，衡用于小车。车辕的前端和轭相连的销子叫做。同样，用于大车的叫做，用于小车的则叫做。

需要特别说明的是轫。它本身不是车子的构件，但却是不能缺少的一部分，是阻止车轮转动的一块木头。行车前要先将轫木拿开，车子才能正常行驶。所以起程又叫“发轫”，引申开来，“发轫”就泛指事情的开端了。

此外，古代车马还常常有许多装饰性的附件，如装在衡和轭上的响铃，叫做“銮”。在西周时期，最高级的马车上要装八个銮，走起来声音很好听。古车上的许多部件制作精美，如有的铜车軎，甚至用金银丝镶嵌成美丽的纹饰，异常华丽。

（二）乘车与驾马

马车具有快速、灵活的特点，在畜力车中占有重要地位。据说世界上最早的马，高仅一尺左右，相貌和现代的狐狸差不多。经过上千万年的自然进化，特别是通过上百万年的人类培育，马才变成供人骑乘和作为车辆动力使用的家马。

我国古代一直习惯用马来驾车，马车的出现至少可以追溯到4000年以前。先秦时期马和车是一个整体，专门用来拉车。夏朝时期的驯马驾车技术就达到了一定的水平。到了商朝，马车进一步发展，出现了有辐条的车轮。春秋战国时期，马拉战车的多少成为衡量国力的标志。在当时社会，养马、鉴别马的知识得到重视与传播。西汉时，为了得到马，国家专门颁布法令，要求家家养马，不许10岁以下的马出关出界。有时为了争夺剽悍强健的好马，不惜发动战争。东汉著名将军马援，深刻认识到“马者甲兵大本，国之大用”，而他认为，学习相马的知识，“传闻不如亲见，视影不如察形”，于是他认真总结前人的相马经验，铸成了铜马一尊，集中良马的各种优点于一身，使人能一目了然掌握识别良马的技巧。马援铸的铜马模型被称作“名马式”，受到当时朝廷的高度重视。到了魏晋南北朝时期，在用马方面又有了新的改革，六朝人发明了马镫。古代人骑马不用镫，因此体力消耗很大，而马镫发明之后，骑马就很方便了。这个极其简单但实用价值巨大的发明，使后世人们得益无穷。英国科技史家李约瑟说：马镫传到欧洲，促进了欧洲人的骑兵建设。

驾驭马车也是一门学问。先秦时的“六艺”中有一门叫做“御”，就是指驾驭马车的本领。车行进时，驾驶马车的车工要把马缰绳汇总握在手中。《诗经》中有“执辔如组”的

诗句，“如组”就是说把八根缰绳握在两手中，就像一组绳一样，以达到用力均匀的效果。赶马的鞭子也有两类，皮条制成的叫鞭，竹条制成的叫策。今天我们常说“鞭策”一词，就是由抽打马的意义引申而来的。在我国古代，人们十分重视驾驭之术，古书中也有不少关于驾车高手的记载。《左传》记述战争情况时，总要交代双方主将的御手，也就是驾车之人。

古人乘车以左侧为贵。一般而言，一车有三人，尊者在左，御者在中，另有一人在右陪乘，叫做骖乘，又叫车右。兵车情况则不同。如是将帅之车，则是主帅居中，以便于指挥，御者在左，另有一人在右保护主帅，叫做车右。如是一般兵车，则是御者居中，左边甲士一人持弓，右边甲士一人持矛，相互配合作战。驾车的马如果有三匹或四匹，则有骖服之分。两旁的马叫骖，中间的马叫服。

中国古代车马的系驾法大体经历了三个主要的发展阶段：轭车引式系驾法、胸带式系驾法和鞍套式系驾法。中国先秦时期的独辀车轮大，自轭至轴的连线接近于水平状态，以车引传力拉车，马的力量能够集中使用，减少无谓的分力。马的承力点在肩胛两侧，轭是受力的部件，所以不会压迫马的气管，车子进行速度加快时，也不影响马的呼吸，从而使马奔跑自如。

三、我国古代的车马制度

中国古代的车马制度是非常严格的。在车马的设计上，小到马身上的装饰品，大到车舆的尺度，无不体现着森严的等级观念。在阶级社会中，有很多事物可以标识身份，如服装、建筑、佩饰等，但是车马在中国古代是象征身份地位的最高代表。身份不等的人，乘坐的车马规格是有严格区别的。西周时期是中国古代礼制发展的重要时期，我国古代的车马制度也是在这一时期产生的。

（一）先秦时期车马的分类

常言道："一言既出，驷马难追。"意思是一句话出了口，就是套四匹马的车也追不上。这里的"驷马"并不是单指马，而是一套车马的总称。为什么表示速度快要说"驷马"呢？这源于我国先秦时期的车马分类。

从文献的记载和考古发现上看，先秦时期驾四马的车最为普遍，称作"驷"，同时，驾三马的叫骖，驾二马的叫骈。今天的考古发现能够证明，在商代有两马驾车的情况，但是先秦文献中没有这方面的记载。相比之下，驾三马或四马的车较为常见，特别是到了周代，都是四马驾车。因此，"驷马"就成为了车马的代称。

前面我们提到过，先秦时期的车可分为大车、小车两类。大车也就是驾牛的车，主要用来运载货物。小车是马车，主要用作战车和贵族出行用车。春秋时代，用于作战的车和平时乘用的车已经逐步分开，作战车辆也有了许多种。

《孙子兵法》中说："驰车千驷，革车千乘。"驰车，也叫轻车。据考古发现，春秋时期的车轮直径比商代和西周都有所缩小，车的形体变小，有利于车的机动，所以驰车的速度比较快，驷马的驰车也就成了快的代名词。所以就有了后来人们熟悉的俗语"一言既出，驷马难追"了。

四马驾的车，中间驾辕的两匹马叫服马，主

要用来控制车的方向。服马两侧的两匹马叫骖马，骖马不与车体相连，而是用马身上的皮带来拉动车辆。

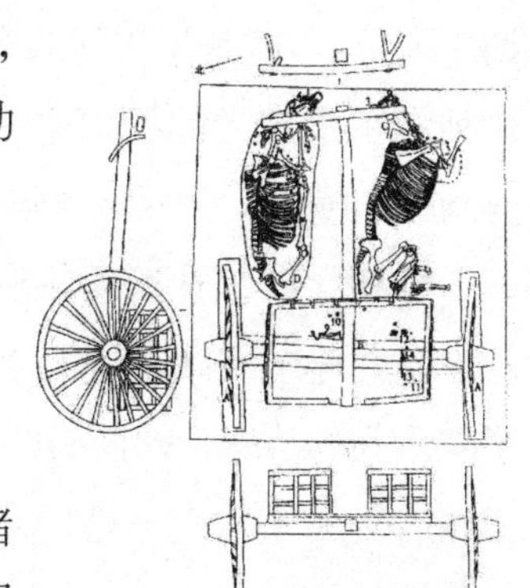

（二）乘舆制度与等级划分

乘舆泛指车马，也借指帝王，或特指天子和诸侯所乘坐的车子。中国古代车马的礼仪基本在商周就已确立。考古发掘中发现不少级别不同的车舆，反映出古代乘车中等级森严的制度。在我国境内发现的年代最早的车子实物是河南安阳殷墟出土的商代晚期的马车，目前已发现数十辆。这些马车距今已有三千多年的历史，多被埋葬于贵族的墓葬旁边，一般一座车马坑中埋放12辆车。多数马车上有青铜制作的车马器，有的车箱内还有兵器和驾驭马车所用的器具。这些考古发现不仅能让我们认识先秦时期车马的构造，也能为我们进一步了解我国古代的车马制度提供帮助。

西周时期是中国古代礼制发展的重要时期，是礼乐文化的繁荣阶段。中国古代的许多制度都始于西周时期，车马制度也不例外。当时，马车除被继续用于作战之外，还被作为身份与等级的标识。据周代的礼书记载，从周王到诸侯、卿大夫，依据其身份的不同而在车子的结构、驾马的数量、车马器的形制、车子的装饰等方面有严格的区别。在周代的贵族墓葬旁边，常可发现附葬的车马，坑内埋放车马的数量和旁边贵族墓葬的规模和随葬品相匹配。迄今所见西周时期的车马坑埋放车最多的可达十余辆。

古人曾相信驾马数是与身份相对应的，周代规定“天子驾六马，诸侯驾四，大夫三，士二，庶人一”。身份不等的人，乘坐的车马规格是有严格区别的，天子乘的车称为辂车，极尽豪华；诸侯乘较大的辎车或轻便的轺车。当诸侯立功时，车马会成为天子赏赐给立功者的奖品。车马的数量、车舆的大小、车行仪仗的规格、车旗的颜色等等都是区别地位的标识，可谓是礼节繁缛。这种复杂而具体的乘舆制度是周礼的重要组成部分，也是后代王朝礼仪制度的重要内容。在周代，必须是有一定身份者才具有乘车的资格，而且所乘车必须与乘坐者身份相符，否则便是失位。《左传》中记载的：“蔡侯、许男不书，乘楚车也，

谓之失位。”就是说古代乘车失位的事。春秋战国时期，拥有战车的数量成为衡量列国军事实力的标识之一，因此当时有“千乘之国”“万乘之国”的说法。直到战国晚期，骑兵才逐渐取代战车成为东周列国主要的作战手段。

春秋之世，礼崩乐坏。由于周王室的衰微，诸侯间僭越的事时有发生。湖北枣阳九连墩战国墓地的主人应为楚国的诸侯或为卿大夫，属于僭越周礼使用了驾六马的待遇，陕西秦国陵园也属于同样的僭越行为。只有2002年发现的周王城广场天子驾六车马坑，才是周礼的真正体现，它不仅印证了古之天子驾六马的乘舆制度，也成为东周王城陵区的坐标。

秦汉时代是车马礼仪发展的高峰时期，在目前国内出土的汉代画像石、墓室壁画等实物都为研究车骑礼仪制度提供了丰富资料。

秦始皇统一中国后，以为自己“德兼三皇，功过五帝”，自称“皇帝”。他一生五次出巡，车队浩浩荡荡，有前导、后卫、护从、伴驾，并各按一定的礼仪紧紧相随。其车辆制作之精美、装饰之华丽和车队规模之大，超过了夏商周以来的所有君主。刘邦在看到秦始皇威武壮观的出巡场面后，曾不由自主地发出“大丈夫当如此也”的感叹。刘邦夺得政权后，建立西汉王朝，也形成了自己的銮驾制度。但西汉的銮驾制度主要是继承秦制，从秦演变而来的。

秦始皇在车制上进行了较大的改革，建立起一套严格的銮驾制度，即所谓天子出巡时的车队次序。皇帝出行，主乘是金根车，副车为五时车。金根车的规制十分豪华，前驾六匹马，《史记》中就有秦始皇“乘六马”的记载。之所以把皇帝所乘之车称为金根车，是因为根是载养万物的，只有皇帝才配得上乘这种车，加之用金装饰，显得更加豪华富丽。

比金根车次一等的是属车，即安车和立车，秦陵出土的铜车马即为安车和立车。属车又叫副车、贰车、佐车。五时副车，各以五色安车、五色立车配成五组，每组各代表一个时节或方位。一安车和一立车是一组，均驾驷马。东、西、南、北、中为五方；春、夏、仲夏、秋、冬为五时；青、红、黄、白、黑为五色。五方和五色的搭配是：东方是青色、西方是白色、南方是红色、北方是黑色、中央是黄色。

秦始皇实行的銮驾制度，对后世特别是对汉代产生了重要的影响。《后汉书》中有对汉代乘舆的描述，其装饰十分豪华，主要形制也是继承秦代乘舆而来。

今天，在秦始皇陵西墓道旁出土的一组两乘铜车马，恰好为一安一立，均为驷马驾车。马的通身为白色，车舆彩绘底色也为白色，所以，有人认为这两乘车是秦始皇出巡车队中象征西方的副车。秦陵铜车马的出土验证了文献中的记载并非虚妄，更让我们感慨于古人造车技艺的高超。

四、秦朝的“车同轨”与古代交通发展

前面我们主要介绍了我国古代车马的发展状况，了解了车马的构造、乘舆制度，以及它们发展的历史。车马的行驶离不开道路。那么，道路如何能制约车马的行驶？“车同轨”中的“轨”是指我们今天说的“轨道”吗？我国历史上的“车同轨”又是怎么回事呢？

（一）什么是“车同轨”

西汉著名的史学家司马迁的《史记》在“秦始皇本纪”中有“一法度衡石丈尺，车同轨，书同文”的记载。这里的“一”“同”是统一的意思。“车同轨”是秦始皇统一中国后颁行的一道法令。

古代的车是用木料制成的，车轮也是木制的，为了使车轮耐用，必须在木轮的外周箍上一层铁，为的是让车轮经得起与道路之间的摩擦。车子在道路上行驶得久了，车轮就会与泥地或石板地进行长时间的摩擦，因此会在路上留下两道深深的车轮痕迹，也就是车辙。车子在车辙中行驶得越多越久，车辙就越深，以后的车辆在这两道车辙中行走起来也就越快。反之，对于不能恰好套入车辙中的车子来说，道路就会崎岖不平，行驶起来也艰难得多。

今天，在距河北石家庄30公里左右的井陉县附近，有一条古驿道，这条古驿道的历史可追溯到秦代。秦始皇以后，修筑了以咸阳为中心的驿道，井陉古驿道就是当时的主干线上的重要一段。这里群山环立，地势险要，是历代兵家必争之地。就是在这条古道上，我们能够看到两道深深的凹痕，从门洞下穿过，又长又深，镶嵌在厚厚光滑的基岩路面里，这就是古代遗留下来的车辙痕。两千年前的车子的车轮，实际上就套在这两道痕迹中行走。尺寸相符合的车能够在这两道车辙中快速地行驶，而不同尺寸的车轮就很难在这两道车辙痕中行驶。

在秦始皇统一中原之前，列国向来是没有统一的制度的。就交通方面来说，各国的车辆大小不同，两个车轮间的距离也就有大有小。一个国家的车轮距离与其他的国家不同，他国的车辆就会因为无法套进这两道车辙中而无法行走。战国时期，各国为了防御他国的入侵，在制造车子的时候都用自己的一套车轮，并有意将自己国家的车轮之间的距离设计得与他国不同。由于车辙距离的不同，外来车辆在道路上行驶就会受到阻碍，客观上成为抵抗其他国家入侵的一个有效工具。这种可以将车轮套进去行驶的车辙，就是轨。

秦始皇统一中国后，把这种不同的车辙道路统一为一种尺寸的车辙道路，将全中国的车轮距离一律改为六尺，这样，全国各地车辆往来就方便了，可以在各地道路上通行无阻。秦始皇的这一措施，就叫做“车同轨”。

除此之外，人们对“车同轨”还有不同的理解。有一种说法认为“车同轨”是要求车辆的形制要合乎礼制法规。我们在介绍古代的车马制度中也提到过，在古代社会，车马是身份地位的最高象征。只有士大夫、官僚贵族才有资格乘车，而且车辆的形制大小必须与车主的身份地位相符。因此，车辆的形制是古代礼乐制度的一个重要方面。秦朝建立后，对各种车辆的形制作出新的统一规定，要天下共同遵守，这正是秦始皇维护等级制度、加强皇权的重要措施。

（二）“车同轨”与古代交通

1. 先秦时期的古代交通

我国有着悠久而灿烂的文明史。早在先秦时期，我国古代的交通就显示出了蓬勃发展的姿态。根据甲骨文、金文以及各种出土实物和文献的记载，在距今三千多年前的商朝，就已经出现了车马、步辇、舟船等交通工具。到了春秋战国时期，由于战争的频繁发生，各国纷纷修筑供战车通行的道路，并且在沿途设有驿站。中原各国陆地交通纵横交错，同时，利用长江、淮河和黄河等天然河道，以及相继开凿的人工运河，水路交通也发展起来。

在远古尧舜时，道路曾被称作“康衢”。西周时期，人们曾把可通行三辆马车的地方称作“路”，把可通行两辆马车的地方称作“道”，把可通行一辆马车的地方称作“途”。我们这里所说的道路，通常是指地面上供人或车马经常行走的那一部分。

可以说自从人类诞生后，就开始了路的历史。早在大约170万年至50万年前，在亚洲东部这块古老的土地上，就先后有了元谋人、蓝田人和北京人等原始人群生活着。我们的祖先在极端恶劣的自然环境和十分低下的生产力条件下，为了生存和繁衍，在与自然斗争的过程中，在中华大地上开辟了最早的道路。

历史发展到原始社会传说中黄帝、炎帝和尧、舜、禹担当部落首领的时候，各地的交通有了明显的进步。在公元前两千多年左右，我国就已经有了可以行驶牛车和马车的古老道路。《尚书》中记载了这样一个故事：尧年纪大了，经过反复考验选择了舜作为自己的接班人，并将帝位传让给了他。舜登位后办的第一件大事就是“辟四门，达四聪”“明通四方耳目”，二月巡泰山，五月去衡山，八月访华山，十一月到恒山。可见舜帝对发展交通、开辟道路是非常重视的。舜之后，帝位传给了夏禹。《史记》中记载夏禹“陆行乘车，水行乘船，泥行乘橇，山行乘”，足迹几乎遍布了黄河、长江两大流域，也从侧面反映了当时交通的发展状况。

商朝重视道路交通，当时不仅出现了许多交通工具，而且古代文献中也有商人修筑护养道路的记载。经过夏商两朝长期的开拓与发展，到公元前1066年至公元前771年的西周时期，可以说我国的道路已经初具规模。

周武王灭商后，除都城镐京（今西安附近）外，还根据周公旦的建议，修建了东邑（今洛阳），以便于控制东方新得到的大片疆土，对付商朝残余势力。

为了有效发挥镐京、东邑两京的政治、经济、文化中心的作用，周朝统治者在它们之间修建了一条宽阔平坦的大道，号称“周道”，并以洛邑为中心，向东、北、南、东南几个方向又分别修建成等级不同的、呈辐射状的道路。周道是西周重要的交通中轴线，也可以说是西周王室的生命线。《诗经·大东》上说：“周道如砥，其直如矢；君子所履，小人所视；眷言顾之，潸焉出涕！”意思是说在这条宽广平

坦、笔直如矢的大路上，老百姓看到王公贵族掠走了他们辛勤劳动的成果，不能不伤心落泪。在我国古代交通发展史上，修建周道有着重大的历史意义。不仅周、秦、汉、唐的政治经济文化重心都是在这条轴线上，而且到了以后的宋、元、明、清各朝，这条交通线也仍然是横贯东西的大动脉，可以说，周道在我国经济文化发展的历史上，起着重要的奠基性的作用。

东周时期，社会生产力空前发展，农业、手工业与商业都兴盛起来。春秋大国争霸，战国七雄对峙，大规模的经济文化交流、军事外交活动和人员物资聚散，都极大地推进了道路的建设。除周道继续发挥其中轴线的重要作用外，在其两侧还进一步完善了纵横交错的陆路干线和支线，再加上水运的发展，把黄河上下、淮河两岸和江汉流域有效地连起来。

2. 秦汉时期的古代交通

陆上交通网的形成，始于秦朝。早在秦国出兵扫灭六国的同时，秦王嬴政就开始着手整治各地私筑的高墙壁垒，拆除妨碍交通运输的关卡。秦始皇统一中国后，为了巩固中央集权，秦以首都咸阳为中心，沟通河渠，兴修驰道，建立了当时世界一流的全国水陆交通网。颁布“车同轨”的法令后，秦还把过去杂乱的交通路线，加以整修和联结，建成遍及全国的驰道，至此车辆便可以畅通无阻地行驶全国了。

秦朝的水陆交通体系是在以前历朝历代的基础上发展而来的。在第一次巡游咸阳以西之后，秦始皇就下令开辟专供天子巡行天下的驰道。关于驰道，我们还会在后面作专门介绍。除驰道外，秦始皇还进行了许多道路方面的建设。直道的修建沟通了咸阳至北部边塞的联系；岭南新道的拓建，则把中原先进的生产技术和文化送到福建、江南、湖南、广东、广西等南方地区；五尺道的修建，加强了中原与四川、云南、贵州的文化和经济联系。众多交通干道的修建，对于全国性陆路交通网的形成，有着重大的意义。

在道路建设的同时，秦始皇还下令将各诸侯国内河渠上的截水堤坝及拉阻水道的设施全部决通，并以鸿沟为中心，疏通济、汝、淮、泗等河流。此外，他又在吴、楚、齐、蜀大兴水利，开凿灵渠，沟通了珠江、湘江、长江水系，

发展航运和灌溉。公元前 219 年，还派徐福等人出海，将内陆驰道与江、河、湖、海的航路互相衔接，构成全国一体的水陆交通网。

秦朝二世而亡，西汉建立了。汉朝继承秦制，陆路交通线除继承和维修了秦的驰道、直道外，还新修一些交通线，在秦朝原有道路的基础上，继续扩建延伸了以京都为中心、向四面八方辐射的交通网。如自西汉京城长安而东，出函谷关，经洛阳，至定陶，以达临淄，为东路干线；自长安而北，直达九原郡，为北路干线；自长安向西，抵达陇西郡，为西北干线，自公元前 2 世纪开通河西、西域后，这条干线可经由河西走廊，延长到西域诸国，这就是闻名中外的“丝绸之路”；自蒲津渡黄河，经平阳、晋阳，以通平城，为河东干线；自长安向西南经汉中，以达成都，并远至云南，为西南干线；自长安向东南出武关，经南阳，以达江陵，并继续南进，为南路干线。此外，还有一些支线和水运干线通向全国。

秦汉时期水运事业有了较大发展，秦朝挖掘的灵渠把长江水系和珠江水系连接起来，汉朝更进一步开辟了沟通东西方的海上航线。

秦汉时期，全国性的水陆交通网基本形成了。

3.“车同轨”对古代交通的影响

“车同轨”法令一经颁行，秦朝在交通建设方面也推行了一系列的措施。为了适应“车同轨”的要求，秦朝在把过去错杂的交通路线加以整修和连接的基础上，又耗费了难以数计的人力和物力，修筑了以驰道为主的全国交通干线。这项费时十年的工程，规模十分浩大，它以京师咸阳为中心，向四方辐射，将全国各郡和重要城市，全部联通起来。

秦朝驰道有统一的质量标准：路面幅宽为 50 步（约 70 米）；路基要高出两侧地面，以利排水，并要用铁锤把路面夯实；每隔三丈种一株青松，以为行道树；除路中央三丈为皇帝专用外，两边还开辟了人行旁道；每隔 10 里建一亭，作为区段的治安管理所、行人招呼站和邮传交接处。

据古书记载，公元前 212 年到公元前 210 年，秦始皇下令修筑一条长约 1400 公里的直道，命蒙恬、扶苏率 20 万大军，驻

守边关，修建直道。这条大道沿途经过陕、甘等14个县，直至九原郡（今内蒙自治区包头市），仅仅用了两年半的时间就修筑完毕。建成后的直道宽度一般都在60米左右，可并排行驶10—12辆大卡车，最宽处甚至可以与今天的飞机起飞降落跑道相类比。

总之，“车同轨”的实现带动了我国古代的道路建设，客观上促进了古代交通的迅速发展。

（三）秦朝的驰道

秦始皇统一中国后，“车同轨”，兴路政，修建了大量的道路，其中最宽敞的道路，称为驰道，即天子驰车之道。驰道是中国历史上最早的“国道”。

公元前221年，秦始皇统一六国，统一后的第二年，他就下令修筑以咸阳为中心的、通往全国各地的驰道。著名的驰道有九条，有出今高陵通上郡的上郡道，过黄河通山西的临晋道，出函谷关通河南、河北、山东的东方道，出今商洛通东南的武关道，出秦岭通四川的栈道，出今陇县通宁夏、甘肃的西方道，出今淳化通九原的直道等。从《汉书·贾山传》中得知，秦驰道在平坦之处，道宽五十步（约六十九米），隔三丈（约七米）栽一棵树，道两旁用金属锥夯实，路中间为专供皇帝出巡车行的部分。

驰道是皇帝的专用车道，大臣、百姓，甚至皇亲国戚都没有权利在驰道上行走。这种驰道在秦汉时期也最为流行。

在今天的河南南阳的山区里，人们惊奇地发现了类似于今天“轨路”的古代轨路。经过科学分析，这种古代的“轨路”是两千二百多年前的秦朝遗留下来的。这种轨路的原理和现代铁路相似，还是复线，只不过它不是用蒸汽机车牵引的火车，而是用马力拉动的马车。在两千多年以前我国竟然已经有如此先进的交通设施，不得不令人惊叹，有人甚至认为这一发现的意义超过了兵马俑，是我国古代的又一“奇迹”。

现在铁路不是铁铸造的，而是轧制的钢轨。秦始皇时代的“轨路”当然也不是铁铸造的，而是用木材铺设的。作轨道的木材质地坚硬，经过防腐处理，

至今尚保存完好。不过枕木已经腐朽不堪，显然没有经过防腐处理，而且材质也不如轨道坚硬，但历经两千余年，今天还能够看出其大致模样。

这里的路基夯筑得非常结实，枕木就铺设在路基上。这种枕木的材质比较软，专家认为这样的选择不仅仅是为了减少工程量，或单纯地为了广泛地开辟木材来源，而是一种有意识的选择。比较软的枕木可以和夯筑得非常坚硬的路基密切结合，从而使轨道平稳，车子在上面可以快速平稳地行驶。从中我们也可以看出古人极高明的智慧。

如果你曾经在铁路的枕木上走过，就会知道，两根枕木间的距离和人们的步子很不合适。一次跨一根显得步子太小，跨两根又太大，在枕木上走路很不习惯，速度也不快。但是经过测量，人们却惊奇地发现，秦始皇时期的“轨路”，其枕木之间的距离竟然正好和马的步子合拍。马匹一旦拉车到了轨道上，就不由自主地飞快奔跑起来，几乎无法停下。那么马车最后又是怎么停下来的呢？相关专家认为，当时一定还存在专门的车站，即在车站枕木之间有木材填充平整之地。马匹在这里喂饱喝足，休息调整，一旦需要，套上车就能飞驰，马不停蹄。到了下一车站，由于枕木之间已经填充平整，马很自然地就会逐渐减慢速度，最后停下来。这时候就可以换上另一匹吃饱休息好的马，继续飞驰前进。这样，马车在轨道上行驶起来的速度就会很快。由于使用轨道，摩擦力大大减小，所以马也可以一次拉很多货物。很显然，这是一种十分节省使用马力的方法，或者说是一种效率极高的方法。公认的速度至少应该是一天一夜六百公里，更有的人认为是七百公里，这在当时已经是极快的速度了。拥有了这样的交通系统，难怪秦始皇可以不用分封就有效地管理庞大的帝国，并且经常动辄几十万人的大规模行动了。

有不少专家认为，该“轨路”是秦始皇灭楚国时修建的，目的是进行后勤补给。因为秦灭楚国时曾动用了六十万军队，后勤补给需求量一定很大，所以修建了这条轨路，以满足战争需要。但是也有人说，秦始皇灭楚国时使用过这条铁路固然不难想像，但单从技术上来看这个工程也已经非常成熟，不是临时需要才想出来的，所以决不会是个别的工程。

以前一般认为秦始皇修建的驰道是“马路”，现在看来应该是“轨路”，由于马匹在上面飞驰，故称之为“驰道”。历史记载秦始皇在统一中国后在全国建设驰道，依此看，在2200年前就已经形成了一个全国的“轨路网”。

当时的中国，广袤的土地上植被茂密，到处都是森林，也有良好的木材，这就为修建“轨路”提供了物质条件。如有损坏，随时随地可以取得木材修复，这是秦朝“轨路网”修建的物质条件。

《汉书》中说：“秦为驰道于天下，东穷燕齐，南极吴楚，江湖之上，滨海之观毕至。道广五十步，三丈而树，厚筑其外，隐以金椎，树以青松。”在古代一般来说道路没有必要这样宽，因此有人猜测该是马路和复线“轨路”并列而行。车子如有需要，可以随时上轨路，也可以随时由轨路上公路。在南阳山区发现的“轨路”，是单独复线，没有马路相伴。

在秦朝，我国的工业已经非常发达而且很科学，实现了标准化、系列化和通用化。秦国的工匠，每年制造1600万个一模一样的箭头。制造的弩，原理和现代的步枪完全相同，甚至零件的模样也和步枪完全相像。而且其生产同样是实现标准化、系列化和通用化的，拿起任何一个零部件就可以安装。

既然秦朝时就已经有了如此发达的“轨路网”，那么这个“轨路网”为什么没有流传下来呢？

许多人认为，秦朝末年的连年战争，造成了很大的破坏，汉朝皇帝没有能力为自己的御车配备颜色相同的马，许多将相只能坐牛车。由于严重缺少马匹，“轨路”被废弛了。没有车子在上面跑的“轨路”，反而成为了交通的阻碍，所以秦始皇的“轨路”，有的在战争中被毁，其余的绝大部分也在战后被拆，成了普通的公路。汉朝的经济在很久以后才复苏，又长期实行无为而治，所以也一直没有劳师动众重修“轨路”。加上秦朝的驰道非常宽，因此在后来经济复苏中，许多道路被开垦为耕地，变窄甚至完全不复存在了。还有，秦朝的“轨路”是用于长途运输的，而汉朝长期分封诸侯，各地群众也没有长途运输的必要，运输线变短，也因此失去了修建“轨路”的必要性。原来人烟稀少的长途运输必经地，也已经失去了重要性。大概只有这些地方才能够得以免除被人为拆除

和开垦并遗留下来，但也正因为人烟稀少而不被人们注意。秦始皇的“轨路”也就这样逐渐失传了，以至于人们再也不记得曾经有过如此的辉煌。

但是今天看来，除了在个别地区外，别的地方目前还没有找到秦朝“轨路”的遗迹，说秦朝有过非常发达的“轨路网”，尽管是个非常符合逻辑的推测，但也只能是个推测。一般来说在人口稠密地区已经不大可能还有秦朝“轨路”的遗存了。但是如果秦朝的“轨路网”被证实，那么这必将是人类又一项伟大的工程。

五、秦朝“车同轨”的历史意义

政治的稳定、经济的发展与文化的统一，都与交通条件有着密切的关联。交通的进步对于我们民族文化共同体的形成和发展有着重要的影响。“车同轨”的实现，提高了政权的行政效率，促进了不同经济区域的贸易往来，也消除了各地文化交流的障碍。在一定意义上，促进了秦汉时期的政治安定、经济繁荣和文化发展，也对后世产生了巨大的影响。

（一）秦始皇的统一措施

公元前221年，秦国先后灭掉韩、魏、楚、燕、赵、齐六国，建立了中国历史上第一个统一的、多民族的、专制主义中央集权制国家。秦王嬴政也成为了中国历史上的第一个“皇帝”。

统一中国后，秦始皇深感过去的国家组织机构已不能适应新形势的需要，于是采取一系列措施，调整、完善和加强中央集权统治。

首先改“王”为“皇帝”。春秋战国时期的最高统治者一般都称为“王”，但秦统一中国以后，秦始皇觉得自己的功德高过了三皇五帝，“王”已不足以显示其尊贵，遂而决定称自己为“皇帝”。自此，“皇帝”就代替“王”成为最高统治者的称谓，而秦始皇就成了中国历史上第一位皇帝。他自称为“始皇帝”，并且希望自己的统治能够世代相传，其子孙后世相继称为“二世”“三世”，“至于万世，传之无穷”。

其次是加强中央政权组织。秦王朝的中央政权是秦国原来的中央政权的延续和扩大，但官职的名称和权力有许多变化：最高统治者是皇帝；中央最重要的官职是丞相、太尉和御史大夫，三者分掌政权、军权和监察大权，互不统属。

再次是调整地方政权组织。统一后的地方政权组织，主要是推行郡、县、乡、亭四级行政组织。刚统一时，秦分天下为36郡，以后，随着边境的开发和郡治的调整，总郡数最多曾达46郡。郡设郡守、郡尉和监御史，三者分职明

确，是与中央政权的“三公”明确分职的原则相一致的。

除了在政治上建立皇帝制度、建立专制主义中央集权以外，秦始皇在经济、文化等方面也作了重要的统一工作，包括统一货币、度量衡和文字。秦统一前，货币很复杂，不但形状、大小、轻重不同，而且计算单位也不一致。秦统一后，秦始皇下令统一全国货币，以黄金为上币，以镒为单位；以方孔有廓圆钱为下币，以半两为单位，称为“半两”钱，这种圆钱一直沿用了两千多年。

在秦统一全国前，度量衡方面的情况与货币相似，非常混乱。秦在商鞅变法时就对度量衡的标准作过统一规定。统一全国后，秦统治者以秦国的制度为基础，下令统一度量衡，并把诏书铭刻在官府制作的度量衡器上，发至全国，作为标准器。

战国时代由于长期处在分裂割据中，语言文字差异很大，而且东方六国的文字难写、难认，偏旁组合、上下左右也无一定规律，严重阻碍文化的交流。公元前 221 年，秦世皇以秦国通行的文字为基础制定小篆，颁行全国，促进了文字的统一。

秦始皇还颁布了另一道重要的法令，就是“车同轨”。在统一中国的那一年（前 221 年），他就确立了以郡县制度为基础的新的专制主义政体，分全国为 36 郡，由中央政府主持，并进行了“治驰道”的伟大工程，形成了通达全国的交通网，作为“周定四极”“经理宇内”的条件。战国时期各诸侯国在各地修筑了不少关塞堡垒，同时各国间的道路宽窄也不一致，影响交通往来。秦始皇下令拆除阻碍交通的关塞、堡垒，并且在公元前 220 年开始修建以首都咸阳为中心的驰道。公元前 212 年，秦始皇又下令修一条由咸阳直向北伸的“直道”，仅用两年多的时间即告完成。这些“驰道”“直道”，再加上西南边疆的“五尺道”以及在今湖南、江西、广东、广西之间修筑的“新道”，构成了以咸阳为中心的四通八达的道路网。通过对道路和车轨宽度的统一，大大方便了全国各地的交通往来。这些措施，对于消除封建割据、加强中央集权、巩固多民族国家的统一、发展封建经济和文化，具有重大而深远的影响。

（二）“车同轨”的历史意义

前面我们已经提到，“车同轨”的实现带动了我国古代的道路建设，客观上促进了古代交通

的迅速发展。而交通的进步对于我们民族文化共同体的形成和发展有重要的影响。

政治的稳定、经济的发展与文化的统一，都与交通条件有着密切的关联。秦汉大一统王朝的建立，使中央政府直接管辖的区域大大扩展，加强统治的需要，迫使统治者大力改善交通条件。“车同轨”的实现，提高了政权的行政效率，促进了不同经济区域的贸易往来，也消除了各地文化交流的障碍。在一定意义上，秦汉时期的政治安定、经济繁荣和文化发展，是建立在不断完备的交通运输系统上的。

回顾秦汉时期交通发展的状况，我们可以看到，在这一历史阶段，联络黄河流域、长江流域、珠江流域各主要经济区的交通网已经基本构成，舟车等交通工具的制作已经达到相当高的水平，运输动力也得到空前规模的开发，交通运输的组织管理形式也逐渐完善，连通域外的主要交通线已经开通。正是以这些条件为基础，当时以华夏族为主体的多民族共同创造的统一的文化——汉文化开始初步形成。

汉代帝王也同样将交通建设看做执政的主要条件。在《汉书·武帝纪》中记载着汉武帝时开通往“南夷”地区的道路，平治雁门地区交通险阻等事迹。据《史记》中的记述，著名的褒斜道的经营和漕渠的开凿，也由汉武帝亲自决策施工。王莽通子午道，汉顺帝下令罢子午道、通褒斜道等史实，也都说明了最高权力中枢规划组织对交通工程建设的重视。交通建设的成功对于汉王朝开边拓地的事业有显著的意义。与汉地相隔绝的西域诸国之所以和汉王朝实现了文化沟通，与丝绸之路的开通有着密切的关系。汉武帝重视优良马匹的畜养，使军队的交通能力切实提高，后方的军需供应也得到保障，于是继而出师匈奴，改变了北边经常受到侵扰的局面。交通建设的成就，使大一统帝国统治的广度和强度都达到空前的水平。

交通的进步，还使得行政效率得到保证。中央政府的政令，可以借助交通系统的便利，迅速、及时地传达到基层，因而大多能够有效地落实。每当遇到政务军务紧急的时候，还往往通过驿传系统提高信息传递的速度。正是以此为基础，大一统的政治体制能够成立并且得以维持。

交通进步为大一统国家经济的运行提供了便利。

秦汉大一统政权建立之后，海内连成一体，众多关卡禁限多被打破，富商大贾得以“周流天下”，四处行商，商品贸易发展起来，社会生产和社会消费都冲破了原有的比较狭隘的地域界限。《史记》中说的“农工商交易之路通”就是以当时交通建设的成就为条件的。

利用当时的交通条件，政府可以及时掌握各地农业生产的实际状况，进行必要的规划和指导。当遭遇严重的自然灾害时，可以调动运输力量及时组织赈救。安置流民以及移民垦荒等政策，也是通过交通方式落实的。

秦汉时期交通成就对于经济发展的有力推动，还突出表现为当时商运的空前活跃。物资的交流极大地繁荣起来，也使得经济生活表现出前所未有的活力。以繁忙的交通活动为基础的民间自由贸易，冲破政府抑商政策的重重阻碍，对于秦汉时期的经济繁荣表现出显著的历史作用。

交通进步又为大一统国家文化的发育创造了条件。

东汉著名学者许慎在《说文解字》中，曾经这样评述战国时期的文化形态：“分为七国，田畴异亩，车涂（途）异轨，律令异法，衣冠异制，言语异声，文字异形。”就是说，在战国时期七国纷争的时代，各国之间田亩不同、车轨不同、法律不同、服饰不同、语言不同、文字不同。秦始皇会稽刻石中则写着“远近毕清”“贵贱并通”“大治濯俗，天下承风”“人乐同则，嘉保太平”，这一篇文化统一的宣言，告示天下要树立无论“远近”“贵贱”都共同遵守的所谓文化“同则”的决心。秦汉时期大一统的政治环境为各地区间文化的交流和融会创造了条件，而在“车同轨”实现后，交通状况迅速改观，特别是汉武帝时期交通的快速发展，为新的文化共同体的形成创造了条件。

事实上，在秦始皇时代之后，各地区间文化的进一步融合，是在再一次出现交通建设高潮的汉武帝时代实现的。

汉武帝在多处凿山通道，使河渭水运也达到新的水平，又打通了西域道路，令汉王朝的威德播扬直至中亚地区。正是在汉武帝时代，起源不同而风格各异的楚文化、秦文化和齐鲁文化大体完成了合流的历史过程。也正是在汉

武帝时代，秦隶终于被全国文化界所认可。虽然“书同文”的理想很早就产生了文化感召力，但文字的真正统一，在汉武帝时代才得以真正实现。汉武帝还推行了“罢黜百家，表章六经”，也就是推崇儒学，压抑其他诸家学说的文化政策，促使中国文化史进入了新的历史阶段。这一重大历史转变的完成，是与一代又一代游学千里的文化传播者们的交通实践分不开的。

虽然汉武帝时代交通建设的成就为统一的汉文化的发育提供了较优越的条件，虽然从司马迁的记述中，仍然可以看到各地文化风情的显著差异，但各地区的文化差异，已经随着交通的进步而较前代明显弱化。

在西汉晚期至于东汉，黄河流域已经大致归并为关东（山东）和关西（山西）两个基本文化区。由于各地文化基础差异以及相互文化交往尚不充分，以致两个基本文化区人才素养的倾向也表现出显著的差异，这就是所谓“山东出相，山西出将”“关西出将，关东出相”。东汉以后，由于军役往来、灾民流徙、异族南下、边人内迁等特殊的交通活动的作用，文化融合的历史进程进一步加速了。

从语言上看，在汉朝，许多关东、关西方言已经逐渐趋于统一。魏晋时期以后，中国实际上出现了江南和江北两个基本文化区并峙的局面。中国历史上大的文化区划，后来又有了“南方”与“北方”的分别，以至于今天的“沿海”和“内地”“东部”和“西部”的说法。东部地区或者沿海地区，有较好的经济文化发展的条件，其中包括了交通方面的优势。而“沿海”地方之所以基础优越，还加入了海外交通便利的因素。

综上可见，交通的发展对于国家的进步有着重要的历史意义，而“车同轨”的出现又在中国古代交通的发展史上闪耀着特殊的光芒。

“车同轨”的实现，使全国车辆开始使用同一宽度的轨距，这也就意味着车上的主要零部件都有了统一标准，部件的更换也更加迅速方便。这种“标准化”的要求和方法无论在当时还是今天看来都是很先进的，它适应了秦朝全国土木工程和战争等方面长途运输的需要，对道路修建方面提出了更高的要求，具有巨大的经济价值和社会效益。这也是“车同轨”的又一项历史功绩。

六、文化视野中的古代车马

我国的古代车马不仅是古代交通发展史上一颗璀璨的明珠，也是承载了我国几千年文化的历史宝藏。在遥远的古代社会，车马是古代人们出行、作战乃至生活的必备用品，而经历了漫长的时间洗礼，车马已经从古老的交通工具演变为一种传统文化的载体。无论是在考古发现中，还是在古代汉字的生动图形中，我们都能找寻到古代车马的历史痕迹。古代车马文化也是我国传统文化不可或缺的一部分。

（一）考古发现中的古代车马遗存

我国古代的车马历经了几千年的历史，今天仍然能够生动地再现在我们的面前，一方面是依靠古代文献中对车马的描述，更重要的还是要得益于考古学的发现。

殷代的车子，考古屡有发现，其结构基本定型，应该距它最初发明的时间已有一个相当长的阶段了。古文献中说夏代就发明了车，但是至今未发现夏代车的遗存。殷墟考古发掘的殷代车马坑是华夏考古发现的畜力车最早的实物标本。

从殷墟为代表的商代车马出土实物来看，商代车多为木质两马驾车，前有一衡两轭，车舆较小，一般为长方形，轴贯两轮，辐条多为 18 根。相比之下，西方同时期的车马文物很罕见，车制也明显落后。

西周至春秋战国时期近千年的历史，中国古车在车制和装饰方面日趋完备，许多设计原理和机械造型对现代设计不无启发。众多出土文物中，以河南辉县出土的战国车最为典型，其轮子的设计技术令现代人惊叹。那时的古人已经能用科学的力学原理来设计轮绠装置，使

作用于轮子的力能够平均分散到轮缘上，增加了轮子的耐用性。“察车自轮始”，轮子的制造质量至关重要，我国先民在春秋时期已经总结出一套科学的工艺检验标准，在《考工记》一书中有详尽的记载。

最能体现中国古代制车技术的是 20 世纪 80 年代出土的秦陵铜车马，即 1 号、2 号车马的形制和装饰，充分体现了秦代高超的造车技术。文献中记载的古代制车工艺都在它们身上得到了解读。典型的例证如《考工记》中的“短毂则利，长毂则安”，意思是说，短毂的车轮轴和毂的摩擦面小，车轮转动时阻力小，车速快；而长毂的车轮要比短毂的车轮摆动幅度小，长毂有助于减震、增加车的稳定性。研究者经测量比较发现秦陵 1 号铜车之毂长短于 2 号铜车的毂长，因为 1 号铜车是立车，战车形制，用短毂；而 2 号铜车为安车，乘者地位尊贵，坐乘用的，当然用长毂以求平稳了。秦陵铜车马的许多设计工艺在今天看来仍然是科学的、先进的。这些车马的制作方法与《考工记》中的记载也都是吻合的。

（二）古代车马中体现的设计观

宋代理学家程颐说“天下无一物无礼乐”，是说一切器物都是从“礼”和“乐”的意义上来设计的。前面我们介绍过古代的车马制度，知道了古代车马象征着乘车人的身份与地位，在使用中有着严格的规定。同样，古代车马的设计也有自己的一套规矩。小到一个装饰，大到车舆的尺度，无不体现着森严的等级规划和处理法则，不得擅越雷池一步。因此，正确地解读古代车马的设计观念，要结合当时的历史文化背景。

中国古代车马的礼仪在商周即已确立，秦汉时代是车马礼仪发展的峰巅时期，秦陵铜车马是可以考证的典型实物，还有目前已出土的众多汉代画像石、墓室壁画、帛画上也能看到“造车图”“车马出行图”“车骑狩猎图”等，从而为研究汉代的车骑礼仪制度提供了丰富的资料。

著名的如山东嘉祥洪山出土的《造车图》，山东沂南画像石墓的《车马出行

图》，长沙马王堆三号墓出土的帛画《车马仪仗图》、山东武氏祠墓出土的《车骑出行画像石》等，这些耀武扬威的古代出行、出游场面是墓主人身份的象征，是当时社会状况的鲜明反映。

在阶级社会中，标志身份地位的象征物很多，如服装、建筑、日用品等，但是车马在中国古代是最高级的器用，周人制定了严格的车马礼仪，用来巩固和维护天子君王的等级秩序和特权。

阴阳五行学说在古代车仪文化中的体现也是不容忽视的，五行学说孕育于中华文明肇始之初，成长于春秋战国学术繁荣之时，战国时期齐国邹衍的提倡更使其深入社会生活的方方面面。以秦车为例，统治者不仅制定了严格的卤薄制度，还设立了不可僭越的车行仪仗的等级。在车马的装饰色彩方面，这种观念尤为明显。秦陵1、2号铜车马的图案，以白色做底色和基调，间以蓝、绿等十余种冷色勾勒图案，设色淡雅，繁而不乱，这种以白色为主的基调正是“东青龙、西白虎、南朱雀、北玄武”的西方之色，在秦陵考古现场，由五色安车和五色立车组成的十辆副车中，1、2号铜车恰恰位于西方，连马也是白色基调，与“各如方色，马亦如之”的要求吻合。

当然，中国古代车马的产生发展是特定历史时期的产物，随着车战的消失、各种交通工具的发展，双辕车取代了独轿车，牛车增多，礼仪繁缛的马车渐渐冷落下来。公元前307年，赵武灵王“胡服骑射”揭开了单骑的历史，到隋唐时，骑马之风更日渐兴盛起来。

虽然现代社会已经充斥着各种高效率的交通工具，现代设计师也不会再去设计车马，但是，中国古代的许多朴实的造物原则和设计思维并没有完全被摒弃。尽管生活方式变化了，潜在的象征文化却一直在影响着中国的现代设计。我们相信，理解并发扬古代设计文化的精华，对现代设计理念的开拓必定大有裨益。

（三）汉字与古代车马

中国是最早使用马车的国家之一，相传大约四千六百年前的黄帝便创造了车。刘熙《释名》说：“黄

帝造车，故号轩辕氏。”到了夏禹的时候，负责管理车的官员奚仲改进了车的形制，开始以马驾车。此后，马车便在交通、运输、战争及礼制等方面扮演着重要的角色。考古资料显示，商朝晚期马车的使用已非常普遍，马车的制作工艺已相当高超。而当时也正是汉字体系走向成熟的关键时期，丰富的中国古代车马文化，必然会在汉字形体中留下印迹。

“车”字在甲骨文中有许多种不同的写法。在西周金文当中，“车”的简写字体与现在“车”的繁体字“車”结构就基本一致了。而至今所见到的最复杂的“车”字，莫过于刻在商代晚期青铜器“车父己簋”上的“车”字。这一字形生动形象地反映了古代马车的基本形制：字形下部贯穿左右的一横像车轴形；车轴上有三个构件，其中两边的像两个车轮，位于两轮中间的像车舆之形；车轴两端分别有两个短竖，这是用来固定车轮零件的，叫做辖，其作用是管着轮子，不让它们从车轴上滑脱，所以“辖”字后来可以指管辖的意思；与车轴成十字相交、贯穿上下的一竖像车辀，车辀就是车辕；车辀上部横置的弓形构件像车衡，车衡即固定在车辕前端的横木；车衡上有两个“人”字形的构件，是车轭，车轭呈倒叉形状，可以夹在马的脖子上，从而使马带动马车前行；位于车衡两端下垂的构件像系在车衡上的饰物。在这一字形中，几乎车的所有重要零件都刻画出来了，可见其描绘之细致。

金文中还有一个“车”字，与上面提到的“车”字基本相同，但角度稍有区别，其字形的上部朝右侧弯曲，这体现了车辀的特殊形制。《考工记》中记载说：“凡揉辀欲其孙而无弧深。”通过这一描述可以了解到，古代的车辀并不完全是直形的。车辀是一根用火煨烤而成的整木，压在车舆下面的部分与舆底平行，探出车舆底座的部分呈浅弧形，逐渐上扬，至顶端又趋于水平，整个外形就像一个左右拉伸开的“Z”字形。制作车辀时，要让它的弯曲处自然顺畅，不要有太深的弧度。这个“车”字正是从一个特殊的视角，巧妙地反映了车辀微曲上扬的姿态。

车上最重要的部件莫过于车轮了。据说古代的圣人从转动的飞蓬中得到启发，从而发明了轮子。但单纯的轮子只能转动，不能载物，所以圣人又制造了

车厢，安置在轮子上，于是便有了车。且不论“观蓬为轮”说是否可信，但车轮的发明，一定与古人对圆形物体便于旋转的生活经验有关。“轮”字是从车、仑声的形声字，其声符“仑”同时又兼表意义。汉代的《释名》是专门解释事物名称来源的书，该书解释“轮”字说：“轮，纶也。言弥纶周匝也。”之所以可以用纺车的线纶来解释车轮，是因为它们具有共同的特点：一方面它们的功能都必须通过旋转而获得，另一方面线圈的缠绕和车轮辐条的分布都必须很有条理。《说文段注》说：“三十辐两两相当而不迤，故曰轮。”《考工记》中关于制作车轮的技术要求有十条之多，其中很重要的一条，就是要用悬线察看相对应的辐条是否笔直，三十根辐条要两两相对而不倾斜，才能达到要求。可见，旋转和有条理，是车轮得名的两个重要依据，而这两层含义都是由“轮”的声符“仑”表达的。《说文》：“仑，理也。”《康熙字典》：“仑，叙也。”“仑”的繁体字作“侖”，从亼从册，是个会意字。亼，义同“集”。亼册就是把用竹简编制的简册卷积起来，所以“仑”既有条理的意思，又有旋转的意思。还有几个以“仑”为声符的字也与“仑”的这些意义有关。如“伦”是人的不可混淆的辈分、长幼次序，“论”是有条理有层次的语言，“沦”是有条理的水的波纹，等等。这些字都可以和“轮”“纶”“仑”构成同源关系。了解了“轮”字的声符“仑”所提示的意义，我们对车轮名源的理解也就更深刻了。

车的另一个重要部件是车轴。《说文》中解释“轴”为：“所以持轮者也。从车，由声。”“轴”是一个形声字，其声符“由”同时也兼表意义。“由”是从的意思，可以表示一件东西从什么地方出来。“轴”与同声符的“抽”“袖”是一组同源字，它们都含有从什么地方出来的意思。“抽”就是把一件东西从别的东西中拉出来；而衣袖的“袖”得名的原因，也就在于它们是筒状的，两臂可由其中抽出。同样，车轴的得名，也是因为它可以从轮毂中抽出来。《释名》说：“轴，抽也。入毂中可抽出也。”“轴”的这一意义特征，与古人对车轴的保养意识有直接的关系。古时候的车轴多为木制的，车轴伸出车轮外面的两端很容易被撞坏，为了保护轴头，人们用金属制成两个圆筒状的套，套在两端的轴头上，这种零件叫軎。《说文》：“軎，车轴耑（即“端”）也。从

车，象形。”軎上和车轴的两端有对穿的孔，将两轮装在车轴上之后，用一个插销从孔中穿过去，以防止车轮和軎从车轴上滑脱，这个插销就是前面所说的辖。辖虽然是一个小零件，但却是行车的关键；没有车辖，车轮就会脱落，由此可见车辖作用之重要。

由于车轴肩负着承载整个车身及货物的任务，容易断裂，所以古人很注意保护车轴，不用的时候便将车辖取下，卸下车轮，以减轻车轴的负担。而卸下车轮，就相当于把车轴从轮中抽出，“轴”字的命名就包含有这层意思。《说文》还收了一个“车”字的籀文形体，从两车两戈。《说文》中解释说，车上所配备的兵器，最早的就是戈，所以“车”字中可以增添部件“戈”。今天看来，配备有戈的车无疑是古代的战车。河南淮阳马鞍冢出土的古代战车，车厢上就设有专门插戈的圆筒，正好与此字形相印证。

古代的战车多用马驾。驾马的数量有二、三、四、六不等。《说文》中“骈”“骖”“驷”分别表示驾二马、三马、四马，这几个字的意义都跟它们的声符有关。“骈”字从“并”得声，含有“两个并列”的意义特征。“骖”字从“参”得声，《广雅》：“参，三也。”因而“骖”就有了“三”的特征。“驷”字从“四”得声，《说文》：“驷，一乘也，从马四声。”由四匹马拉的车称为一乘。《论语》中说：“驷不及舌。”由四匹健壮的马所拉的车，其速度之快可想而知，但它还是赶不上舌头的速度，这话是告诫我们说出的话就难以收回了，所以要出言慎重。成语“一言既出，驷马难追”就源于此。驾六匹马的是级别最高的车，只有天子才能使用。在春秋战国时期，战车的多少是一个国家强弱的重要指标，“千乘之国”便是大国，“万乘之国”要算是超级大国了。

除了马拉的车之外，古代还有使用人力的车，不过这种车一般不用于作战，反作为代步工具。用人拉的车叫“辇”，其甲骨文字形和金文字形均像二人挽车之状。《说文》：“辇，挽车也。从车，在车前引之也。”又说它“从二夫”，“二夫”本来就是从两个“人”字演变而来的。实际上，拉车的人数并不止两个，据《司马法》记载：“夏后氏二十人而辇，殷十八人而辇，周十五人而辇。”到了秦汉之后，辇逐渐演变成皇室专用之物，成为了皇权的象征。

（四）六艺中的“御”与古代车马

“六艺”是中国古代儒家要求学生掌握的六种基本才能，即礼、乐、射、御、书、数。最早出自《周礼》：“养国子以道，乃教之六艺：一曰五礼，二曰六乐，三曰五射，四曰五御，五曰六书，六曰九数。”

先秦时期的学校，有国学（贵族学校）和乡学（平民学校）两种。这两类学校，都设置“六艺”课程，包括：礼、乐、射、御、书、数。御是其中的一艺，即学习掌握驾车本领。

御，所驾的是马车，先有单辕，较晚才出现双辕；用马有单马、双马、四马乃至六马。国学和乡学所学的驾车技术，基本要求是一致的，共有五项，古书中称为五御，即鸣和鸾、逐水曲、过君表、舞交衢、逐禽左。例如过君表，指驾车经过君王的跟前，应该注意的驾驶技术。平时训练，选择地段，设置路障，车辆经过，要求不碰撞障阻，从容而过。熟练以后，经过君王之前，就能做到平稳、安全、迅速通过，既不慌忙出乱，又表现出稳重、仪礼、对尊者的敬重。可见，学好御艺也不容易，却又是人人都需要学会的技术。古时，卿为君御，士大夫为卿御，弟子为师长御，都很常见。周礼还称，娶妻之礼，新郎要亲自驾车接新娘。

古人对“御”的重视，从孔子的话中可见一斑。《论语》中有这样一段记载：

达巷党人曰：“大哉孔子！博学而无所成名。”子闻之，谓门弟子曰：“吾何执？执御乎？执射乎？吾执御矣！”

看来，就连博学的孔子在面对赞美之词时也谦说，自己最擅长的，恐怕只是驾车而已。

驭车是一项很复杂的技术，既要灵敏、机智，又要求有相当大的臂腕力量，才能使六辔在手，指挥如意。据《穆天子传》记载，西周时驭车技术最高的是造父，他是周穆王的车夫。周穆王是一个喜欢游历的君王，他坐着一辆八匹骏马拉的车子，由造父驾驭，周游了天下的名山大川。

造父能成为一名有名的驭手，他的驾驭技术不仅得自于名师的指点，也源自于他自己的勤学苦练。《列子》一书上说，泰豆氏是一位有名的驾驭教师，造父不远千里来投泰豆氏门下学御，但泰豆氏并未教他如何驯马，如何赶车，却教他在梅花桩之间穿来穿去：梅花桩之间仅可容身，稍有不慎就会摔伤。造父坚持按照师父的指点去做，经过一番刻苦的训练，终于能够在木桩之间自由来往了。泰豆氏看了造父的进步，很高兴，告诉造父说，赶车子就是要心手合一，眼睛不看马却能知道马奔驰的情形；手里握着六根辔头，心里想到哪里，手中的辔头就按心里想的指挥，这叫得心应手，只有这样，才能成为一个好驭手。

据《韩非子》记载，王子期是战国初年著名的驭手教师。赵襄子请他教驭车，学了一年，赵襄子自以为把王子期的驭车本领都学会了，便选了上好的马和车与王子期比赛，结果却是王子期赢了。赵襄子以为车夫套错了马，便和王子期换了车马再次比赛，结果还是王子期赢了。于是赵襄子勃然大怒，责备王子期教自己驭车技术有所保留。王子期答道："驭车技术，臣已经毫无保留地教给君主您了，只是在运用上君不如臣罢了。"还说，"车的速度是靠马来驾驶的，驭手要善于使马尽其力，君王不照顾马力，一心按照自己的意志争先奔驰，所以失败了。"

赵襄子和王子期赛车的故事，说明了战国时期社会上已有了赛车活动。战国初年，车战战术废弃了，驭车便由战斗的技能演变为社会的娱乐活动。这种活动不仅在赵国贵族中极为盛行，在齐国也是这样，而且还伴随着赌博，一次下千金的赌注。

除了赛车，赛马也是当时一项流行的活动。齐国的大将田忌经常输给齐王。后来他用了孙膑的计谋，即"以君之下驷与彼上驷，取君上驷与彼中驷，取君中驷与彼下驷"的优选法。田忌用下等马同齐王的上等马赛，输了；用上等马与齐王的中等马赛，赢了；用中等马与齐王的下等马赛，又赢了。结果以二比一赢了齐王千金。这就是我们所熟知的"田忌赛马"的故事。

随着战车的军事价值的降低和骑马的方便，驭车逐步在社会上消失了。但是作为一种文化现象，古老的驭车术在今天仍然闪烁着古老而神秘的光芒。

轿

轿子是一种靠人或畜扛、载人而行，供人乘坐的交通工具，就其结构而言，轿子是安装在两根杠上可移动的床、坐椅、坐兜或睡椅，可分为有篷或无篷。据记载，轿子最早是由车演化而来的。所以《明史—舆服志》中说："轿者，肩行之车。"因而又称轿为"肩舆""平肩舆"。古罗马时代，只有皇后和元老院议员的夫人才能乘坐轿子。到17世纪有弹簧坐垫的马车出现之前，轿子在整个欧洲也很盛行。可以说，它对东西方文明的发展进程产生了深远的影响。

一、轿的产生和发展

轿子作为中国古代历史上特殊的交通工具，已有四千多年的悠久历史。《史记·夏本纪》中曾提到大禹治水时，翻山越岭、渡河逾池，用了四种交通工具，即“陆行乘车，水行乘船，泥行乘橇，山行乘辇”。“辇”就是一种远古的轿子，但具体是什么样子的，还没有实物为证。

一般认为，轿子是在古代车子的基础上演变而来的。中华民族造车的历史很早。《淮南子·说山》一书记述:“见飞蓬转而知为车。”古人从自然物的滚动中得到启示，认识到圆形的物体在平面上移动要比其他形状的物体迅速得多。于是古代人学会了通过排垫圆木的方式来搬运东西，河南等地新石器时代早期的遗址中就有证据。到了仰韶文化晚期，人们已经用轮制技术来制造陶器，想必当时的工匠也会用这种方法尝试制做车轮的。车子的发明，使中华民族在克服平原地区的交通障碍方面取得了成功。当远古先民们在艰难的环境中为了生存和发展、经常“迁徙往来无常处”的时候，车子给他们多大的便利啊！不仅如此，以车子的伟大发明为先导，我国的上古先民还陆续发明了适用于不同自然环境的多种交通工具。大禹“乘四载”，以“开九州，通九道，陂九泽，度九山”（《史记·夏本纪》）。即使用了各种交通工具，轿子就是其中之一。

商周时代，轿子的形制已经很完备了。虽没有文献记载，但在考古过程中发现了早期的轿子。

秦以前，主要的交通工具是马车，自汉代之后，才陆续有了乘坐轿子的记载。《汉书·陈余传》云：“上使泄公持节问之箯舆前。”汉代将轿子称为“舆轿”，也就是人抬肩扛的轿子，而坐轿子的人大都席地而坐。东汉班固的《西都赋》：“乘茵步辇，唯所息宴。”步辇乃是去掉了轮子的小车，由人用木杠抬着前行，形同于轿。当时人们认为竹制材料足够轻便，所以这种舆轿多是用竹子编成的，轻便易举，是比车更加灵活

的一种交通工具，这种轿子还有“竹舆”“夜舆”的称呼。三国时，魏文帝曹丕在《校猎赋》里也提到了这种轿子：“步辇西园，还坐玉堂。”

魏晋南北朝时期的轿子，不仅用于翻山越岭，而且逐渐成为统治者日常使用的代步工具。轿子的形制到这时也有了很大的变化。轿子的用途和使用方式呈现出多样化的态势，名称也各不相同，有“版舆”“平肩舆”等称呼。“八辆舆”是一种比较宽敞的轿子，可同时乘坐两人，轿上笼罩薄纱，夏日能够避蚊虫。轿子的前面放有几案，坐轿子的人可以在几案前读书写字。抬轿人有八个，不是用辅助工具抬着轿子，而是直接将轿杆放在肩上，前六人后两人。当时的八辆舆是一种高级的轿子，只有皇亲贵戚才有资格乘坐。

盛唐时期，无论是政治经济还是文化艺术，都达到了鼎盛时期。这个时候，轿子的种类更加丰富多彩了，有皇帝所乘的“步辇”，有贵族命妇乘坐的“檐子”“篮舆”等等。唐代颜师古注《汉书》曰：“拏舆者，编竹木以为舆形，如今之食舆矣。”“拏舆”就是用竹木制成的轿子。与最开始的“肩舆”不同的是，“拏舆”是轿夫用手抬，高只齐腰，不上肩，有点像现代人推小车的样子，但两者形制大同小异，皆属于“腰舆”一类的轿子。据北宋王得臣的《麈史》记载，在唐代，轿子只是帝王和后妃的代步工具，其他人是没有资格享受的，就连宰相也只能骑马。

到了五代，才开始有了“轿子”这个词。最早可能是王钎在《默记》中提到:“太祖（赵匡胤）初自陈桥推戴入城，周恭帝即衣白斓，乘轿子，出居天清寺。”在“步辇”“肩舆”轿子等不同名称中，“轿子”一直是最常用的。

轿子作为一种交通工具，得到较广泛的普及是在宋朝。在著名的《清明上河图》中，繁华的北宋京城汴梁大街上有许多轿子出游。这些轿子虽然同汉唐时期的轿子大同小异，仍由两人抬杠，但选材精良，以硬木为主，上雕花纹飞龙，造形美观。样子和近代的轿子大致相同。南宋时，轿子的使用进一步得到推广。《宋史·舆服志》中说：“中兴东征西伐，以道路阻险，诏许百官乘轿……”到明朝中后期，连中小地主也“人人皆小肩舆，无一骑马者”（明顾起元《客座赘语》）。明清时期，轿子发展为由四人抬或八人抬。王公贵族之所

以越来越宠爱轿子，是因为坐在这种特殊的交通工具上，无车马劳顿之苦，安稳舒适。清朝文人王渔洋有诗云：“行到前门门未启，轿中安坐吃槟榔。”这时，轿子已成为一种重要且普遍的代步工具。

北宋年间，历经四朝的元老文彦博，因为年老体衰，与另一位身患疾病的名臣司马光，得到皇帝特许允许乘坐轿子，属于是优待老臣的恩典。在乘轿的制度方面，与赵宋王朝对峙的辽国，也师法于宋。据《辽史》记载，只有辽国的皇帝才能乘轿，即使是皇太子也只能乘车，没有资格坐轿子。宋代是我国古代家具发生根本变革的时期，高桌椅的广泛使用，引起了许多生活用具的变化，轿子便是其中的一种。这时的轿子已改为全遮式，轿外形呈立体长方形，用席子围遮，盝帽式顶盖，四角上翘。左右开窗，门扉施帘，轿内置放高脚椅座，乘轿者由“席地而坐”改为“垂足而坐”。由于轿身增高，重心上升，过去将轿杆捆绑于轿底部的做法已不适用。这时的轿杆皆固定于轿身中部，既保证了重心稳定，又便于轿夫起放。这种新式的轿子比起前代敞开式的各式“肩舆”或“腰舆”，要舒适稳当得多。从宋代至近代，轿子基本上保持了这种固定形制，只是在纹样装饰、材料质地、尺寸大小和抬轿人数等方面有些差异罢了。宋代的轿子在宋画或宋墓出土的文物中，常能见到，当时也称“竹桥子”，亦可称为“竹舆”或“兜子”。宋人张择端所画的《清明上河图》中，在人潮熙攘的汴京街头巷尾，就有不少轿子，皆由两人肩抬而行。

及至明朝，轿子又有显轿与暖轿之分。显轿也叫凉轿，构造简单，轿身为一把大靠椅，两边扎有竹杠，不施帷幔，多与华盖罗伞相配用，类似于解放前四川山区流行的“滑竿”。暖轿和宋代的轿子形制相差无几，只是盝帽式顶盖由圆弯窿形变为略呈四面坡形，四角不上翘，顶尖饰宝瓶。

清朝的典章制度繁琐而森严，即便是乘轿子也不例外。清代是对轿子的使用和等级规定得最为细致、也最为严格的时期。清人以弓马得天下，刚开始，唯恐王公大臣坐惯轿子了，耽于享乐而荒废了骑射之术，所以规定不论满汉文武，京官一律骑马，不准乘轿。后来朝廷更改了仪制，准许文职官员乘轿，但是

满汉官员的标准不同：汉人一至四品的文职京官，在京城内可以乘坐四人大轿，出京则可以改乘八抬大轿；四品以下的文职京官，在京城内可以乘坐两人小轿，出京则可以改乘四人大轿。外省的汉人官员，诸如督抚、学政、盐政、织造等三品以上的官员，可以乘坐八抬大轿；其余的从布政使到知县，可以乘坐四人大轿。

其他的杂职人员只准乘马。不过，也有一些偏远地方的杂职人员，由于天高皇帝远，监管不力，偷偷地乘坐二人小轿，也为地方官员所默许。武官中，若是有将军、提督、总兵，因年纪太老，骑马不方便，可以上书朝廷申请乘轿。若是外官入京，一律乘车，不准乘轿子。单就皇帝而言，在什么场合要乘什么轿子，都有严格的规定，是不能随便违例的。皇帝的轿子皆称为“舆”，分礼舆、步舆、轻步舆和便舆四种。礼舆呈立体长方形，楠木质，上有穹窿盖二层，第一层呈八角形，第二层呈四角形，各角皆饰以金色行龙。轿顶盖正中冠以镶珠错金的宝瓶。盖檐垂明黄色缎绸。轿帷亦用明黄云缎，夏用纱，冬用毡。左右开窗，冬装玻璃，夏罩蓝纱。轿内置金龙宝座。轿通高六尺二寸（清尺一尺为今 32 厘米），纵三尺九寸，横三尺。左右有直辕，长一丈七尺多，大小抬杠共十四根，皆涂红漆，绘金云龙纹，所需轿夫多达 16 人。礼舆是最尊贵、最庄重也是最豪华的御轿，皇帝只有在祭天和祭祖的场合才能乘坐。皇后乘坐的轿子与皇帝的轿子在形制上相差无几，只是纹饰改龙为凤，故有“凤舆”之称。

在等级森严的封建社会，乘轿也是一种特权。南北朝时，官员乘轿只限于在寓所私苑内，上朝出使仍须骑马。唐代除皇帝外，多为贵族妇女乘轿。朝廷命官只有宰相等大官或有疾病、年老者，经皇帝特许方能乘轿。宋室南渡后，统治者不思进取，沉缅于纸醉金迷、歌舞升平的享乐生活之中，加之当时的马匹、车辆几乎大部分为金人掠去，所以皇亲国戚文武百官骑马者渐少，乘轿者日多，乘轿限制也逐渐放宽，甚至一些无爵位的富人也可乘坐。明清以来，轿子又有官轿、民轿之分。官轿等级森严，不同身份与官品的人，所乘轿子的质地、装饰、大小和轿夫人数是不一样的。清代亲王的轿子是银顶、黄盖、红帏，轿夫八人。汉人文官，自大学士以下至三品文官以上，轿用银顶、皂盖、皂帏，轿夫四人。四品官以下轿用锡顶、皂盖、皂帏，轿夫二人。官轿出府都有侍从

在前鸣锣开道，百姓见了必须肃静、回避。无官爵的富人或平民所乘的民轿，皆是黑油齐头、平顶皂帏的二人抬小轿。

另外，清代还有一种用牲口抬的轿子，是用两根长杠子架在前后两头骡子的背上，中间部分置轿厢，人坐卧其中，可以应对较远的路程，叫做“骡驮轿”。《红楼梦》第五十九回，贾府女眷要随祭一位薨逝的老太妃，贾母就是率领众人分乘几座驮轿入朝的。这种驮轿的舒适程度，比起贾元春省亲时乘坐的八人抬、金顶、金黄绣凤帷幔的轿子，自然无法相提并论。清朝时，满人官员乘轿的规定更为严格。亲王和郡王可以乘坐八抬大轿，平时为了行动方便，也是乘坐四人轿。亲王、郡王、世子的福晋，她们乘坐的轿子规格，以及轿上的各种装饰，都有严格的规定，不能只凭自己的喜好。贝勒、贝子、镇国公、辅国公，则是乘坐朱轮车轿。一品文职大臣、军机大臣乘坐四人轿；二品大员要等到年过六十，才能乘坐轿子。蒙古王公则一律不准乘轿。其中只有一个特例，咸丰年间，因镇压太平天国有功，被封为亲王的僧格林沁，被咸丰特许乘坐轿子，是绝无仅有的例子。

平民百姓乘坐的轿子也有详细的规定，必须齐头、平顶、黑漆、帷幔也只能用皂色的布，不能使用王公贵族的装饰。

二、轿的主要用途

（一）舆轿

轿子原名叫做“舆”，最早见于司马迁的《史记》，说明早在西汉时期就已经有轿子了。后代，轿子的用途和形制都得到逐步的发展。晋六朝时盛行肩舆，即人抬的轿子。到后唐五代，始有“轿”之名。北宋时，轿子只供皇室使用，成为一种权力和地位的象征。宋高宗赵构南渡临安（今杭州）时，废除乘轿的有关禁令，自此轿子逐渐发展到民间，成为人们的代步工具并日益普及，轿子的文化内涵也逐渐丰富起来。南宋孝宗皇帝为皇后制造了一种“龙肩舆”，上面装饰着四条走龙，栩栩如生，里面用朱红漆的藤子编成坐椅、踏子和门窗，内有红罗茵褥、软屏夹幔，外有围幛和门帘、窗帘。这样华丽的装饰显示了王族的尊贵和独特，这就是最早的“彩舆”（即花轿）。

轿子最初是专供人们走山路而用的交通工具。西汉时，淮南王刘安在给武帝上书中称:“入越地，舆轿而隃（逾）岭。”这也是“轿”以单字词首见于史书。可以想见，笨重的木车轮是无法在崎岖不平的山路上行驶的。于是人们干脆把车轮卸掉，单把车厢抬起来走。为了减轻肩头的负重，这种过山用的交通工具多用竹子编成，所以，当时又有“竹舆”“编舆”“篼舆”“笋”“篼”等名称，但它们指的都是同一种东西，即轿子。乘轿而行，远比坐车平稳、舒适。于是，轿子又从专为走山路所用扩大为皇室贵族等人在平原或宫苑内的代步工具。汉代舆轿的形状在云南晋宁石寨山汉墓出土的铜铸贝器上可以见到，它是一个长方兜形，有两根抬扛，但没有帷幔和顶盖，乘轿者取“席地而坐”的姿式，由四个短衣跣足的壮汉肩抬而行。从轿身上的斜方格纹推测，它应当是用竹篾编织而成的。由于该墓是汉代古滇人之墓，因此这种舆轿当属滇人所用的物品，它与同期关中、中原地区汉民族所用的舆轿形制是否相同，有待进一步考证。将轿子比喻为“食舆”更是一种新鲜的名称。《汉书·张耳陈馀传》

云:“上使泄公持节问之箯舆前。”颜师古注:“箯舆者，编竹木以为舆形，如今之食舆矣。”“食”有享受的意思。由此提法也可以想见，上层贵族坐上轿子那种舒服而得意的感觉。把轿子称为“版舆”“步舆”，给五花八门的轿子别名又增加了新的系列，而且这都是有根据的。“版”通“板”，因为有的轿子是木制的。晋朝潘岳写有《闲居赋》，提到“太夫人乃御版舆升轻轩”，李善注:“版舆，一名步舆。周迁《舆服杂事记》曰：‘四尺，素木为之，以皮为襻箯之，自天子至庶人通得乘之’。”

还有一种说法认为汉代的舆轿就相当于后来的轿子。因其体积较小，抬舆轿者一般只需要两人。但一般来说，“舆”专指帝王乘坐的轿子。皇帝乘坐的轿子种类繁多，如礼舆，是供皇帝朝会时乘坐；步舆，是供皇帝在城外巡狩、巡视时乘坐……平常时候，若皇帝只在宫内出出进进，一般都是乘便舆——冬天坐暖舆，夏天坐凉舆。《汉书·严助传》载：“舆轿而领。”唐代颜师古注引项昭曰：“领，山岭也，不通船车，运转皆担舆也。”颜师古注解为，“服虔曰：‘轿音桥，谓隘道舆车也’。”

（二）官轿

轿子有官轿和民轿之分，所以官轿已不单单是官员出行时的交通工具，同时也是一种权势和地位的象征。人们根据轿了的颜色、围幕用料、装饰物及轿夫的数量，来区分乘轿人的身份，这是封建社会区分各种人等级的一种方式。

根据官员等级的不同，轿子制作的类型、帷子的用料颜色等方面都有严格的区分。在明清时期，一般官吏只能用蓝呢或绿呢作轿帷，这是最普通的官员轿子，一般称作蓝呢官轿或绿呢官轿。除此以外，轿子的名称依据用途的不同也各有差别，比如皇室王公所用的是舆轿；达官贵人所乘的是官轿；人们娶亲所用的那种装饰华丽的轿子是花轿。抬轿子的人也是依据登记有所区分的，有多有少，一般为二至八人，民间多为二人抬便轿，官员所乘的轿子，有四人抬和八人抬之分。

等级制度最为严酷的清朝在这方面的规定最

严格。清代的宗亲、朝臣、命妇等达官显贵乘坐的轿子的形制、装饰等都区分得很严格，不准逾制。除皇家的轿子外，不同品级的官员则乘坐不同的轿子。官职越高，抬轿的人越多。一般州官以上的官员多坐八抬，钦差大臣三品以上轿夫八人，而七品知县多为四抬，三品以上及京堂官员，轿顶用银，轿盖、轿帏用皂，在京时轿夫四人，出京时轿夫八人；四品以下文职官员轿夫二人，轿顶用锡。直省总督、巡抚轿夫八人；司、道以下、教职以上官员轿夫四人；杂职乘马。坐轿的等级之分主要指文官，武官的级别再高也不准坐轿，只能骑马。当官员出外长途跋涉使用的是眠轿，眠轿的主要特点是将应用各物置于轿中，可做卧床使用，这样既方便了行李的运输，又能够保证乘轿者在遥远的路途中得到适量的休息。这种轿子要比普通轿子大一些，相当于一个微型的卧室。

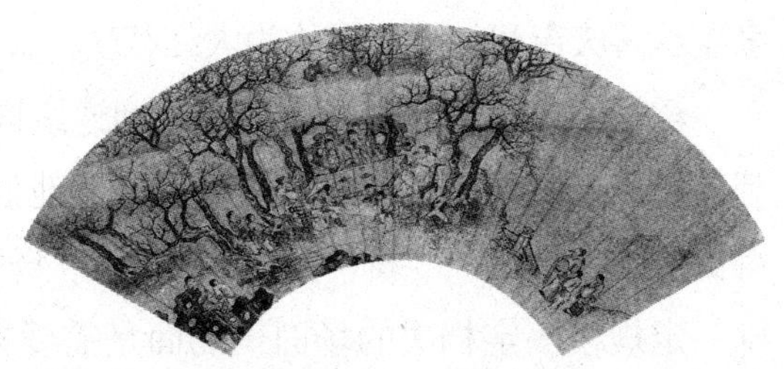

这些官轿，无论八抬或四抬，轿头儿总要走在前面，目的是方便乘轿人的招唤。轿头儿喊“起轿”，那轿便悠然如飘；轿头喊“停轿”，轿夫们便大步变小。吃“官抬”饭的人规矩很多，尤其是轿头儿，更非一般人能当得了的。轿夫只要一入轿班，就要恪守“几不准”：不准吃生葱生蒜，不准左顾右盼，更不准放响屁……如果实在忍不住的话，就喊一声号子遮掩过去。轿子着地，要前低后高，让当官的出轿如闲庭信步，威严有加。一般新官上任，首先要了解当地风俗民情和历史掌故。了解这些无外乎两个渠道:一是翻阅县志，二是下乡察看。下乡察看的路上，当官的只与轿头儿搭言。所以轿头儿不但要身强力壮有力气，而且还要有些学问，最起码能做到有问必答。回答问题时要掌握分寸；说得过少，当官的不明白；说得过多，当官的不悦——因而这轿头不好当！

轿头儿一般不是选出来的，多是世家。陈州南关的夏家，家族里好几辈就以此为生。夏轿头兄弟四人都以吃“官抬”饭为生。新官上任，总要先拜轿头儿和班头儿。轿子是当官的腿，离了腿是寸步难行的。

（三）花轿

1. 花轿的风俗

花轿，也叫喜轿。是传统中式婚礼上使用的轿子。一般装饰华丽，以红色

来显示喜庆吉利，因此俗称为大红花轿。

轿子的作用是迎来送去。在这迎送之间，是有许多讲究的。出行坐轿的可都是有点儿身份和地位的。所以，每逢他们出行，不管是来迎去送，派轿子都得讲一定的排场。“排”是“安排”，“场”是“场面”。“排场”就说是要安排一定规模一定档次的场面。场面是需要支撑的（谦辞叫“绷面子”，敬辞叫“捧场”）。用什么来支撑排场？一是轿子；二是轿夫；三是吹鼓手。轿子当然最好是全封闭的；轿夫当然是多多益善；吹鼓手当然是善于鼓吹的（有元曲为证：喇叭，唢呐：曲儿小，腔儿大。）花轿这种用于喜庆日子的必需品，就是造声势、撑场面的重要工具。

花轿也就是一般结婚时乘坐的彩舆，在民轿中是最漂亮的，不过也有高低档次之分。高档花轿轿顶饰以金属假宝珠，双层檐，四角挂彩球，轿帏上有刺绣图案，如“凤戏牡丹”“福禄鸳鸯”等。这些考究的花纹和装饰品，不仅增添了结婚的喜庆气氛，本身也成为一种艺术品。低档花轿一般用绣有龙凤的红绿彩绸作轿帏，扶手和轿杆涂饰红漆。轿夫有二人抬、四人抬、六人抬、八人抬之分。二人抬花轿档次最低；八抬大轿级别最高，轿身高大、轿内宽敞、装饰豪华、价格昂贵、普通民众是难以承受的。

传统上，只有初嫁女子可以乘坐花轿，寡妇再嫁最多是在普通轿子上扎些彩布或纸，称为彩轿。至于纳妾，有些地方可以坐花轿，有些地方不能坐轿或者坐其他的轿。但总的来说，旧时女性一生最多只坐一次花轿，因此是具有特殊意义的。

俗话说：“大姑娘坐花轿——头一回。”确实，在传统的婚姻礼俗中，一顶花轿可谓是不可或缺的道具，由此衍生出上轿、起轿、喝轿、宿亲、翻镜、压街（颠轿）、落轿等一系列繁文缛节，把整个送嫁迎娶活动的喜庆气氛推向高潮。甚至直到一经结婚登记婚姻便受到法律保护的今天，仍有许多新娘认为不

坐轿车便算不上正式结婚——这种送亲轿车，一样打扮得花团锦簇，其实就是传统花轿的变体。

2. 花轿的来源

将轿子用到娶亲上，最早出现在宋代，后来才渐渐成为民俗。那时，待嫁的女子在家里精心地梳妆打扮，等待男方迎娶自己回家。凌晨，男方就会派来鲜艳的迎亲大花轿，这叫“赶时辰”。据说当天如有几家同时娶亲，谁赶的时间早，谁将来就会美满幸福。所以结婚时轿子往往很早就得赶到女方家里。南宋吴自牧在《梦粱录·娶嫁篇》里有对这种习俗的相关记录。这种接新娘的习俗，直到现在在一些地方还十分盛行。

花轿的主要用途是接新娘到丈夫家举行婚礼。新郎如果去迎亲，多为骑马伴随，有时也可乘坐蓝、绿甚至红色的小轿子跟随。但因为婚礼尚未举行，传统上新郎新娘这时候不会同乘一轿。花轿多为 4 人抬，有的时候加 2 人替换，或者在前后打伞、放鞭炮等。在新娘娘家起轿、新郎家下轿的时候，都会有一些相关的民俗仪式；但具体情况则因地域而不同。去娘家的路上，花轿一般不可以空着，而是坐一名男孩，称为压轿孩。

花轿选材要求既轻便又耐用，一般选用香樟、梓木、银杏等木材，雕刻多是“八仙过海”“麒麟送子”“和合二仙”“金龙彩凤”、“喜上眉梢”等喜庆吉祥的词语。花轿的制作工艺非常复杂，采用了浮雕、透雕、贴金、涂银、朱漆等装饰手法，精美华丽，犹如一座黄金造就的佛龛。婚姻是人一辈子的大事，所以结婚时的各种物品都非常精美，带着最美好的祝福，希望新人在各方面也是最美满的。

3. 幸福花轿娶亲习俗的流变

从一些史书中可以发现，用花轿迎娶新娘的礼俗，不是自古就有的，它和轿子的产生并不同步。首先，“轿子”作为一种特殊的交通工具在生活中出现并正式在典籍中留下记载，是晚唐五代时候的事；其原型“肩舆”的流行，最早也是初唐时期。在此以前，无论官民结婚，都用马拉车辇迎娶新娘，是不用轿子的。与此同时，唐宋两朝政府都颁布过禁止士庶乘坐檐子或轿子的禁令，

而只许皇帝和经他特许的高官老臣使用。大约自北宋中期起，开始有“花檐子”（就是花轿）迎娶新妇的现象并作为一种风气流行于汴京。到宋廷南渡后，用花轿迎亲才成为社会性的潮流，其后一直传承下来，成为民间一种丰富多彩的习俗。倘论节省人力、通行速度和费用开支，花轿显然不及车马来得方便，但论舒适和排场程度，两者未必可比。文化和习俗的发展，不同于科学技术的发展，并没有什么严密的论证，而是顺其自然的进行。在某个时候，人们可能觉得抬花轿娶妻才能营造出结婚的气氛，或者可能突然有个人想创新一下，使自己的婚姻别具一格，就改用了轿子。这些都是有趣的猜测，至于具体是怎样出现的，还没有具体的考证。

有一种说法是此风源于唐代北方士族违禁偷娶活动。据说东汉魏晋以来，士族大姓自恃门第高贵，儿女婚事一直在一定范围的家族内进行，与异姓结亲对他们来说是一件耻辱的事情。其中最为显贵也最为顽固的，要数当时的太原王氏、范阳卢氏、荥阳郑氏、清河与博陵崔氏、陇西与赵郡李氏这七大望族。唐元稹《会真记》描述的张生向崔莺莺求婚，崔母自恃博陵望族而瞧不起对方，正是对这种状况的写照。唐高宗时，出身寒族的李义府官居宰相，欲为儿子在这七大望族中娶个妻子，不料因为自己出身不是望族，竟到处碰壁，没有达成愿望。李相为此非常不满，怨愤不平，于是劝说皇帝下诏，禁止这七姓子女互相通婚，以打破这种苛刻的门第观念。同时又派人重修《氏族志》，规定不论门第，凡得官五品者皆属士流。有了皇帝的命令和明文规定，这七大望族自为婚姻以保持“血统”高贵的门路断绝了。不过这些望族人家不甘受此束缚，他们照样偷偷地谈婚论嫁，想延续自身的血统，只因不敢公然冒犯天子诏令，于是逐渐取消了车马送亲等理应公开热闹的排场，改为天黑后弄一乘花纱遮蔽的“檐子”，把新娘抬到男家结婚。这些望族用这样的方式通婚，既避免了对皇帝命令的公然违抗，又保持了自身血统的纯洁。后来，唐高宗和唐文宗又追加颁布过禁止乘坐“檐子”的诏令，免得这些人家瞒天过海，只不过这些法令都只是一时有效，风头过后，又卷土重来。中唐以后，“檐子”迎亲居然成了一种身份的标志，连七姓之外的士族人家，也学习这种风俗来满足自身的虚荣心。到宋朝的时候，前朝禁令一概废除，这种用

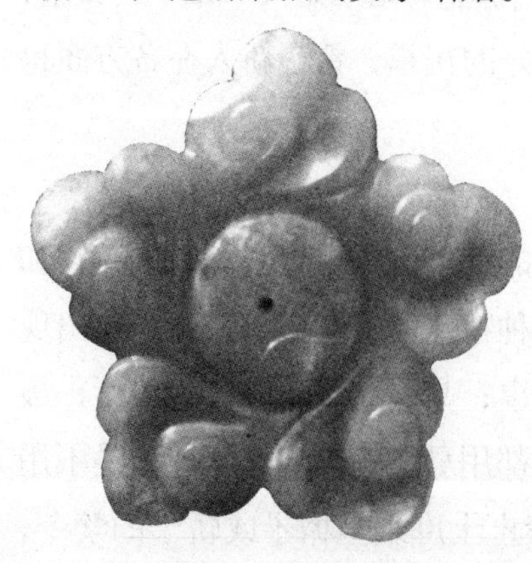

“檐子”嫁娶的风俗转为公开，但是原始的檐子过于简陋，于是轿子经过精心装饰，俗称“花檐子”，日后流变为花轿。从此，“花檐子”或花轿代表某种社会身份的观念深入人心，如果不用花轿娶亲的话，不能得到舆论的认同和尊重，显得寒酸和不当回事儿。至于诸如纳妾收房、寡妇再嫁等婚姻活动不得乘坐花轿的禁忌也由此衍生，在传统伦理道德中，不同身份的人婚姻的等级也是不同的。

还有人认为抬花轿结婚的风气源自北宋理学家程颐对传统送嫁婚仪的改革。相传在古代婚俗中，大夫以上嫁女有“反马”的规矩，即女方用车马把新娘送至夫家，小夫妻过上一段日子（通常不少于三个月）后，倘相处和睦，夫家便留下车子，送还其马，叫“反（通返）马”。如果两人合不来，或因其他缘故导致婚姻难以维系，在结婚后的一段时间里，新娘便骑乘自家的马返归娘家，或等夫家甘言求和，或从此不回夫家，准备离异。这种风气，自先秦传至唐宋，可见在很长的一段历史时期内，伦理道德对女性的束缚还不像后来那样苛刻，已嫁妇女还是有一定自由的。

改革这个风俗的程颐和其兄程颢并称“二程”，都是理学宗师，认为婚姻当以终身夫妇才合“天理”，反对男子再娶和女子再嫁，认为这样是不道德的。程颐晚年时，家里出了两件事，对他的影响很大。先是甥女出嫁未几，夫妻不合，女方骑马返归娘家；接着又是侄媳妇因丈夫暴卒，于是也骑着马一去不归，不久便改嫁他人。程颐受此刺激，一病不起，认为这种事情的发生太不合理了，就在死前留下遗嘱：今后程家送嫁女儿，一概不能用车马，男方须用“檐子”来迎娶，断绝“反马”之习；反之，程家娶亲，就用檐子去迎娶女方，以此确保既嫁女子“从一而终”。程颐死后十多年，金兵入侵，中原骚乱，程家从洛阳迁居池阳，程家人其后一直恪守祖训，所生女子，出嫁时一律坐“檐子”，夫死不归，“守节”终身，来表示自己的忠贞。随着理学在南宋的兴盛，这种“从一而终”的观念渐为社会接受，“檐子”取代车马的迎亲习俗也逐渐流行起来。这种习俗导致的后果是，一方面是嫁出的女子从此失去返归娘家的自由，另一方面她们在夫家的地位也有所巩固，俗谓“我是被你们家用花轿抬过来的”抗辩自卫之辞，就是以这种迎娶礼节为根据的。

对于这种用花轿娶亲的习俗，有人认为此乃母权制向父权制过渡时的产物：在母系氏族社会里，已婚妇女同配偶之间仅是一种性伙伴关系而已，尽管两厢自愿，但夜合日离，彼此间也没有独立的经济基础。在以继承私有财产为特征的父权制出现后，已婚女子因历史传统使然，继续维持“从母居制”，甚至保留群婚习惯，这就迫使丈夫采用种种手段“在传统的范围内打破传统”（马克思《摩尔根 < 古代社会 > 一书摘要》），确立“从夫居制”，以此保证子嗣血统的纯正和财产关系的稳固。在这些手段中，包括了已非原始意义上的“抢婚”行为，即用某种公认的形式，把事实上已经建立配偶关系的女子强娶回家。在这种女子留恋母权制而男子要确立父权制的斗争中，女方兄长出于自身利益的考虑，通常持配合男方的态度。甚至直到适应父权制的女“嫁”夫家的婚姻形式稳定之后，历史的风习依然有所残存，新娘“哭嫁”，并由兄长硬背着送上花轿，就是这种残存风习的表现形式之一。

还有一个有趣的传说，称这种风俗起源于宋高宗赵构的一场历险：宋室南渡之初，高宗往宁波流窜，途中遭遇金军拦截，冲出包围后，人已落单，惶恐间又被一片湖水挡住去路。眼看追兵将到，高宗准备投湖自尽。正巧，有个乡村姑娘在湖边浣纱，指着湖水对他说：“这里水浅，相公快快下去，只管仰起鼻孔透气，我自有办法搭救。”高宗依言下湖，待湖水没至颈部，把头仰起露出鼻孔在水面上吸气。那村姑旋将手上的白纱迎风一抖，撒向湖面，飘飘洒洒，正好把他全遮住了。金兵冲到湖边，四望不见高宗身影，喝问村姑是否见过高宗，村姑伸手胡乱指了一个方向，称高宗已经逃跑。金兵立即调转马头，朝着姑娘所指疾奔而去。待金兵走远，姑娘收起白纱，把高宗搀上岸来，带他回家去换了衣服，并找船将其送到对岸。时隔两年，宋高宗在临安（今杭州）站稳脚跟。随后便传旨宁波府，要求寻访那个有“救驾”大功的村姑，结果无人出头领功。高宗特下圣旨一道：今后凡是宁波女子出嫁，特许乘坐四人抬杠的轿子。四抬轿子正好是皇后所坐八抬鸾驾的一半规格，所以宁波人以后一直自夸他们的花轿是“半副鸾驾”。后来其他地方的人也学了样，这个风俗就此传了下来。所以迄今还有一些老辈人管新娘乘坐的花轿叫“四明轿子”，这是因为宁波古称“四明”的缘故。

三、轿的不同形制与乘轿人的地位身份

（一）平民百姓的交通工具

古代的轿子，大致有两种形制或类型，一种是不上帷子的凉轿，也称亮轿或显轿，一种是上帷子的暖轿，又称暗轿。

民用轿一般分为自备轿与营业轿两种。自家有轿子的多属富绅之家，以便随时伺候老爷、太太、小姐出行，有凉轿和暖轿之分，供不同季节使用。凉轿用于夏季，轿身较小，纱作帏幕，轻便快捷，通风凉爽；暖轿用于冬季，轿身较大，厚呢作帏，前挂门帘，轿内放置火盆，这样能起到保暖的作用。还有一种专用于妇女乘坐的女轿，缙绅闺秀所坐的轿子小巧精致，顶垂缨络，旁嵌玻璃，冬天还用动物皮毛装点御寒。装饰精巧讲究，红缎作帏，辅以垂缨，显得小巧华贵，漂亮典雅，具有浓厚的闺阁气息。此外部分妓院也有专门用于妓女出堂时乘坐的轿子，一般为二人小轿，装饰华美艳丽，十分轻快，一般不挂轿帘，用来方便招揽嫖客。

私人轿子如医生出诊时乘坐的二人抬的蓝呢轿子，来去匆匆，比较轻便。另有一人称“替肩”的，走在轿子前面吆喝，提醒行人避让，到了夜间则提着灯笼在轿前引路。行医轿子流行了很久，20 世纪 30 年代，上海虽已盛行用汽车做代步工具了，也还能见到这种轿子。明崇祯之初，用于婚礼迎新的彩轿只用蓝色绸作帷幔，四角悬桃红彩球，其后用红色刺绣和织锦，后来又用大红纱绸满绣。清初，彩轿用小圆镜和彩球相杂缀，华丽多彩。最为流行的是从宁波传入的“四明彩轿”，这是一种雕刻有吉祥物的木架轿，四周悬挂着花灯和响铃，绣着“凤穿牡丹”“福禄鸳鸯”等吉祥花式。出丧时妇女坐的轿子蒙着白布，分丧家和女宾两种式样。犯人押赴刑场或送入监狱坐一种无顶的小轿，供神主牌位的轿子称为“魂轿”，此外，还有日本人乘坐的单杠（横贯轿顶）的矮轿，以及轿身用安乐椅、藤椅等做成的私家轻便轿子等。

营业性的轿子称客轿，由轿子铺经营，品种有客轿以及快轿、花轿等，并

配轿夫。快轿一般为二人抬，装饰简单，十分轻快，多在车站、街口等处等人雇用，按程论价，价格较低。客轿则在铺内坐等顾客上门，大都是有身份的人雇用，按天论价。坐轿子体现的是一种尊贵，所以在古代，轿子是有身份的人最常用的一种交通工具。

（二）不同级别官轿的讲究

古代轿子在形制上也有规定。例如在清初皇帝后妃乘坐的豪华的辇，亲王坐的轿子是银顶黄盖红帏。三品以上大官虽可用银顶，但须用皂色盖帏，在京城内四个人抬，出京用八人。四品以下只准乘锡顶、两人抬的小轿。至于一般的地主豪绅，则用黑油齐头、平顶皂幔的。

古代官轿大致分为三种颜色：金黄轿顶、明黄轿帏的是皇帝的坐轿，在古代，黄色代表尊贵，是一般人不能随便使用的；枣红色的是高官坐轿；低级官员以及取得功名的举人、秀才则乘坐绿色轿子。清代的宗亲、朝臣、命妇等达官显贵乘坐轿子有严格的规定，不准跨越级别。三品以上及京堂官员，轿顶用银，轿盖、轿帏用皂，在京时轿夫四人，出京时轿夫八人；四品以下文职官员轿夫二人，轿顶用锡。直省总督、巡抚轿夫八人；司、道以下、教职以上官员轿夫四人；杂职乘马。钦差大臣三品以上轿夫八人。这些坐轿官员主要指文官，至于武职，虽官至一品也不准坐轿，只能骑马。将军、提督、总兵等年过七旬不能骑马者，要想坐轿也必须事先奏请恩准。一般官员出外长途跋涉则另乘眠轿，即将应用各物置于轿中，可做卧床使用。这种轿子比普通轿子大一些。官员乘轿出行时还要鸣锣开道，对于开道的锣声也有严格的规定。知县出行鸣锣七响，意思是“军民人等齐闪开”；知府出行鸣锣九响，意为“官吏军民人等齐闪开”；一品大员和钦差大臣出行时则鸣锣十一响，意思是“大小官吏军民人等齐闪开”。

官轿和仪仗是权力的象征，皇亲官僚一出家门，乘马坐轿都有严格的规定。抬轿子的人有多有少，一般二至八人，民间多为二人抬便轿，官员所乘的轿子，有四人抬和八人抬之

分。如清朝规定，凡是三品以上的京官，在京城乘“四人抬”，出京城乘“八人抬”；外省督抚乘“八人抬”，督抚部属乘“四人抬”；三品以上的钦差大臣，乘“八人抬”等。至于皇室贵戚所乘的轿子，则有多到十多人乃至三十多人抬的。此外，乘轿还有一些其他方面的规定，处处显示着封建社会森严的等级制度。

清代规定，皇帝出行一般要乘十六人抬的大轿，郡王、亲王可乘八人抬的大轿，京官一二品也只能乘四人抬的中轿；外官总督、巡抚舆夫八人，司道以下教职以上舆夫四人，杂职乘马。由以上可知，作为七品官的知县，只能乘四人抬的轿子。由于官轿是权力的象征，因此出轿仪式也异常威风，如州县官下乡巡视，乘四人蓝轿，有呵道衙役在前鸣锣开道(敲三锤半)，扛官衔牌的顶前而行，衙役捕快高擎州县官通用的仪仗，“青旗四、蓝伞一、青扇一、桐棍、皮槊各二，肃静牌二”，前呼后拥而行，百姓见之必须肃静、回避。

（三）帝王御用轿的华丽奢靡

从皇帝的穿着到皇帝使用的任何东西，都用黄色，它代表一种尊贵，轿子也不例外。

黄色在中国传统文化中居五色之首，是“帝王之色”。这体现了古代对地神的崇拜。在中国，皇帝服饰使用黄色是从隋代开始的。这是因为，古代崇尚黄色，黄色常常被视为是君权的象征，这起源于古代农业民族的敬土思想。《诗·绿衣》载：“黄，中央之色也。”渊源于古代的阴阳五行学说。按阴阳五行学说，黄色在五行中为土，这种土是宇宙中央的“中央土”，故在五行当中“土为尊”。“黄色中和之色，自然之性，万世不易”（班固《白虎通义》）。《通典》注云：“黄者，中和之色，黄承天德，最盛淳美，故以尊色为谥也。”黄色是大地的自然之色，是永久的，并且是令人崇敬的。这种色彩代表了“天德”之美，也就是“中和”之美，所以成为尊色，和皇帝的尊贵地位相配合。“唐高祖武德初，用隋制，天子常服黄袍，遂禁士庶不得服，而服黄有禁自此始”（宋王楙《野客丛书·禁用黄》）；《元曲章》：“庶人不得服赭黄。”可见，黄色在中国

封建社会里是法定的尊色，象征着皇权、辉煌和崇高等。至今，黄色在中国人眼里还是尊贵的颜色，是和中国红相配的代表中国的颜色。

认为黄色是五行之尊的这种看法，此后又与儒家“大一统”思想糅合在一起，认为以汉族为主体的统一王朝就是这样一个处于中央的帝国，是最为尊贵的，是有别于周边少数民族的。这样，黄色通过“土”就与“正统”“尊崇”联系了起来，为君主提供了“合理性”的论证，皇帝就是天子。再加上古代又有“龙战于野，其血玄黄”的说法，而君主又以龙为象征，黄色与君主就发生了更为直接的联系，成了君主的代表色。这样，黄色就象征着君权神授，神圣不可侵犯。周代时，黄钺为天子权力的象征，自隋代以后，皇帝要穿黄龙袍，黄色成为君主独占的御用颜色，代表着皇帝至高无上的地位。品官、平民均不得使用，违者、服用者、织造者均以欺君罪、僭越罪论处，是大逆不道的。

皇帝坐轿子，也要比一般老百姓和官员阵势大。

皇帝出禁入跸，都是坐轿子，从 64 人抬的“玉辂”到宫中由两名太监手抬的软轿，种类极多。皇帝出宫的机会毕竟不多，无须细叙；在宫中“行”的情形，颇可一谈。如溥仪所记，即为历来相沿的规制，皇帝不论行至何处，都有数十人前呼后拥——最前面是一名敬事房的太监，他起的作用犹如汽车喇叭，嘴里不时发出“哧——哧——”的响声，警告人们早早回避。在他后面二三十步远是两名总管太监，靠路两侧，鸭行鹅步地行进；再后十步左右，即行列的中心。如果是坐轿，两边各有一名御前小太监扶着轿杆随行，以便随时照料呼应；如果是步行，就由他们搀扶而行。在这后面，还有一名太监举着一把大罗伞，伞后几步，是一大群拿着各样物件和徒手的太监，有捧马扎以便随时休息的，有捧衣服以便随时换用的，还有拿着雨伞旱伞的。

在这些御前太监后面，是御茶房太监，他们捧着装着各样点心茶食的若干食盒。当然还有热水壶、茶具，等等，再后面是御药房的太监，挑着担子，内装各类常备小药和急救药，不可少的是灯心水、菊花水、芦根水、竹叶水、竹茹水，夏天必有藿香正气丸、六合定中丸、金衣祛暑丹、万应锭、痧药、辟瘟散，不分四季都要有消食的三仙饮，等等。

在最后面，是带大小便器的太监。如果皇帝没坐轿，轿子就在最后面跟随。轿子按季节有暖轿、凉轿之分。

四、轿子的文化内涵

（一）轿子与戏曲艺术

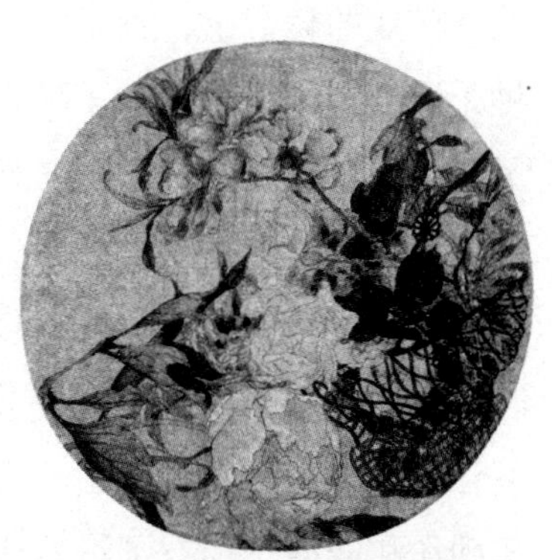

戏曲道具是我国特有的一种工艺美术品，从演员的装扮到表演需要的道具，都有着悠久的历史，轿子就是其中一种重要的戏曲道具。

戏曲是以表演为中心的一种历史悠久的艺术，所以传统戏中的场景如何变形如何夸张，都与演员的表演有关，那些舞台道具所起的烘托气氛的作用也是不可小觑的。舞台上的道具从来都不是生活用品的原样复制，观众多是在台下看戏，于是表演者的扮相、道具的使用都是很讲究的。艺术来源于生活，又高于生活，因此道具制作者们不能仅仅追求模仿生活的自然形态，而是要依照舞台假定性原则进行艺术创造，根据道具的用途和场景的差异，需要经过不同方式不同程度的艺术加工，这样来达到一种艺术的表现力，使得道具的作用恰到好处。

舞台上的每一件道具都与生活实际形态有所差异，比如以桨代船，这样就避免了用真船的不切实际和不利于演员表现的弱点。表演者将桨撑地，左手摇动，以此来表现船在水面飘动的意境，仿佛在轻柔的水波里，船儿轻轻地向前行进。如果是持桨向后划动，这是在表现急流飞下之势，有顺游而下的快意。持桨向前划，显示的则是激流勇进之态，让人联想到急流和船体的碰撞，白色的水花四溅的生动场景。当演员将船桨双手凭胸而举，就是示意船已靠岸，请客下船之意。所以，戏曲道具的变形、夸张的程度要远远大于话剧、歌舞等其他艺术样式的道具，这是由戏曲本身“虚拟性”“程式化”的表演特征决定的。戏曲道具和戏曲演员虚拟化、程式化的精湛表演的结合，也成就了戏曲表演艺术的独特魅力。

戏剧舞台上的表演不仅要美，要生动感人，而且最重要的是能够表现人物的性格和心理状态，塑造艺术形象。比如：生活中的车、轿是无法推上舞台的，于是车、轿在戏曲舞台上就演化成车旗、轿帐，演员利用它们来跑车走圆场，

这些既有象征作用，让观众很直接地联想到实际生活中的样子，又利于演员的表演，这样的话，演员的表演不会因为道具的遮挡而让观众无法很好地看到演员地精彩技艺；还有这样地一个有趣的例子，在实际生活中，风是看不见的，但是在戏曲舞台上，为了烘托气氛等作用，演员要用自己优美的身段去表现这种无形的东西，于是为了配合演员的表演，场景也把无形的风有形化，变成了风旗；而水旗、云片则把自然界本来流动不定的形态固定化了，然后经过演员的舞动，再让它们活动起来，变成节奏化的艺术形象。如此一来，一个小小的戏曲舞台，充满了生活中形形色色的景观。

一出戏中不仅需要的是艺术性美，而且要能刻画人物。不然的话，这样的设计再美也毫无用处。由于中国戏曲很多地方是运用象征性的表现方法的，一些动作和造型已经有了符号化的含义了，这就给揭示人物的内心世界创造了有利条件，因此才创造了许多生动感人的艺术形象，给观众们留下了深刻的印象和绵长的回味。象莆仙戏《春草闯堂》中知府胡进坐轿的表演，就是以虚拟和象征性的方法来表现轿子，演员才能表演得那么生动有趣，此时无轿胜有轿。一开场时，两个轿夫一前一后的抬着胡进，轿子一颠一颠的颤动，既表现了抬轿上岗下坡的艰难，又表现了老谋深算的胡进马上就要到相府对证的洋洋得意的心情。这段表演不仅轿夫的舞步很美，而且也刻画了人物的心情。如果真的让扮演胡进的演员坐进轿子里，那么演员的表演受到了局限，更何况观众也什么都看不到了。

轿子作为戏曲舞台上一个非常重要的、典型的道具，在戏曲表演中时常能够看到。戏曲程式性舞台动作之所以能够具有更多的直观内容，在于其虚拟的手法。在豫剧《抬花轿》中，有一套“抬轿”和“坐轿”的动作，表演时坐轿人居中，抬轿人分列前后，行进时需要步法一致，动作协调。如轿夫的起轿动作要求两臂弯曲于双肩头（以示轿杆着肩），缓缓站起，双肩晃动，起步时随锣鼓点晃动三次（以示调整轿杆位置）走抬轿步。抬轿步法为：左脚在前，右脚在后，前后交替迈吸腿步，同时双臂抬起与肩呈扁圆形，内合外分上下晃动。这样，抬轿子的场

景就能够栩栩如生地呈献给观众了。还有“抬轿云步”“抬轿蹉步”“云步探海”等表现“上坡”“下坡”“闪轿”的动作。这些动作除了在“手眼身步”方面有严格的要求之外，特别强调五人动作的统一、整齐、一条线、中间不断，最忌“折轿杆”。这个难度是很大的，要让观众在没有轿子的情况下感受到轿子的存在。据说在训练的时候，为了保持五人一条线和间隔距离均等，演员抬着长梯，每人占一个梯空。当这一个一个的程式性动作在舞台上执行“抬轿”的舞台动作时，观众看到一顶漂亮的花轿由远而近走来，轿子不大，但很喜庆——轿里、轿外喜气洋洋。轿子飞快而平稳地前行，一会儿上坡、一会儿下坡。轿里的新娘子坐着轿子，轿夫们抬着轿子，肩上负重，轿里轿外明显不同。轿里的新娘子感到闷热，偷偷掀起轿帘，四个轿夫看到了漂亮、活泼的周凤莲，便给她摆轿、掀轿，新娘子在轿里摇摇晃晃坐不稳，轿夫猛换肩，新娘子的头撞到了轿子内壁上，新娘赌气使劲蹦轿，轿子落地，轿夫倒地，轿里传出新娘欢快的笑声。这就是虚拟的魅力，虚拟动作把“情”与“景”交融在一起，使人物的动作具有丰富的内涵。新娘子的活泼、泼辣、欢喜，轿夫的朴实、喜悦，婚礼场面的热闹以及晴朗的天气、一对新人、两家的路途等等，都被生动形象地展示出来。

（二）近代社会轿子的没落

轿子作为封建社会一种重要的交通工具，在近代逐渐没落了，这不但和社会的发展、科技的进步有关，也和文化的发展和变迁有关。

轿子的产生就是带着一种身份的象征，一直到清朝末年，地方官员出行都乘坐官轿，道台乘坐八人抬的绿呢金顶大轿；知县乘坐四人抬的红漆黑顶蓝呢轿子；一般有品级的官员和乡绅出行也乘轿子；公共租界工部局内的一些华籍官员和外籍官员因公出行也用轿子代步。在官府衙门内还设有轿厅，长期性雇佣的轿夫称为“轿班”。

随着时代的发展，官员外出坐轿子的逐渐变少了。不过还有一种用于医生

进行出诊活动私人轿子，行医轿子流行了很久，20世纪30年代，在上海的大街小巷还能见到这种轿子。

缙绅闺秀所坐的轿子小巧精致，别有一番闺阁的玲珑，顶垂缨络、旁嵌玻璃，冬天还用动物皮毛装点御寒。明崇祯之初，用于婚礼迎新的彩轿只用蓝色绸子作帷幔，四角悬桃红彩球，其后用红色刺绣和织锦，后来又用大红纱绸满绣。

民间常用的一种轿子就是花轿了。清初，彩轿用小圆镜和彩球相杂缀，华丽多彩。最为流行的是从宁波传入的“四明彩轿”，这是一种雕刻着吉祥物的木构架轿，四周悬挂着花灯和响铃，绣着“凤穿牡丹”“福禄鸳鸯”等吉祥花式。

出丧时妇女坐的轿子蒙着白布，分丧家和女宾两种式样。妓女应征出堂差也坐轿，轿杠上挂着“××书寓”的灯笼，曾流行一时。犯人押赴刑场或送入监狱坐一种无顶的小轿，供神主牌位的轿子称为“魂轿”，还可见到日本人乘坐的单杠（横贯轿顶）的矮轿，以及轿身用安乐椅、藤椅等做成的私家轻便轿子等。

民国后，私人轿子逐渐减少，各界人士多用马车代步。营业轿子（即公用轿子）是一种由两人抬的轻便的租赁轿子，较为简陋。这类轿子大多候雇于沿江码头、火车站、集市、游乐场所等附近，乘坐者多为商人和旅客。上海开埠后，自十六铺到南码头，一带的沿江码头营业轿子随处可见。营业轿子的轿夫亦称箩扛夫，与官府中的衙役和私家的“轿班”不同，他们多为无业游民，赁屋聚居于码头附近，遇到船只抵岸，便上前兜揽生意。营业轿子按大小区别价格。同治年间轿子抬价规定；小轿自县衙门出发，到城内各处，每肩都是二十八文，来回加倍，到老闸每肩四十文，到新闸、新衙门、虹口都是五十六文，出大东门四十文，出西门五十六文，到制造局一百二十文，全天一百七十文，全天长路每肩一百二十文，中轿照小轿加倍。光绪年间轿子行业受到人力车发展的影响，租费大大降低。清同治四年，公共租界工部局对辖区内的营业轿子实行捐照，仅实行了一年，这种轿子文化还是不能随着政策的变化而很快消失。光绪三十一年第二

季度开始，再次对轿子捐照，每季每顶轿子捐二元。同时还制订了相应的章程，如公布的《通常乘轿》条文规定：所领执照不准另与别人顶替使用；凡一切乘轿得由警察或工部局所派人员随时检阅，未得工部局所派人员证明前，不得有违定章将轿出租或使用；凡患传染病与危险症之人不准乘轿；执照之号码应挂在轿身上易见之处，并不准将号码涂抹以致不能时常查见；坚固材料制成乘轿方为合用并应洁净完备。在日落之后、日出之前轿夫应备带灯笼一盏；凡抬轿之轿夫应身体健全，在抬轿时应穿洁净制服；凡年老又不洁或有鸦片癖或年轻者均不得充当轿夫；轿夫不准兜揽乘客；在公共租界之内无论何时抬轿不得无故向乘客多索轿资；如发现乘客在轿内遗落物件应立即送往邻近捕房，代为保管；轿夫得应依照现行之警章办理；轿夫如有疏忽损坏一切或失窃等情况，领执照者应负赔偿损失之责；不准将任何酬劳给与工部局任何职员；凡违背定章内任何条款工部局得将执照吊销并得将所存之保银酌量全部或一部分充公；抬轿时倘遇死亡等事件发生应即报告捕房等。

1929 年，公共租界工部局停发营业轿子的执照。随着马车和汽车的普及，上海人以轿代步的风景也就渐渐消失。不过也有例外，伤寒名医张医生却仍在使用轿子，一轿飞过，众人瞩目，都知道张老先生又出珍了。老张去世后，上海的轿子也就完全消失。

（三）轿子与绘画

在中国古代，轿子又称“步辇”，“辇”本是木轮手推车。从秦汉开始，“辇”成为君王、后妃乘坐工具的专用名称。步辇就是辇车去掉车轮用人抬行。

《史记·刘敬叔孙通列传》曾写道："于是皇帝辇出房，百官执职传警，引诸侯王以下至吏六百石，以次奉贺。"后人注解说："《舆服志》云：殷周以辇载军器，职载刍豢，至秦始去其轮而舆为尊也。"《后汉书·井丹传》也提到："就起，左右进辇……至晋有肩舆。"这种步辇到晋朝，桓玄更有创新："（玄）更造大辇容三十人坐，以二百人舁（于）之。"（《晋书·桓玄传》）这是史书中第一次关于特大轿子的记载。熊忠《古今韵会举要·七遇》注明："后世称辇曰步辇，谓人荷而行，不驾马。"由于轿子逐渐成了供皇帝贵族享受的代步工具，所以形制变化较大，新的名称也越来越多。晋朝顾恺之画有《女史箴图·班姬辞辇图》，画中汉成帝与班婕妤同乘一驾肩舆，轿上笼罩有网幛，夏日可避蚊虫，轿前置车令，乘者倚车令而坐，轿夫为前六人后二人。这种八人抬的轿子又名"八扛舆"，"八扛舆"是一种高等肩舆，当时只有皇亲王公才能乘坐。

此外，还有如《步辇图》。《步辇图》为中国十大传世名画之一。为绢本设色，纵 38.5 厘米，横 129.6 厘米，为唐代著名画家阎立本所绘，作品设色典雅绚丽，线条流畅圆劲，构图错落富有变化，为唐代绘画的代表性作品。具有珍贵的历史和艺术价值。

《步辇图》图卷右半是在宫女簇拥下坐在步辇中的唐太宗，左侧三人前为典礼官，中为禄东赞，后为通译者。而唐太宗的形象是全图焦点，画中乘坐于步辇中的唐太宗面目俊朗、目光深邃、神情庄重，充分展露出盛唐一代明君的风范与威仪。作者为了更好地突现出太宗的至尊风度，巧妙地运用对比手法进行衬托表现。一是以宫女们的娇小、稚嫩，以她们或执扇或抬辇、或侧或正、或趋或行的体态来映衬唐太宗的壮硕、深沉与威严，是为反衬；二是以禄东赞的诚挚谦恭、持重有礼来衬托唐大宗的端肃平和、蔼然可亲之态，是为正衬。该图不设背景，结构上自右向左，由紧密而渐趋疏朗、重点突出，节奏鲜明。

《步辇图》是唐代画家阎立本的作品，内容反映的是吐蕃（西藏）王松赞干布迎娶文成公主入藏的事。它是汉藏兄弟民族友好情谊的历史见证。公元 640 年，即唐贞观十四年，吐蕃王派大相（相当于宰相）禄东赞向大唐求亲，第二年到达长安。由于当时大唐帝国国泰民

安，各民族友好相处，因此，当时竟有五个兄弟民族的首领向大唐求亲，太宗很是为难。最后，想出一个平等竞争的办法：请五位大使参加考试，谁考胜了，就把公主嫁给谁家的首领。当时出了五道难题，吐蕃使臣禄东赞过关斩将，一路领先，最终取得了胜利。太宗非常高兴，心想：松赞干布的使臣这样机智、聪明，松赞干布自己更不用说了。于是，决定将文成公主嫁予吐蕃王松赞干布。文成公主出嫁的消息传到吐蕃以后，吐蕃人在很多地方都准备了马匹、牦牛、食物和饮水，决定隆重迎接；松赞干布亲率欢迎队伍由拉萨出发直奔青海迎接。松赞干布高兴地说："我今天能娶上国大唐公主，实在荣幸。我要为公主建造一座城，作为纪念，让子孙万代都要与上国大唐永远亲和。"他按照唐朝的建筑风格，在拉萨修建了城郭和宫室，这就是现在的大昭寺。

从绘画艺术角度看，作者的表现技巧已相当纯熟。衣纹器物的勾勒墨线圆转流畅中时带坚韧，畅而不滑，顿而不滞；主要人物的神情举止栩栩如生，写照之间更能曲传神韵；图像局部配以晕染，如人物所著靴筒的折皱等处，显得极具立体感；全卷设色浓重淳净，大面积红绿色块交错安排，富于韵律感和鲜明的视觉效果。此图一说为宋摹本，但摹绘较精，仍不失原作之真。幅上有宋初章友直小篆书有关故事，还录有唐李道志、李德裕"重装背"时题记两行。

五、有关轿的民俗和故事

（一）轿子和桥

在南方，民间所用轿子称为肩舆，其形制与北方不同。湖南长沙一带民间多乘“响轿”，行走会发出响声；广东一带则喜乘“飞轿”，这种肩舆高大而华丽，便捷而稳当。

唐光启二年的时候，王潮入闽，至南安时发生兵变，遂返师至沙县，遇官桥梅花岭下岭兜村开基祖张延老，张延老向他诉说泉州刺史廖彦若的暴虐使得百姓生活艰难。王潮再返师攻下泉州城，杀廖彦若，后来占据了泉州。梁开平二年（908 年），晚唐大诗人翁承赞奉梁太祖朱晃之命，入闽封王潮三弟王审知为闽王。王审知待之以上宾，安置翁承赞于“南安招贤院”，与名士黄滔、韩偓、徐道融、罗隐、李洵、杜龚礼等讲读唱咏、谈诗作赋，享受大好时光，悠然自得，史称“八闽文学之盛，十国文物之冠”。翁承赞于晋南交界的茂林修竹处傍溪筑宅，此地环境清幽，叫做“翁厝”，并且跨溪造了一座桥，称“翁厝桥”；同时因为翁承赞出身官宦，乡人简称为“官桥”。这就是官桥名称最早的由来。

嘉靖三十八年，唐朝福建第一进士欧阳詹的后裔欧阳模，衣锦还乡之日，无限风光。他们会同詹仰庇、黄鸿详等六位同乡同僚，乘坐六顶八抬官轿，经官桥前往五峰山一片寺游览，在事业有成之后带着好心情，饱尝山水大观。他们一路吹吹打打，前呼后拥，非常招摇，将六顶官轿停放在官桥的官道上。这件事被乡人们互相传说，后来，乡人便又称“官桥”为“官轿”。这是官桥的第二个地名。

清朝康熙年间，吏部尚书吴礼科娶丞相李光地的次女为媳，在官桥圩吴宅修建了一座美丽雅典的“梳妆楼”，晋南沿海风光，尽收眼底。从此，便名扬“九溪十八坝，八乡十六里”。乡民都称它为“官楼”。这便是第三个地名。

不过，后来的两个名字都是达官显贵的故事，官僚的腐败让人民深恶痛绝，所以渐渐还是选用了最初的地名，于是这最早的一个“官桥”，作为永久性的地名。对于文人义士，在百姓心目中的地位还是最崇高的。

（二）教敷营

教敷营在夫子庙的西面，是“轿夫”的谐音。在古代教敷营是轿夫的集中地。《上江两县志》载：“教敷营原名轿夫营。”

明代，城南夫子庙地区十分繁华，十里秦淮游客如云，很多轿夫在此以抬轿谋生。靠近夫子庙地区的三山街一带就成了轿夫们的集中地，久而久之，人们便称此地为“轿夫营”。

夫子庙地区对轿子的需求量是非常大的。夫子庙地区是达官贵人出入最多的地方，对轿子的需求量最大。但能养得起轿夫的人毕竟是少数。这样临时租轿子出门，就成了士大夫最好的选择，如同现在叫出租车一样。于是出租轿子就成为夫子庙一带的重要行业。西有三山街，东有夫子庙，轿夫们就集中住在轿夫营。老爷们叫轿子方便。

轿夫营从存在开始，生意一直十分兴隆，整整一条街住的都是轿夫，因为生意比较好，这些轿夫总是非常忙碌。现在这条街的东面已经拆迁了。街的西面仍旧是那个时候的老房子。

夫子庙是北宋仁宗时（1034 年）建立的。从那时起夫子庙地区就开始成为封建士大夫出入的地方。近一千年来，这里最鲜明地体现了“万般皆下品，惟有读书高”的信条，大家对于孔子的敬重也是出于这个信条。谁考取了秀才，就会被称为新贵人，可以免除劳役，由国家供养；而且还能考举人，前途无量，同样被称为老爷。这种科举制度带来的麻雀变凤凰的事情，使得秀才出门为了摆摆架子，也要坐轿子，体现一下老爷的派头。三山街是一个非常热闹的市口，对轿子的需求不亚于夫子庙。轿夫营的轿子有大有小。有两人轿、四人轿。雇轿子每名轿夫 100 文钱。可以雇两人，也可以雇三人、四人。雇轿子与别的交通工具不同，是要给小费的，清代叫酒钱。酒钱的多少要视路途的远近。一天

的酒钱要比半天的酒钱加倍。雇轿子的费用叫轿金。

总的来说，轿夫生活在社会的最底层，所受到的压迫最重，所面临的歧视最深，过着牛马不如的生活，社会地位很低。在古代有四种人不能参加科举考试，罪犯、娼优、皂隶、商贾。轿夫就属于皂隶。轿夫不但本人不能参加科举考试，连子孙后代也不许参加，世世代代只能低头做人，只能做繁重的体力活，抬着别人走路，永无翻身之日。无论是官轿还是民轿，轿夫的身份永远是低贱的。但是也有极个别例外的。比如清代宰相和珅就是轿夫出身。不过和珅是替乾隆皇帝抬轿的，人称龙禁尉。传说有一次乾隆皇帝临时出宫，由于事先没有准备，轿夫们忙作一团。乾隆皇帝在一旁看了大为恼火。这时有一个轿夫站出来大骂："这点小事都乱七八糟，小心皇上宰了你们!"乾隆皇帝听了心里十分高兴，觉得这个人不是等闲之辈，连忙打听这轿夫是谁。此人就是和珅。后来因为与乾隆帝的这点机缘，加之和珅自己本身有些才气，为人又圆滑世故，最终竟然被提拔为宰相。

清康熙皇帝曾六次南巡。第二次南巡到达南京三山街。三山街的街道张灯结彩，一片繁华的景象，给康熙留下了深刻的好印象。回到京城，康熙就下令绘制南巡图。画家王翚原本就是江苏人，对南京非常熟悉。当年三山街搭棚挂彩的场面，画得活灵活现。画中前后两顶小轿，正好在轿夫营的位置。《儒林外史》作者吴敬梓 33 岁时，从安徽全椒县移家秦淮河畔。几天后他带着妻子去清凉山游玩，就雇了几顶轿子。他在书中写着："又过了几日，娘子因初到南京，要到外面去看看景致。杜少卿道：'这个使得。'当下叫了几乘轿子，约姚奶奶做陪客，两三个家人婆娘都坐了轿子跟着。"可见叫轿子是有专门地点的。吴敬梓当时叫轿子的地方应该是轿夫营。

随着手工业和商业的发展，轿夫营又逐渐派生出了一个专卖鞋子的市场，这可能与轿夫们易耗鞋有关。据《客座赘语》记载："鼓铺在三山街口旧内西门之南，履鞋则在轿夫营。"由于轿夫的工作是跑路，所以由此而带来一项副业，那就是卖鞋子。凡是去轿夫营的人，除了雇轿子以外，总是要买几双鞋子带回去。《客座赘语》："履鞋则在轿夫营。"明代时轿夫营的鞋业已经在南京成

为出名的集市了，规模与轿子不相上下了。古代鞋子只有云履、素履两种，也就是彩色的和单色的。到了明代花色品种增多，并且后跟越来越浅，以致成了无跟的拖鞋。鞋的名称有方头、短脸、罗汉靸、毬鞋、僧鞋。颜色有红、紫、黄、绿，丰富多彩。满街的货架上摆满了长袜、鞋、履、舄、靴，真是琳琅满目，美不胜收。每日轿夫营人头攒动，人流如织，场景十分热闹。

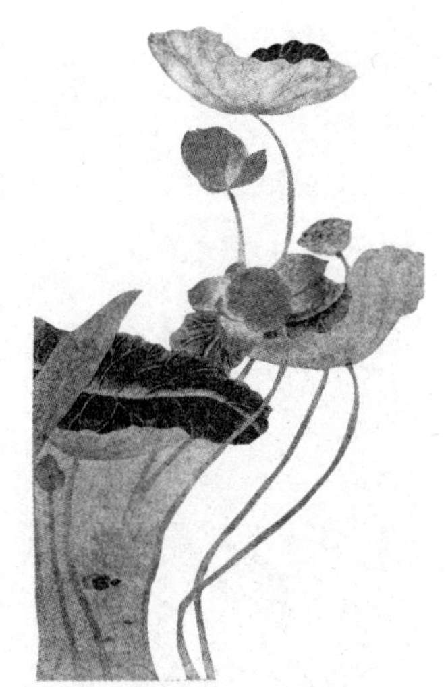

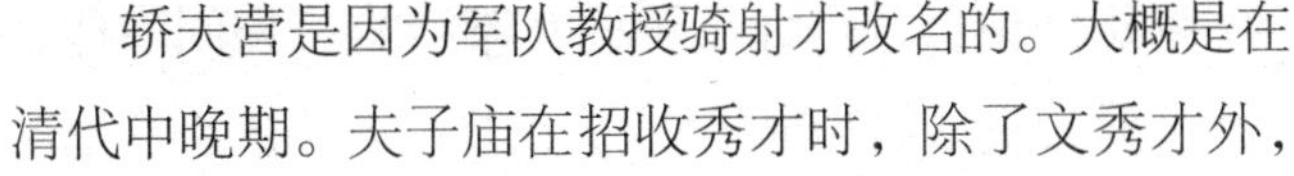

轿夫营是因为军队教授骑射才改名的。大概是在清代中晚期。夫子庙在招收秀才时，除了文秀才外，还招收武秀才。武秀才又称武生。学习的课程除了书本外，还有武功。武秀才与文秀才一样，要参加武举人的考试。考中武举人后，还能考武进士，然后在军中当官。清代夫子庙每年共有 30 名武秀才。上元县 15 名，江宁县 15 名。武秀才每天除了要学习《孙子兵法》《姜太公六韬》等兵书外，还要进行骑射的实战训练。教官都是从军队中抽调来的军官。由于夫子庙里都是文秀才在读书，环境要求安静。所以武秀才虽然能在校园内读书，但却无处进行骑射的训练。哒哒的马蹄声、训练的口号声，非常不符合夫子庙的整体氛围，对于在其中的读书人来说更是不能够承受的了。这样武秀才的训练就必然要另有别处。正巧轿夫营就在夫子庙的西边，一条街正好成为战马的跑道。于是轿夫营被拆迁了，成为教授骑射的教场，改名为教敷营，使用的是轿夫营的别称。

（三）土家花轿的来历

土家花轿的来历有这样的一个传说。

有一年，一个新科武状元，乘着皇帝敕封的八抬花轿，衣锦还乡，光宗耀祖，想要炫耀一番。花轿来到一条窄路上，状元从轿窗内看见路边一块巨石，形如卧牛，便叫轿夫停轿观赏。由于路窄，轿子只有停在了路中间。状元下轿后，转来转去欣赏这块形状如牛的巨石，一时诗兴大发，吟出了两句诗“怪石巍巍恰似牛，不知在此几千秋”，吟出这两句后，就再也吟不下去了，就在路旁转来转去，翻来覆去地念他那两句。

正在这个时候，遇到了一乘迎亲的轿子迎面而来，因状元轿是停在路中间的，两乘轿子错不开，那个花轿也只好停下来。可是等了很久也不见这个八抬的花轿起程，新娘怕错过迎娶的时辰，便叫轿夫头去问个究竟。轿夫头去问了一下，回来禀报说："前面的花轿是一个武状元的，他看见路边那墩石头，就想吟诗，吟了两句，就再也想不出来了。看来只有等他吟好了，我们才走得成。"婚轿里的新娘不耐烦地说："是什么诗这么难吟嘛，去问问他是什么题，我帮他吟!"轿夫头只好硬着头皮将新娘的话如实告诉状元，状元感到很惊讶："哦！新娘子还懂得吟诗?"这个状元一副盛气凌人的样子，把别人都不放在眼里，于是傲慢地说："你去给新娘子说，如她能吟好这首诗，我不但给她让路，而且我的花轿都换给她乘坐!"夫头又掉头去将状元的话告知了新娘。新娘应了一声，说道："这种诗都不会吟，还当状元。"随即按状元的头两句接吟下去："怪石巍巍恰似牛，不知在此几千秋。风吹四蹄无毛动，雨打浑身似汗流。遍地青草难开口，任你鞭打不回头。日月星辰来作伴，地作牛栏夜不收。"轿夫头将吟好的诗回复给状元。状元自觉惭愧，但是说出的话已经收不回了，于是恭敬地将自己的花轿换给了这个聪明的新娘。

从此以后，印江地方无论土家族、苗族姑娘出嫁都改乘花轿了，这个习俗一直沿袭至今。